좌우지간
인권이다

좌우지간 인권이다

초판 1쇄 발행 2013년 2월 22일
초판 2쇄 발행 2013년 6월 6일

지은이 안경환
펴낸이 김승희
펴낸곳 도서출판 살림터

기획 정광일
편집 조현주
북디자인 구화정 page9
인쇄·제본 (주)현문
종이 월드페이퍼(주)

주소 서울시 마포구 서교동 395-27
전화 02-3141-6553
팩스 02-3141-6555
출판등록 2008년 3월 18일 제313-1990-12호
이메일 gwang80@hanmail.net

ISBN 978-89-94445-37-3 03300

좌우지간
인권이다

오늘 우리를 괴롭히는 이 분노와 아픔은 보다 밝은 내일을 위한 작은 시련에 불과하다는 믿음을 다집시다. 제각기 가슴에 품은 작은 칼을 버리고 버리면서, 정의를 향해 검무를 펼칠 대명천지 그날을 기다립시다.

안경환
전 인권위원장
인권 이야기

살림터

박근혜 대통령께 드리는
고언

1

1993년 초여름, 오스트리아의 수도 비엔나는 이상적인 열기로 뜨거웠다. 6월 15일부터 열흘에 걸쳐 유엔의 주관 아래 세계인권대회가 열린 것이다. 171개국 정부 대표와 800여 개 국제 NGO, 도합 7,000여 명의 '인권 옹호자'들이 이 정평 있는 음악 도시에서 인류의 합창을 소리 높여 불렀다. 유엔이 주관한 세계인권대회로는 사상 두 번째였다. 1968년 봄, 세계인권선언(UDHR) 선포 20주년을 맞아 이란의 테헤란에서 조촐하게 열린 후 실로 25년 만의 일이다. 이 즈음해서 유엔 주도의 '세계대회' 붐이 일고 있었다. 바로 직전 해인 1992년 리우 회의(환경 및 개발), 이듬해인 1994년 9월 카이로 회의(인구 및 발전), 1995년 3월 코펜하겐 정상회담(사회 발전), 그리고 같은 해 9월 베이징 세계여성대회 등이 줄을 이었다. 환경, 개발,

기후, 인권…, 새 시대의 새로운 화두들이 떠오른 것이다.

인권이 핵심적인 시대 조류로 부상한 중요한 계기는 1989년 이후 가속된 동구의 몰락과 냉전체제의 종식이었다. 사회권을 강조하던 사회주의 진영과 자유권에 비중을 둔 서방세계 사이에는 커다란 가치관의 간극이 존재하였고 인권의 범주와 관념에 대한 대략의 합의조차 이루지 못하고 있었다. 이제 정치제도로서 사회주의의 패배는 기정사실이 되었고, 현실의 제도로 구현할 인권의 범주와 내용에 관한 세계인의 보편적 합의가 용이해졌다. 그것은 모든 인권은 불가분, 상호 의존적이라는 결론이었다. 비엔나 대회의 산물은 민주주의와 경제 발전과 인권은 상호 밀접하게 연관을 맺고 있다는 공통의 이해였다. 비엔나 대회 결과 만장일치로 비엔나 선언(Declaration)과 인권 증진을 위한 행동계획(Action Plan)이 채택되었다. 그해 12월 유엔 총회는 이 문건들을 유엔의 공식 규범으로 채택했다. 인권최고대표실(OHCHR)을 설치하고, 회원국에 대고 국가인권기구(NHRI)의 설립을 권고하는 결의안을 통과시켰다. 덧붙여서 국가인권기구 설립에 있어 준수해야 할 원칙(이른바 '파리 원칙')을 정립했다. 파리 원칙의 핵심적 내용은 국가인권기구의 독립성을 보장할 것, 인적 구성의 다원화를 확보할 것, 그리고 포괄적인 관할권을 부여할 것 등이다.

30여 명의 한국인이 비엔나 대회에 참가했다. 현장 활동가가 주축이었고 몇몇 법률가도 끼어 있었다. 그러나 이들 중 국제적 안목과 경험을 갖춘 사람은 거의 없었다. 상당수가 지구상에 동티모르라는 나라가 존재한다는 사실도 그 자리에서 처음 알게 되었다. 이렇듯 한국의 인권 활동가들은 국제사회의 상황과 흐름을 상세히 꿰뚫지 못하고 있었다. 1987년 이

전까지는 국내 정치의 민주화가 절체절명의 과제였기에 국제사회에 눈을 돌릴 만한 여유가 없었다. 이들은 '국가인권기구(NHRI)'라는 단어에 주목했다. 실로 엄청난 개안이었다.

비엔나 합창의 감동을 안고 돌아온 이들 이상주의자들은 제각기 가슴에 담은 인권의 이상을 실천하기 위해 규합하였다. 국가인권기구의 설립을 위한 공론화 준비 작업에 들어갔다. 이들은 대체로 1997년 대통령 선거에서 김대중 후보를 지지했고 후보의 100대 선거 공약 속에 국가인권기구 설립을 포함시키는 데 성공한다. 상대 후보보다 국제사회의 흐름을 잘 알고 있던 야당 후보가 의제를 선점한 셈이다. 뒤늦게 이회창 후보 측에서도 인권위 설립 문제를 검토할 것을 건의한 참모가 있었다고 들었지만 공론화되지는 않았다. 당시 한나라당 주류 세력의 상식과 정치적 분위기 아래서 정식 의제로 채택될 가능성은 희박했다. 인권위 설립은 기존 사법제도만으로는 인권 옹호에 미흡하다는 인식이 전제되어야 하는데, 정통 법조인들이 주축이 된 이 후보 측에서 그런 발상을 하기 힘들었을 것이다. 그러나 설령 이회창 후보가 대통령에 당선되었더라도 인권위는 탄생했을 것이라는 게 내 생각이다. 왜냐하면 대한민국의 국제적 위상을 감안하면 유엔이 주도하는 세계적 추세를 수용하는 것이 유익하다고 판단했을 것이기 때문이다. 대한민국은 그로부터 얼마 되지 않아 유엔 수장을 배출하게 된 나라가 아닌가? 1993년 유엔 총회가 설립 권고안을 채택할 당시 불과 5, 6개 회원국이 이런 유형의 국가인권기구를 보유하고 있었으나 2012년에는 130개국으로 확대된 사실을 감안하면 인권위 설립은 정권의 성격과 무관한 시간 문제였다.

비록 대통령의 공약 사항이었지만 실제로 법이 제정되는 과정은 험난했다. 법무부의 강력한 반대는 충분히 예상된 것이었다. 꼭 만들어야 한다면 법무부에 '맞서는' 기관이 아니라, 법무부가 '통제하는' 기관으로 두기를 원했다. 인권위의 '독립성'을 보장하려면 국가기관으로 할 게 아니라 민간기구로 해야 한다는 논리도 동원되었다. 김대중 대통령의 임기 후반에 들어서도 정부안이 격론 속에 지지부진하자 마침내 의원입법의 길을 택했다. 지극히 근소한 표차로 마침내 국가인권위원회법이 국회를 통과했다. 여야가 동시에 다른 법안을 국회에 제출하고 표결에 부쳤는데, 야당인 한나라당의 법안이 인권 보호에 더 효과적이었다는 일부의 평가도 뒤따랐다. 국가인권위원회법은 2011년 5월 24일 법률 제6481호로 제정 공포되었다. 아쉬움이 남지만 독립성 등 파리 원칙에 비교적 부합하는 법이었다. 이렇듯 출범 당시부터 국가인권위원회는 정치적 논쟁의 소지를 안고 있었던 것이다. 기존의 사법·행정 기관에게 인권위는 느닷없는, 기이한 성격의 존재로 비치기도 했다. 인권위의 구체적인 업무 내용을 알려 하지 않고 '좌파 정부의 전위대'로 공격하는 정치적 정서도 이때부터 잉태된 것이다.

비엔나 선언과 파리 원칙이 탄생한 지 스무 돌을 맞는 해이다. 새삼 지난 20년을 되돌아보게 된다. 그동안 우리 사회의 인권의식은 얼마나 발전했는가? 국제사회는 대한민국의 인권 상황을 어떻게 평가하는가? 대통령은 인권위를 어떻게 바라보는가?

2

나는 2006년 10월 30일부터 2009년 7월 8일까지 제4대 국가인권위원장으로 일했다. 내가 노무현 대통령에 의해 이 자리에 임명된 사실을 의외로 받아들이는 사람도 많았다. 나는 참여정부의 출범에 기여한 바가 전혀 없었다. 앞선 정권의 경우도 마찬가지였다. 역대 어느 정권의 창출에도 직접 또는 간접으로 기여한 바가 없었다. 노 대통령을 한 번도 만난 적이 없었다. 대통령 측근 중에도 개인적 친분이 있는 사람이 거의 없었다. 참여정부에 대해 원천적인 기대와 막연한 호의를 가지고 있었지만 개별 정책에 대해서는 강도 높은 비판의 글을 쓰기도 했다. 전두환 정권 말기에 교수 생활을 시작하면서부터 견지해왔던 원칙이자 습관이었다. 지위와 신분이 보장된 교수의 책무 중 하나가 정부에 대한 건설적 비판을 제기하는 것이라고 믿었기 때문이다. 게다가 나는 인권위 설립에도 전혀 힘을 보태지 않았다. 엄동설한에 명동성당 들머리에 텐트를 치고 철야 노숙 농성을 하던 활동가들의 소식을 들었으나 단 한 차례도 현장에 들르지 않았다. 마음은 주되 몸은 인색한 편이었다. 강의, 연구, 보직, 학내 일만 해도 힘에 부쳤다. 아무리 세상에 대한 책임, 실천하는 지성을 내세워도 내게는 학교가 가장 소중했다. 그래서 교수로서 본연의 역할을 고집하며 의도적으로 현장과 거리를 두려고 애쓰기도 했다.

그렇다고 해서 내가 인권위에 대해 아주 문외한은 아니었다. 인권위 설립 직후 초대 위원장인 김창국 변호사의 요청에 의해 인사위원으로 직원 채용에 관여했다. 아시아·태평양국가인권기구포럼(APF)의 자문법률가(Advising Jurist)에 위촉되어 국제회의에 참석하기도 했다. 다만 인권위의 의욕적인 행보는 사안에 따라 좀 과도한 측면이 있다는 생각도 가지고 있었다. 한마디로 말해서 인권위는 당시 나의 의식 수준보다 상당히 앞서 나가고 있었다. 그동안 우리 사회에서 언로가 막혀 있던 사회적 약자들의 다양한 호소가 봇물처럼 터져 나왔고, 신생 국가기관으로서 강한 존재감을 심겠다는 직원들의 넘치는 의욕과 사명감이 때때로 대중적 지지 기반을 약화시키기도 했다는 것이 나의 판단이었다.

내게 임명장을 주는 자리에서 노무현 대통령은 '최소한의 정치적 통제'를 운운했으나 나는 정치적 입장이나 상황에 대해서는 고려하지 않고 업무를 수행하겠노라고 답했다. 그리고 국제적 업무에 주력하여 나라의 위상을 올리는 데 기여하고 싶다고 했다. 대통령은 국제적 업무는 좋은 착상이라고 했다. 인권위와 정부 사이의 갈등은 본질적 속성이다. 인권위의 '거침없는' 행보에 노 대통령이 격노한 적도 있었다. 아무런 구속력이 없는 권고적 의견일 뿐이지만 인권위의 쓴소리는 정부로서도 성가시기 짝이 없었을 것이다. 관계 부처의 누적된 불평이 보고되어 대통령이 그렇게 반응했다는 사실을 후일 그 시절에 국무총리를 지낸 분에게서 들었다. 대통령이 '정치적 통제' 운운했던 배경에도 이러한 선입관이 깔려 있었을 것이다. 그러나 비록 내심으론 불만이 많았어도 공적인 자리에서 대통령은 언제나 인권위원회는 '쓴소리'를 하라고 만든 기관임을 인정했고 심지어 정부와 같은 의견을 내는 인권위는 존재할 가치가 없다고까지 말했다. 인권위는 단순한 행정기관이 아니라 '고도의 독립기구'라는 말도 했다. 인권위의 특성을 십분 이해하거나, 최소한 양해하고 있었던 것이다. 그러한 대통령이었기에 상임위원을 대동한 업무 보고 자리에서도 특별한 긴장은 없었다. 나 스스로도 청와대와 거리를 두려고 의도적으로 노력했지만 실은 그럴 필요도 없었다. 청와대에서도 인권위에 별반 관심이 없었다. 그래서 일상적인 업무를 수행하면서 취약점으로 지적되었던 조직 내부의 안정을 도모할 수 있었다.

재직 1년 4개월 만인 2008년 2월, 이명박 대통령이 취임했다. 예상된 일이었다. 정권의 교체에도 인권위의 업무에는 변화가 없어야 한다고 판단했다. 기회 있을 때마다 인권은 '좌'도 '우'도 아니고 '진보'도 '보수'도 아닌 인류 보편의 가치라고 주장해온 나이기에 더욱더 새 정부를 설득해야 할 강한 책임감을 느꼈다. 나의 명제에 원론적으로는 수긍하면서도 미지근한 자세에 내심 불만을 가졌던 직원들도 새 정부와 사이가 '크게 나쁠 리 없는' 위원장에 기대를 거는 눈치였다. 그러나 결과적으로 내 역량이 미치지 못했다. 2008년 1월, 대통령직 인수위원회는 새 정부의 조직 개편 시안을 발표했다. '과도한 위상'의 국가인권위원회를 대통령 직속기구로 전환한다는 내용이 포함되어 있었다. 당초의 안은 보다 과격한 것으로 인권위를 다른 위원회와 통합한다는 것이었다. 시민사회와 야당은 물론 국제기구의 강한 반대에 부딪쳐 일단 대통령 직속기구 안은 철회되었다. 그러나 그것으로 상황이 끝나지 않았다. 취임 후에도 새 대통령은 인권위원회의 업무 보고를 받지 않았다. 인권위는 독립기관이지만 대통령과 국회의장에게 정기적으로 보고할 권한과 의무가 있다. 국회의장은 관례대로 보고를 받았다. 그러나 청와대는 반응을 보이지 않았다. 여러 차례 공식, 비공식 요청을 보냈지만 회신이 없었다. 초기에는 미루었고, 나중에는 아예 묵살했다. 이명박 정부에서 1년 5개월, 끝내 나는 대통령을 대면하지 못한 채 자리에서 물러났다.

2009년 3월 30일, 인권위원회의 업무와 인원을 축소하는 대통령령이 국무회의를 통과했다. 인권위의 '방만한 운영'을 이유로 내세웠다. 유력 언론도 정부 편을 들었다. 때로는 노골적인 곡필로, 때로는 침묵으로, 모든 국가기관과 공무원들은 그동안 불편한 존재였던 인권위의 무력화에 반색했다. 이즈음 대한민국은 국제 인권사회에서 치욕을 겪고 있었다. UN은 물론 명망 있는 국제 인권단체들이 앞 다투어 한국의 인권 상황에 우려를 표했고, 여러 차례 공개 서한과 메시지를 보냈다. 언론, 출판, 집회, 시위의 자유의 과도한 제한, 외국인 노동자에 대한 차별, 사생활 침해 등등 한국에서 일어나는 각종 인권 문제에 대해 깊은 관심의 끈을 놓지 않았다. UN '표현의 자유' 특별보고관이 현장 조사를 위해 서울을 찾는 국제적 수치도 겪었다. 한국에 대한 유별난 관심은 경제 후진국을 벗어난 지 얼마 안 되면서도 민주화의 선진국 문턱에 서 있다는 사실 때문에 가중되기도 하였다. 특히 국가인권위회의 기구 축소가 국제사회의 중요 의제로 떠올랐다. 당시 대한민국 국가인권위원회는 UN 회원국의 국가인권기구로 구성된 국제조정위원회(ICC) 부의장국이자 2010년 3월 의장국을 수임하는 것으로 사실상 국제 간 합의가 이루어져 있었기에 더욱더 첨예한 관심의 대상이 되었다. 이로 인해 국제 인권사회에서 실추된 한국의 이미지를 만회하려면 오랜 세월에 걸친 체계적인 노력이 필요할 것이다.

3

제18대 대통령 선거 막바지에 나는 민주통합당 문재인 후보 캠프의 '새정치위원장'으로 합류했다. 그때까지 나는 평생토록 단 한 차례도 특정 정당의 일에 관여한 적이 없었다. 대학인으로서의 발언과 후진 양성을 통해 내가 원하는 세상을 만드는 데 간접적으로 기여하겠다는 마음으로 살았을 뿐이다. 평생 지켜온 이 원칙을 정년 퇴임 목전에 깨뜨린 이유는 새누리당 박근혜 후보의 당선을 막아야 한다는 절박한 소명의식 때문이었다. '문재인 또는 안철수, 둘 중에 누구라도 박 후보를 꺾어주기만 한다면야'라는 소망마저 품게 되었다. 박 후보 개인의 역량과 무관하게 그분을 지지하는 국민의 성향이 이명박 정부와 마찬가지라고 믿었기 때문이다. 나는 이명박 정부의 인권관과 정책에 실망을 넘어 강한 분노를 품고 있었다. 우리 사회의 분열과 반목을 심화시키고 특권 소수가 무력한 다수를 지배하도록 유도하거나 용인했다고 생각했다. 무엇보다도 이명박 정부는 젊은 이들에게서 꿈을 앗아버렸다고 느끼고 있었다. 요즘 젊은이들에게는 꿈이 없다. 부모의 지위와 재산을 물려받지 않으면 자신의 미래가 암울할 수밖에 없다고 여긴다. 내가 재직하고 있는 대학도 해를 거듭할수록 기득권자의 자제들로 채워지고 있는 실정이다. 나는 젊은이들에게 부모의 꿈이 아닌 자신의 꿈을 찾으라고 주문하면서도 그들 앞에 닥칠 암울한 장래를 생각하면 안타깝기 짝이 없다. 이러한 이명박 정부의 정책 기조를 박근혜라는 새 지도자가 계승할 것을 생각하면 그가 대통령에 당선되는 걸 상상조차 하기 싫었다.

문재인 캠프가 펴낸 공약집 『사람이 먼저인 대한민국-국민과의 약속 119』에는 많은 인권 공약이 담겨 있었다. 교육·주택·의료·일자리·여성 등 사회 분야 전반의 공약을 아우를 수 있는 개념이 인권이다. 문 후보는 12월 10일, 세계인권선언 선포 64주년 기념일에 맞추어 기자회견을 열고 '인권이 국가의 출발점이자 목표'임을 선언했다. 일명 '제2의 사회

계약'으로 불리는 인권계약을 공론화하여 국민과 사회적 약자 그리고 시대와 정책협약을 맺은 것으로 평가할 수 있다. 그는 구체적으로 △ 표현의 자유 확대 및 개인정보 보호 강화 △ 선거권과 피선거권 확대 및 참정권 확대 △ 포괄적 차별금지법과 인권교육법 제정 △ 장애인 등급제 폐지 및 기초노령연금 급여 확대 △ 군 사법개혁 단행 △ 범죄 피해자 인권보호 강화 △ 형사 공공변호인 제도 도입 △ 동아시아 인권평화 공동체 추진 △ 병역 거부자에 대한 대체복무제 도입 △ 국가인권위원회 독립성 회복 등 '인권정책 10대 과제'를 발표했다. 공약의 마지막 준비 과정에 나도 함께 참여했다. 이들 모두 이명박 정부 들어 급격하게 후퇴하거나, 공개적인 논의조차 어려웠던 의제들이었다. 한 예로 대체복무제는 이미 국제인권규범이 지속적으로 요구하고 있는 사항이나 우리나라는 지속적으로 전과자를 양산하고 있다. 한국은 병역 거부로 인한 수감자가 전 세계에서 가장 많은 나라로도 악명이 높다.

문 후보와 대조적으로 박근혜 후보의 경우는 이른바 인권 공약이 전무하다시피 했다. 인권은 좌파의 몫이라는 기존의 편견을 답습했거니와 인권 의제는 선거에 도움이 되지 않는다는 판단이기도 했을 것이다. 인권은 소수자, 약자의 관점에서 세상을 향해 외치는 주문이다. 모든 제도와 관행이 자신들의 몫인 강자, 기득권자의 입장에서는 굳이 인권을 거론할 필요가 없다. 기껏해야 '앞당겨 챙기지 않지만 때가 되면 우리도 한다.' 이정도가 그나마 괜찮은 보수 정권의 인권 철학일까. '복지' 문제만 해도 그렇다. 복지는 사회권의 다른 측면이다. 한나라당 시절만 해도 야당이 복지를 거론하면 '포퓰리즘'이니 '좌파의 선동 구호'니 하며 폄하하더니 새

누리로 당명을 바꾸면서 복지의 선봉장을 자처하며 나섰다. 어쨌든 시대의 흐름을 기민하게 읽어내고 이를 과감하게 수용하는 자세는 칭찬할 만하다. 앞으로도 계속 그러기를 바란다. 국민을 상대로 인권 공약을 제시하지 않았음에도 선거 막판 국정원 여직원의 여론 조작 문제가 제기되었을 때 궁색한 방어책으로 서둘러 '인권 침해'를 운위했을 뿐이다. 그럼에도 박 후보는 승리했다. 앞으로 5년, 대한민국은 박근혜 대통령의 리더십 아래 운명의 항해에 나선다. 5년 후 대한민국 국민의 행복지수와 인권지표는 어떻게 나타날까?

4

박근혜 후보의 승리는 구체제의 승리다. 그를 지지하지 않는 48퍼센트의 국민 중에는 돈도 지위도 없이 장래의 꿈마저 흔들린 젊은이들이 많다. 특히 '안철수 현상'을 통해 드러난 젊은이들의 '새 정치'에 대한 열망을 실현시킬 방법을 고민해주시기 바란다. 우리나라의 보수 세력은 견고한 지역주의와 결합되어 있다. 수적으로 절대 열세인 야권과 진보 개혁 세력이 승리하는 길은 담합이나 연합작전과 같은 '특별한 이벤트'뿐이었다. 이런 시스템 아래서 젊은이들은 정치에 냉소할 수밖에 없다. 여당 정치는 돈 벌고 기득권 갖추고 적당히 타락한 뒤에나 하는 짓으로 생각하고, 야당 정치는 일찌감치 투사나 정치건달이 되는 것 정도로 여긴다. 긍정적이고 건전한 의미의 정치가 상은 존재하지 않다시피 한 실정이다. 정통 야당을 자처하는 민주통합당은 대선에 앞서 경선을 치른 직후라서 더욱 그런지 '통합'이라는 당명이 무색할 정도로 사분오열, 지리멸렬이었다. 문재인 캠프에 합류하면서 나는 "민주당의 안타까운 모습을 보고 시민의 이름으로 경고하고 국민의 이름으로 역사의 책무를 주문하고 명령하기 위해 이 자리에 왔다."고 주제넘은 고언을 했다. 이후 민주당의 힘만으로 선거에 이길 수 없다는 우려가 확산되고 당외 조직으로 '정권교체와 새 정치를 위한 국민연대'가 발족되자 나도 동승했다.

이렇듯 예측할 수 없는 이벤트가 선거 때마다 일어나서는 건전한 정당 정치가 정착될 수 없다. 젊은이들에게는 예측 가능한 희망을 심어주어야만 한다. 적어도 대학생 때부터 정치에 관심을 갖고 참여하는 문화를 육성해야 한다. 그게 바로 새 정치의 핵심이다. 민주시민은 태어나는 게 아니라 교육을 통해 길러지는 것이다. 일찌감치 스스로 자신의 주권을 행사하는 주인이 되는 훈련을 거쳐야만 한다. 승리한 박 후보는 가능한 한 공개적인 정책 토론을 회피했다. 야당이 '더 많은 국민이 선거에 참여할 수 있도록 투표 시간을 연장해야 한다.'고 주장했으나 여당은 받아들이지 않았다. 이해득실을 떠나 이러한 수동적, 방어적 자세는 젊은이들의 관념과 정서에 크게 어긋나는 것이었다.

2013년 1월 8일, 박근혜 당선자의 대통령직 인수위원회가 부처별 업무 보고 일정을 확정하면서도 인권위에 대해서는 언급하지 않았다. 부처 업무 보고가 거의 끝나갈 무렵 인권위에 대한 별도의 업무 협의 테이블이 있었다고 들었다. 5년 전 이명박 정부가 출범할 당시와는 다소 다른 모습이지만, 괜스레 걱정이다. 선거 과정에서 박 후보 측은 이명박 정부와 구분 짓는 시도를 보이기도 했다. 한 시민단체가 주최한 인권정책 토론회에서 박근혜 후보 측 관계자는 이명박 정부에서 표현의 자유가 급격하게 후퇴한 사실을 솔직하게 인정한 바 있었다. 용산 참사, 쌍용차, 한진중공업, 강정마을 사건 등 이명박 정부의 반인권 사건으로 국제사회의 비난을 받고 있는 각종 인권 현안들은 이제 고스란히 박근혜 정부의 이월부채가 되었다. 저명한 여성 철학자 마사 누스바움(Martha Nussbaum)은 여성의 미덕은 타인의 아픔을 배려하는 속성(ethics of care)에서 유래한다고 말했다. 대한민국 '최초의 여성 대통령'이 단순히 성공한 선거용 이미지에 그치지 않기를 바란다. 불의의 사고로 부모님을 함께 잃은 비운의 왕녀에 머무르지 않고, 외롭고 지레 지친 젊은이를 토닥이고 이끌어주는 '국민 누님', '국민 어머니'가 되시기를 간절히 빈다.

새 대통령은 인권위를 어떻게 대할 것인가? 인권위도 국가기관이다. 따라서 정권의 이념과 국민의 눈높이에 맞추어 주제별로 걸음걸이를 조절할 수 있다. 그러나 독립성을 잃으면 죽은 기관이나 진배없다. 정부 내에서 독립의 대가는 고립이다. 그 외로운 길에 대한 확고한 신념, 그것이 인권위의 생명수다. 독립기관으로서 인권위가 본연의 임무를 수행하려면 세 가지 전제조건이 충족되어야 한다. 첫째, 독립기관으로서의 역할에 대한 대통령의 이해와 포용이다. 둘째, 독립성에 대한 인권위 구성원 스스로의 자부심과 사명감이다. 셋째, 무엇보다도 국민이 인권위를 사랑하고 지켜주어야 한다. 이명박 정부에서는 세 가지 요건 중 어느 하나도 갖추어지지 않았다. 박근혜 정부에서는 확연하게 달라지기 바란다. 박근혜 정부의 성공을 진심으로 빈다. 박근혜 대통령은 아버지처럼 국민의 일부는 열광하는 반면 나머지는 증오하는 그런 역사의 지도자로 자리매김하지 않기 바란다. 유신시대의 정치관이나 이명박 정부의 국정 철학을 극복하고 진정한 선진국이 그러하듯이 경제와 인권이 서로 상극이 아니라 상생의 가치임을 입증해주시기 바란다.

5

이 책은 2011년 12월부터 2012년 10월에 걸쳐 월간 『신동아』에 연재한 글을 덧붙이고 보완해 묶은 것이다. 그때그때 월간지 독자의 시의적 관심과 기호에 맞추어 쓴 글들이라 논리적 체계나 서술의 균형에서 흠이 많다. 인권위 업무나 현안 전반을 다룬 글도 아니다. 글쓴이가 선택한 주제에 대한 사적인 소회를 담은 것이다. 책 제목은 새삼스럽거니와 인권은 '좌'도 '우'도 아니라 인류 보편의 가치라는 평소의 믿음을 강조하기 위함에서이다. 보다 심층적인 이해의 편의를 위해 관련된 사진과 문건을 첨부했다.

어설픈 원고를 읽고 추천의 글을 써주신 우리 사회의 어른 세 분께 독자와 함께 특별한 감사를 드린다. 함세웅 신부님은 청년 시절부터 우리나라의 민주화와 인권 수호의 사표 역할을 해오신 분이다. 전래의 표현을 빌리자면 아버지의 엄격함과 어머니의 자상함을 한 몸에 지니신 분이다. 김형오 전 국회의장님께서는 인권위가 가장 외롭던 순간에 따뜻한 위로와 격려를 아끼지 않으셨다. 긴 정치인의 삶을 접고서도 지성의 세계에 몰입할 수 있는 내공의 괴력을 입증하고 계신다. 근래에 펴내신 『술탄과 황제』는 평생 대학에 기대어 살았던 필자를 부끄럽게 만들었다. 이석연 변호사님과는 오랜 세월에 걸쳐 서로 바라보고 살아왔다. 개별 사안에서 입장을 달리한 적이 수없이 많지만 민주주의와 인권에 대한 확고한 믿음만은 공유해왔다. 2009년 3월 30일, 국무회의 석상에서 그가 토해낸 용기 있는 발언은 우리나라 인권사에 중요한 기림돌이 될 것이다. 반면 이 글에서 아쉬움의 대상으로 거명한 분들에게는 죄송한 마음이다. 오로지 공적인 지위에서 주고받은 언행에 대한 나의 소감을 적었을 뿐, 사적 차원의 신의와 예의마저 벗어날 의도가 아님을 알아주시기 바랄 뿐이다. 출판을 맡아준 살림터의 정광일 선생과 집필과정에서 귀중한 제언과 함께 마무리 작업까지 챙겨준 옛 동료, 육성철 선생의 노고에 감사드린다. 세인의 평가대로라면 '뜻밖에도' 선뜻 지면을 내준 월간 『신동아』 편집진의 여유와 송화선 기자의 섬세한 배려를 특기하고자 한다. 이 작은 책자가 지난 11년간 대한민국 국가인권위원회에 몸담았던 수많은 동료들에게 자부심을 더해드리지 못한다면 최소한 작은 위안이라도 되기를 바란다. 무엇보다도 남은 동료들의 건승을 빈다. 아무리 길게 느껴져도 결국 정권은 짧고 인권은 영원한 것이니까.

2013년 1월

안경환

차례

서문

후기

덧붙이는 글

인권위원장,
그것은 운명이었다

열 돌을 지낸 인권위

2011년 11월 25일로 대한민국 국가인권위원회는 설립 10돌을 맞았다. 그 흔한 말로 십 년이면 강산도 변한다고 한다. 흔히들 대한민국의 10년은 유럽의 50년에 비견할 정도로 긴 시간이라고 한다. 그럴듯하다. 속말로 괜찮게 사는 나라치고 사회 변화의 속도나 역동성에 있어 대한민국과 비교할 나라는 없다. 선진국이란 하루아침에 이루어지는 것이 아니다. 이런 세계사의 상식에 비추어 볼 때 느닷없이 대한민국이 경제 선진국의 반열에 오르게 된 것은 기적이라고 부를 만도 하다. 그러니 압축 성장에 따른 부작용이 없을 수 없다. 앞만 보고 내처 달리다 보면 옆을 돌아볼 여유가 없다. 그래서 갑자기 경제 선진국 된 나라가 경제력에 상응하는 인권 선진국이 되기 위해서는 특별한 노력이 필요하다.

'권불십년(權不十年)'이란 말도 있다. 우리나라에서는 5년도 길다. 5년의 재임 기간을 통틀어 흔들림 없이 국정을 주도하는 대통령은 한 사람도 없었다. 인권도 우리 사회에서 엄연한 권력으로 인식된다. 그러니 정권의 성격에 따라 인권이 부침하는 것은 당연한 일일지도 모른다. '權'이란 글자는 원래 저울대를 의미한

인권위원장 재임 시절 집무실에서

다고 한다. 이해득실을 저울질하여 판단하고 결정하는 것이 권력의 본령이다. 법가(法家)의 완성자, 한비자는 공리와 해악을 정확하게 저울질하는 지혜로운 권능을 거듭하여 강조했다. 빠르게 변화하는 시대 조류와 사회 통념에 따라 인권의 범주나 내용도 달라지기 마련이다. 시대의 변화를 재고 담는 지혜가 바른 권력의 핵심이다.

국가권력을 행사하는 기관이 설립되어 10년이 지나면 지위가 안정되어 있어야만 한다. 인권이라는 권력을 담당하는 인권위도 그런가? 답은 국민의 의식 속에 자리한 인권위의 위상과 관련되어 있을 것이다. 인권위가 국민에게 제대로 봉사하고 있는가? 국민은 인권위의 존재와 비중을 느끼고 있는가? 다른 국가기관에 대해 당당하고 타 기관도 인권위의 업무에 대해 경의를 표하는가? 이 모든 기준에 비추어 볼 때 인권위는 아직 국정

과 국민의 일상 속에 든든히 뿌리내리지 못하고 있다는 생각이 든다. 정권의 교체가 가장 큰 이유다. 그동안 속칭 진보에서 보수로 정권이 바뀌었다. 인권이란 정권의 성격에 따라 달라지는 것은 아니지만 우리 사회의 통념에 의하면 인권은 진보 정권의 특징처럼 여겨지고 있다. 보수 정권이 표방하는 인권 항목이 무엇인지조차 명확하지 않다. 그저 '인권은 경제 발전에 걸림돌이다.', '인권의 주장도 법과 질서를 유린해서는 안 된다.'는 등속의 인권에 대한 부정적 관념이 보수의 특성으로 인식될 뿐이다. 정권이 진보든 보수든 시대의 발전에 따라 인권도 진전하기 마련이다. 따라서 인권 문제를 다루는 국가기관인 인권위가 시대의 진보에 조응하는 역할을 해주어야만 한다.

설립 후 최초 6년 동안 인권위는 비교적 순항한 편이다. 유엔 총회의 결의에 따른 권고를 받아 국제적 기준에 따라 설립되었다. 인권위법의 제정

세계인권선언 60주년 기념 주먹밥 콘서트(2008년 6월)

과정에 시민단체의 역할이 지대했다. 우리나라의 입법사에서 법률이 입안, 제정되는 과정에서 시민사회가 주도적 역할을 한 최초이자·거의 유일한 예이다. 국제사회에서도 한국 인권위는 규모나 활동의 내용이 돋보였다. 규모에 관해서는 설립을 준비한 기획단을 이끈 김창국 변호사의 배포와 조용환 변호사의 치밀함이 크게 기여했음은 여러 사람의 증언과 자료를 통해 확인할 수 있었다. 조용환은 내가 만난 무수한 후배, 제자들 중에 지적으로도 가장 뛰어난 사람 중의 하나다.

2001년 11월, 인권위의 출범과 함께 그동안 우리 사회에서 언로가 막혀 있던 각종 청원이 봇물 터지듯 밀려들었다. 자신의 존재를 각인시키려는 신생 국가기관의 사명감도 빛났다. 무엇보다 적어도 외형적으로는 인권을 새로운 시대정신으로 표방한 진보 정권의 후원 내지는 관용이 결정적인 원군이 되었다. 그러나 때때로 인권위가 제시하는 낯선 가치와 기준에 대한 국가기관과 대중의 불편함이 누적되었다. "이해가 백배가 되지 않으면 법을 바꾸지 않고 공이 열배가 안 되면 그릇을 바꾸지 않는다(利不百, 不變法; 功不十, 不易器)"라는 『상군서(商君書)』의 구절처럼 오래된 제도와 해묵은 통념은 선뜻 자리를 내주지 않는다. 이러한 분위기 속에 일어난 정권의 교체는 그동안 과도했던 인권위의 행보에 대한 정당한 제동이라는 명분을 제공했을 것이다.

여느 정무직과는 달리 인권위원회의 정무직, 즉 장관급인 위원장과 차관급인 3인의 상임위원은 3년의 임기가 보장되어 있다. 그러나 현임의 현병철 교수에 앞서 위원장을 맡았던 전임자 4명 중에 법정 임기를 채운 사람은 초대 위원장 김창국 변호사뿐이었다. 이 사실만 보아도 인권위는 안

국가인권위원회 설립(2001년 11월)

정된 기관이 아니다. 2대 위원장으로 임명된 최영도 변호사는 자리에 앉기 무섭게 위장 전입, 부동산 투기 의혹을 제기한 언론의 압박에 견디지 못하고 3개월 만에 자리에서 물러났다. 일단 제기되면 좀체 해명이 되지 않는 것이 의혹이다. 그의 뒤를 이어 3대 수장이 된 조영황 변호사는 국민고충처리위원장의 자리에서 옮겨 왔다. 김창국, 최영도 두 변호사는 주류 법조인 출신이고 인권위의 설립 과정에 직간접으로 관여한, 이를테면 창업공신에 속했다. 시민단체의 대표를 역임했고 지지도 받고 있었다. 두 사람이 그 자리에 앉는 사실에 누구도 토를 달 여지가 없었다. 그러나 조영황 변호사의 경우는 사정이 좀 달랐다. 그는 법조 경력에서나 인권위의 입장에서 볼 때는 외인부대 출신이다. 그는 중졸의 학력으로 독학 끝에 변호사가 된 입지전적인 인물이다. 온화하고 겸손한 성품의 그는 기득권자, 엘리트 법조인의 부정적 이미지를 불식하는 데 큰 도움이 되었다. 비주류,

소수자 출신의 법조인인 노무현 대통령의 참여정부의 이미지를 부각시키는 데 안성맞춤이었다. 그는 1988년, 부천서 성고문 사건의 뒷마무리에 관여하여 국민의 주목을 받았다. 전두환 대통령의 임기 말기인 1986년 6월, 성고문의 주범이었던 문귀동은 1987년 시민항쟁의 결과로 비로소 기소된다. 대법원은 불기소 처분에 대한 원심 결정을 파기하고 재정 신청을 받아들인다. 인천지방법원은 검사역을 맡을 변호사를 구해야 했고, 자신의 표현대로 조영황은 '아닌 밤중에 홍두깨' 격으로 변협에 의해 떠밀려 그 역할을 맡았다. 대부분의 '인권변호사'들이 원심에 관여했기에 검사역을 수행할 마땅한 인물이 없다는 변협 지도부의 호소와 강청을 거절하지 못했던 것이다. 그렇게 맡은 역할을 그는 성공적으로 수행하여 문귀동의 유죄 판결을 얻어냈다.

조영황 위원장도 1년 6개월 만에 자리에서 스스로 물러났다. "하루도 마음 편할 날이 없었다. 정말 힘들었다." 후일 그는 필자에게 이렇게 고백했다. 처음부터 그는 인권위원장 자리에 애착이 없었다. 전문지식과 경험도 모자란다고 스스로 판단했다. 당초 그는 인권위원장은 비교적 한가한 '비상근' 정도의 자리로 기대했다고 한다. 그런데 막상 취임해보니 거의 매일 언론과 시민단체에 시달려야만 했다. 게다가 제각기 입장이 다르고 개성이 강한 위원들의 성가신 주문과 공격에 넌더리가 날 지경이었다. 참여정부에 기용되기 이전에 이미 은퇴하여 향리에서 군법원의 판사로 근무하던 순박한 촌로임을 자처한 그였다. 그런 그가 연일 부대끼다 보니 지병까지 도졌다. 버티다 못해 어느 날 '느닷없이' 자리에서 물러난 것이다.

여러 정황을 종합해보면 노무현 대통령도 기관으로서 인권위를 크게 중시하지는 않았던 것 같다. 물론 정치철학과 노선이 같은 전임 김대중 대통령에 의해 설립되었고 인권변호사 출신이라는 자신의 경력과 이상에도 부합하는 기관임에는 의문의 여지가 없다. 그러나 이러한 대의와는 무관하게 인권위는 성가신 존재였고 따라서 때때로 견제가 필요하다는 주위의 불평을 무시할 수 없었을 것이다. 대통령 스스로 심혈을 기울였던 교육행정정보시스템(NEIS)이 인권 침해의 소지가 많다는 의견을 인권위가 공개적으로 표명하자 대통령은 크게 노했다고 한다. 또한 인권위를 주도하는 인물들이 선배 법조인들이라는 사실에 심리적 불편함도 느꼈을 것이다. 어쨌든 노 대통령에게 인권위원장은 자신의 측근을 앉힐 정도로 중요한 자리는 아니었다.

현재까지 위원장에 임명된 다섯 사람 모두 법률가라는 사실도 인권위가 아직 성숙된 정착을 이루지 못했다는 징표이기도 하다. 물론 법률가 출신의 인권 수장은 장점이 많다. 선진국의 예로 보아도 법률가가 인권 전문가가 되는 것은 자연스러운 일이다. 전직 대법원장 중에 인권위원장을 임명하도록 법으로 규정하는 나라도 있다. 그러나 이런 논리와 정서가 확대되면 검찰이 바로 인권 옹호 기관이고 법무부가 바로 인권 업무를 총괄해야 한다는 주장으로 비약할 수도 있다. 인권은 대체로 법의 문제이지만, 법에 묶여 있는 것이 아니다. 시민단체, 노동조합 지도자, 언론인, 성직자, 정치가, 외교관 출신도 인권위원장이 될 수 있는 풍토가 조성되어야 한다. 그러기 위해서는 인권의 보편성에 대한 사회적 합의가 이루어져야만 한다.

갈라진 세상, 박원순과 참여연대

2009년 6월 30일, 3년 임기를 몇 달 남기고 나는 자리에서 물러났다. 그리고선 모든 면에서 종전의 교수 생활로 즉시 복귀할 것으로 기대했다. 자유롭게 읽고 쓰고 말하는 교수의 특권을 되찾을 것이다. 내 인생에서 정부에 동원된 3년 정도야 짧은 시간이 아니겠냐? 떠나는 순간 뒤돌아보지 말아야지 하고 다짐도 했다. 젊은 시절의 군대 생활처럼 되돌아보지 말자. 내가 잊으면 세상도 나를 잊을 것이다. 이렇게 다짐하면서도 실은 나는 언젠가는 인권위 시절의 경험을 기록으로 남길 요량으로 약간의 메모를 해두고 있었다. 그러나 실제로 쓰는 일은 한참 후의 일로 예정하고 있었다. 그러나 내가 아무리 다짐해도 헛된 일이었다. 세상은 나의 다른 측면에는 관심이 없었다. 오로지 노무현 대통령이 임명한 전직 인권위원장, 이명박 대통령과 '맞짱 뜬' 투사로 기억하고 끊임없이 그 사실을 환기시켰다. 갈라진 세상의 인심과 정서가 고스란히 나의 일상에 투영되었다. "인권은 좌도, 우도 아니다. 진보도 보수도 아닌 인류 보편의 가치"라는 내 믿음과 주장은 양쪽에서 다 배척받았다. 종전에는 그처럼 빈번하게 들어와서 사양하기에 바빴던 주요 언론의 기고 요청과 대학과 기관들의 강연 요청도 딱 끊어졌다. 나의 과민인지, 우연인지 알 수 없지만 이상한 일도 더러 일어났다. 출국 수속을 하러 공항에 나갔다 비로소 유효기간이 한참 남은 내 여권이 나도 몰래 '직권 말소'된 사실을 알게 된 어처구니없는 일도 있었다. 내 스스로도 인권위와 정서적으로 완전 절연하기 힘들었다. 무엇보다도 재임 중에 기구가 축소되는 수모를 겪었고 그 결과로 많은 사람들이 직장을 잃게 된 원인을 제공했다는 자괴감이 나를 심히 괴롭혔다.

2011년 10월 26일, 서울시장 보궐선거에서 주위의 요청에 따라 박원순을 공개적으로 지지했다. 오랜 세월에 걸친 그와의 관계를 생각하면 너무나도 자연스러운 일이다. 박원순 후보에 대한 네거티브 운동에 나도 표적이 되었다. 젊었을 때부터 공부는 하지 않고 정치에만 촉각을 곤두세웠다거나, 박사 학위도 없이 박사 행세를 한다느니 등등의 인신공격이었다. 정년 퇴임을 얼마 남겨두지 않은 이 시점에 결코 유쾌한 일은 아니다. 그러나 대꾸할 가치가 있는 일도 아니다.

내게 박원순은 죽은 조영래가 남겨준 사람이었다. 내가 쓴 『조영래 평전』(2006)의 프롤로그(1990)와 에필로그(2005)에도 박원순이 등장한다. 1987년 봄 미국에서 귀국하여 학교에 부임하면서 정기적으로 만나게 된 소규모 모임이 있었다. 조갑제와 조영래가 핵심이었다. 고정된 주제 없이 세상과 신변 이야기를 나누는 사교모임이었다. 조갑제는 우리들 모임의 에피소드를 소재로 짧은 콩트를 써서 잡지에 발표하기도 했다. 그러나 나는 결코 조영래의 측근은 아니었다. 그리고 박원순과도 막역한 사이가 아니다. 다만 한국 현대사를 장식한 법률가로서 두 사람만큼 창의적인 발상과 추진력을 갖춘 인물을 보지 못했다. 내 시대의 지인들은 조영래가 응당 대통령이 되어야 할 사람으로 기대했듯이, 오래전부터 나는 박원순이 서울시장으로서 최적의 인물이라고 믿고 있었다. 그래서 주저 없이 그를 지지했고 누구 못지않게 그의 당선을 기뻐했다.

1994년 봄, 박원순이 학교로 찾아왔다. 법률가 중심의 시민단체를 하나 만들어야겠으니 도와달라고 했다. 실무진은 갖추어져 있다고 했다. 거리에서 법정으로 무대를 옮겨 세상의 문제를 제기하고 풀어나가겠다는 조영래 후계자의 발상이었다. 그보다 몇 해 앞서 나는 동기생 친구들이 주도하여 만든 경실련의 회합에도 더러 참석했고 잡지의 편집에도 관여했다. 그러나 주로 경제정책을 제시하는 일에 내가 기여할 여지는 별로 없었다. 그래서 '법적' 해결 방식이라는 박원순의 제안은 솔깃했다. 그러나 큰 걱정거리가 있었다. 재원은 어떻게 할 것이냐? 나는 그에게 따지듯이 물었다. 십여 명의 뜻있는 젊은이들의 인생을 어떻게 책임질 것인가? 짧게나마 고교 시절에 끼니를 거른 경험이 있고, 주변에는 사회운동에 몸담으면서 가족의 생계를 팽개친 무수한 '지사'들을 보아온 나다. 한때 기업에서 일한 경험도 직업으로서의 시민운동의 난관을 가중적으로 인식하도록 만들었다. 일시적인 자원봉사가 아닌 직장인으로서의 상근 간사들의 봉급제도를 정착시켜야 한다. 당시 나는 가족 없이 혼자 살고 있었다. 봉급도 과외수입도 전적으로 내 몫이었다. 매주 『동아일보』에 '법과 문학 사이'를 연재하고 있었고, 이곳저곳 푼돈이나마 고료 수입도 있었다. 그러나 내가 할 수 있는 것이라고는 내 수중의 돈을 일부 털어 넣는 일 정도였다. "뭐, 어떻게 안 되겠습니까?" 그는 특유의 여유로운 표정과 낙관론으로 나의 다그침을 피했다. 그러나 내가 보기에 그에게 묘책이 있는 것 같지 않았다. 후일 그가 자신의 집을 처분했다는 이야기를 전해 들었다. 어쨌든 내 기준으로 볼 때 전혀 근거 없는 그의 낙관론이 쉼 없이 희망을 제작해내는 성과를 목도하면서 나도 모르게 그의 행보에 끌려들게 되었다. 그래서 참여연대에 이어 그가 만든 '아름다운 재단'에도 이름을 걸었다.

어쨌든 나는 다분히 명목에 그친 참여연대의 초대 집행위원장에 추대

되었다. 무엇보다도 나이와 지위에 따른 배려였다. 용산역 앞 허름한 4층
짜리 건물에서 창립총회를 열었다. 불과 백 명도 안 되는 내방객 중에 얼
마 전에 국무총리를 지낸 이회창, 후일 국무총리가 된 이수성, 두 분도 포
함되어 있었다. 이수성 교수는 물론 이회창 총리에게 그 자리에 와주십사
고 초청장을 들고 간 사람도 나였다. 김영삼 대통령에 도전하고 자리를 떠
난 이회창 총리가 몇 개월의 침묵 끝에 정식으로 언론에 재등장할 때 나
는 곁에 있었다. 『신동아』 1995년 신년호에 나는 그와 공개 대담을 나누
는 특혜(?)를 입었다.

　박원순의 참여연대에서 내가 한 일은 별로 없었다. 집행위원장에 이어
운영위원장이라는 자리도 맡았지만 의제의 형성이나 추진 과정은 물론 운
영 방향에 기여한 바가 거의 없었다. 다만 다양한 분야에 걸쳐 많은 사람
을 알게 된 것은 큰 수확이었다. 시민운동 현장의 기류와 후배들의 생각도
많이 배웠다. 참여연대는 재벌을 상대로 한 전쟁 등 많은 업적을 이루었
다. 나는 참여연대에 이름을 올리고 있다는 사실이 자랑스러웠다. 그러나
2000년 '총선시민연대'가 출범하면서 나는 명목상으로나마 가지고 있던
직책을 면해야겠다고 생각했다. 낙천, 낙선 운동이 선거법 위반은 아니다,
헌법 이론을 동원하여 법리논쟁을 벌이는 것이야 충분히 가능한 일이지만
보다 원천적인 도덕적 정당성에 대한 의문이 들었다. 박상증 대표는 특정
인을 당선시키겠다는 운동이 아니라, 떨어뜨리겠다는 '네거티브 캠페인'
을 강하게 반대했다. 장기적인 관점에서 순수한 시민운동에 도덕적 부담
이 된다는 것이 그분의 주장이었다. 나도 그런 생각이었다. 게다가 현실적
인 효용에도 회의가 들었다. 지역 구도가 강고한 호남과 영남 지역에서는

조금도 영향을 줄 수 없을 것이다. 기껏해야 수도권 지역, 그것도 한계 상황에 서 있는 몇몇 사람에게 약간의 타격을 주는 것으로 운동이 성공했다고 볼 수 있겠는가, 오히려 실패할 경우에 짊어질 좌절감과 사회적 비난은 어떻게 감내할 것인가, 걱정이 들었다. 물론 성패를 떠나 구태의연한 정치 세계에 경고의 메시지를 던지는 의미는 있었을 것이다. 어쨌든 나는 그때 내가 세상을 읽고, 나서는 방법과 수준이 참여연대의 핵심 세력과는 많은 차이가 있다는 사실을 새삼 자각했다. 한국의 시민운동은 정치와 분리될 수 없다. 다른 무엇보다도 정치적 상황 때문에 탄생한 것이 시민운동이기 때문이다. 그러기에 사회적 상황이 전혀 다른 미국과 유럽, 그리고 일본의 경우처럼 엄격한 정치적 중립을 요구할 수 없다. 그러나 정권의 성격에 따라 단체의 활동 방향과 한계를 조율하는 것은 쉽지 않다.

노무현 대통령 탄핵과 문재인 수석

2006년 10월 30일 아침, 청와대에서 임명장을 받기 이전에 나는 노 대통령을 한 번도 만난 적이 없었다. 같은 해에 부산의 고등학교에 다닌 그와 내가 그 시절에 만난 적이 있고, 그가 나를 분명히 기억하더라는 이야기를 전한 사람이 있긴 했다. 한동안 나는 부산상고 인근에서 자취생활을 했는데 집주인 아들과 나의 룸메이트가 같은 학년의 상고생이었다. 그들을 찾아오는 친구들이 많이 있었고 때때로 함께 어울려 놀기도 했다. 그중에 경남 진영 출신의 노무현도 있었다는 것이다. 그런데 당혹스럽게도 나는 전혀 기억이 없다. 수십 년 전의 일이지만 정확하게 이름과 얼굴이 기억나는 사람도 있고 어렴풋이 맴도는 친구도 몇몇 있지만 그 속에 노무현은 들어 있지 않았다. 아마도 그와의 인연을 만들어주기 위해 애쓴 중간인물의 창작이거나 생산적인 기억인지도 모른다. 사업하는 사람은 자신의 것이든 남의 것이든 사소한 인연도 극대로 확대 재생산하는 습관이 있으니까.

그분의 야당 의원 시절에 좀 만나보지 않겠느냐는 권유도 있었다. 연구소 같은 것을 만드는데 자문위원으로 참여해달라는 요청이었다. 거절했다. 여, 야를 막론하고 나는 정치인의 사적 모임에 참여한 적이 없다. 개인적인 차원의 만남까지 완강하게 거부할 이유야 없었지만 그런 제의는 많지 않았다. 중간에 사람을 내세워 접촉해 온 경우는 가끔 있었지만 비중 있는 정치인 본인이 직접 요청해 온 경우는 없었다.

내가 인권위원장 제의를 받기 이전에도 내 의사와는 무관하게 참여정부의 내각 후보로 거론되기도 했다고 한다. 그러나 단 한 번도 책임 있는 지위에 있는 사람이 내 의사를 물어 온 적은 없었다. 그게 사실이라면 아마도 주된 대상자에 끼워 들러리로 세운 여러 후보들 중의 하나였을 것이다.

2002년 12월, 노무현 대통령 당선을 나는 기뻐했다. 대부분의 나의 지인들은 이회창 후보를 지지했고 그의 당선을 확신했다. 비록 노무현 후보가 대통령에 당선되었지만 모든 의미에서 소수 정부인 그가 이끄는 참여정부에 대해 안쓰러운 마음을 가지고 있었다. 강금실 변호사가 초대 법무부장관 후보로 거론되는데 본인이 결심을 못하고 있다는 신문기사를 보고 학교로 초청하여 점심을 나누었다. 강 변호사를 정식으로 대면한 것도 그때가 처음이었다. 각종 개혁 과제가 산적했을 텐데 장관직을 맡게 되면

세계인권선언 55주년 기념식에서 그림판을 완성하는 김창국 초대 위원장(왼쪽)과 노무현 전 대통령 내외
(2003년 12월)

나도 성원하겠노라고 격려했다. 그는 장관에 취임한 후에 법무정책위원
회를 구성하여 나를 위원장에 위촉했다. 나의 요청대로 현직 차관을 부위
원장으로 하는, 정부위원회의 통례로 비추어 볼 때는 파격적인 구성이었
다. 검찰개혁 등 많은 개혁 과제를 수행할 장관에게 힘을 실어주고 싶었다.

2004년 4월, 현직 대통령에 대한 국회의 탄핵 의결이 있었다. 실로 엄
청난 일이다. 노무현 대통령에 대한 탄핵은 정치적으로나 법리적으로나
상식에 벗어난 일이었다. 그러나 내가 재직한 학교 분위기는 그러하지 않
았다. 대통령이라는 직책보다는 노무현이라는 인간에 대한 경멸에 가까
운 냉소의 시선을 보내고 있었다. 그래서 노골적으로 또는 은근히 탄핵
을 환영하는 분위기를 감지할 수 있었다. 나의 스승이나 선배 중에 대통
령의 입장을 대변할 헌법학자는 찾아보기 힘들었다. 이때 가까운 후배가
전화를 걸어왔다.

문재인 수석을 그때 처음 대면했다. 그의 인품과 성실함에 대해서는 부산의 많은 법조인들로부터 익히 듣고 있었다. 강금실 장관도 함께 자리했다. 비중 있는 헌법 교수 중에 대통령의 편을 들어주려는 사람이 없다면서 문 수석은 나의 조언을 구해 왔다. 나보고 직접 나서달라고 요청하지 못하는 것 같았다. 나도 이태 전에 헌법학회 회장을 지냈지만 주류 학계 내에서 영향력은 미미했다. 게다가 작은 기관의 장도 장인만큼 기관의 정서를 무시하고 개인적 소신으로 처신할 수 있는 일도 아니었다. 그래서 대표적인 헌법 교과서 집필자를 한두 사람 추천하면서 직접 접촉해보라고 권했다. 그러나 접촉한 원로 교수들에게서 일언지하에 거절당하고 낙담하고 있다는 소식이 들렸다. 마음이 편치 않았다. 고심하다 전화를 걸었다. 도움이 되면 내 이름을 써도 좋고, 필요하면 내가 직접 헌법재판소에 나가겠노라고 전했다. 그때 나는 내심 학장직에서 물러날 각오를 하고 있었다. 어차피 임기 말인데다 여성 교수, 타교 출신 교수, 비법학 전공자 교수, 외국인 교수의 채용 등 당초 학장으로서 계획했던 일은 대체로 마무리하고 있었다.

소장파 교수들이 주축이 된 학회들이 연이어 대통령의 입장을 지지하는 성명서를 발표했다. 지극히 상식적인 결정이었다. 그러나 실제로 내 이름은 공표되지 않았다. 내가 입장을 천명하였다는 소식을 듣고 소장 교수들이 힘을 얻어 지원에 나섰다는 이야기가 있었다고 한다. 그러나 그것은 과장된 이야기다. 나는 그만한 영향을 행사할 위치에 있지도 않았고, 후배, 제자들의 개인적 소신과 행동을 한쪽 방향으로 유도할 생각을 품은 적도 없다. 까맣게 잊고 있던 그 일이 문재인의 회고록 『운명』에 짧게 언급되어 있어, 그가 그 일을 잊지는 않았음을 확인했다.

2

새는 좌우의 날개로 난다

아내를 상습 폭행하는 위선자!

인권위원장 직을 제의받고 며칠 생각할 말미를 달라고 했다. 고민하다 몇몇 가까운 지인들과 상의했다. 모두가 한결같이 맡아야 한다고 말했다. 서울대학교에서는 이미 본부의 기획실장과 법대학장을 지낸 터이라 더 이상 할 일이 남아 있지 않았다. 그해 봄 총장 선거에서 낙선했고 4년 후 다시 도전할 생각은 없었다. 선거라는 것이 얼마나 힘든 일인지, 대학의 선거도 정치인의 선거와 본질은 다르지 않다는 것을 실감했다. 나 자신의 역량도 역량이려니와 유권자의 표를 구걸하며 매달려야 하는 것은 민주주의의 상식인데도 그 상식이 내게는 체화되지 않았던 것이다. 당선된 이장무 총장이 부총장 직을 제의했었지만 사양했다. 대신 서울대학교의 장기 발전 계획을 수립하는 위원회를 맡기로 했다. 총장 선거에서는 실패했지만 총장이 되면 실현하고 싶었던 내 이상의 일부라도 계획 속에 반영하고 싶었다. 10년 전에도 총장의 측근 기획실장 자리에서 비슷한 일을 해본 경험이 있었다. 서울대인의 자부심과 사명감을 살리면서도 특권의식을 불식하는 그런 정신자세가 필요했다. 그러나 양자를 나누는 것도 결합하는 것도 쉽지 않은 일이었다. 위원회가 출범한 지 얼마 되지 않은 시점에 인권위원장 제의를 받은 것이다. 법조 개혁과 인권을 강조해왔던 나의 행보를 감안하면 인권위원장 직책은 아주 적격이라는 것이 중론이었다. 물론 가족과도 상의했다. 갖가지 일상의 불편함이 따를 터이니 각오해야 한다는 다짐도 했다. 마침내 인사검증동의서에 서명할 것을 동의했다.

내가 경합자가 없는 단독 후보라는 언질을 받았지만 청와대 내부의 인사검증 과정에서 불편한 일도 있었다. 나의 집안 내력과 사생활에 관해 해명을 요구하기도 했다. 내가 언짢아하면서 후보 사퇴의 뜻을 밝히자 이내 사과하면서 물러섰다. 나를 이미 내정했기에 호의를 가지고 넘겨준 일도 있을 것이다. 그런데 나한테 직접 묻지는 않았지만 실로 황당한 일이 있었다. 내가 술을 마시면 상습적으로 아내를 구타한다는 제보가 있었다는 것이다. 사실이라면 인권위원장으로서는 치명적인 결격 사유다. 설령 익명의 제보라고 해도 웃어넘기기에는 너무나 중대한 사안이었다. 서울법대 학장 재직 중에 역사상 최초로 여성 교수를 채용하여 여성단체연합회의 상까지 받았던 '페미니스트 법학자의 위선적인 사생활!' 실로 주간지의 호재감이다. 그냥 스치듯 지나가는 말이 아니고 여러 차례, 그것도 집요하게 문제 제기를 하는 사람이 있었다는 것이다. 진원지가 어디였는지 후일에도 알아볼 생각조차 하지 않았지만 실로 어처구니없는 일이었다. 처제에게도 진상을 확인하러 나왔다고 한다. 소식을 전해 들은 아내도 기가 막혀 했다. 이런 걸 보면 한동안 공공연한 사실처럼 떠돌던, 모 정치인이 탤런트 아내를 폭행한다는 풍문도 믿을 수가 없겠다고 했다. 정식 청문회 자리에서라면 나올 수 없는 이야기일 것이다.

하기야 총장 선거 과정에서도 구구한 네거티브 성 소문이 돌고 있었다고 했다. 그해 초에 『조영래 평전』이 출간되자 한동안 소란스러웠다. 반정부, 운동권 인사였던 조영래를 추모하는 책을 낸 것이 곧바로 내가 좌파라는 증거라고 규정했다. 나를 잘 모르는 의대, 치대, 공대에서는 내가 노무현의 측근이라는 소문이 횡행했다고 한다. 전교조 교사들이 중고등학교를 장악했듯이 좌파 정부가 나를 앞세워 서울대를 장악하려 한다는 괴담도 돌았다. 내가 민교협의 회원이거나 직원들 사이에 비교적 평판이 좋았던 사실도 서울대 주류 교수의 분위기에서는 감표 요인이 되었다. 서울대 총장에 실패하자 즉시 인권위원장에 임명한 것을 보면 그게 사실이었다며 소급하여 확신을 다진 사람도 있었다. 또한 평전의 내용에 불만을 가진 유족이 법정 소송을 고려한다는 신문기사가 나간 터이라 나의 도덕성 내지는 인화관계에 문제가 있다는 평가도 돌았다. 어떤 이유에서든지 사람이 싫거나 자리를 두고 경쟁하는 처지에 놓이면 별별 이야기를 던지고 싶은 것이 인간의 속성인지도 모른다. 정부의 모든 자리에는 그 자리를 원하는 사람들이 줄을 서서 대기하고 있다. 정권의 탄생에 기여했거나, 자신이 그랬다고 믿고 있는 사람들은 응분의 대가를 바란다. 또한 세력권 밖에 있던 사람이 자리를 '밀고 들어오는' 그 순간부터 자리에서 떠나기를 기다리는 내부인들이 많다. 정무직은 대체로 그런 것 같다.

내가 참여정부의 기준으로는 지나치게 보수적인 성향임을 내세워 반대한 청와대 인사도 있었다고 한다. 따지고 보면 나의 위원장 임명은 일종의 타협책이었을 것이다. 당시 참여정부는 고위직 인사 때마다 야당과 언론의 시비에 골머리를 앓고 있었다. 그래서 한나라당도 심하게 반대하지 않을 사람을 구했고 그래서 차선으로 나를 택했을 것이다. 그리고 부차적으로 학자 출신 인사에게 의례히 문제되는 논문의 표절이나 연구비의 부적정한 사용 등 잡음의 소지가 없을 사람을 찾았다고 한다.

후일 송철호 국민고충처리위원장이 고백했다. 행여 자신에게 그 자리를 맡으라면 어쩌나 하고 몹시도 고심했다는 것이었다. 그래서 우스개로 내게 감사하다는 말까지 전했다. 자기 생각으로는 그 골치 아픈 자리를 감당할 수 있는 사람은 나뿐인데, 기막히게 적격자를 뽑았다며 덕담도 건넸다. 송 변호사는 노 대통령의 측근 그룹에 속했다. 울산에서 시장과 국회의원에 출마하여 낙선하면서도 끝내 신의를 저버리지 않은 그를 대통령은 챙겨주고 싶었을 것이다. 당초 법무차관 기용을 내정했다가 검찰과 장관이 함께 강하게 반대하여 무산된 적이 있었다고 한다. 내가 취임하기 이전에 이미 인권위의 일부 업무를 고충처리위원회와 공유하는 조정안이 세워져 있었고 대통령이 내게 임명장을 주면서 최소한의 '정치적 통제'는 불가피하다고 한 발언도 이런 맥락이 깔려 있었던 것이다. 이미 조직의 확대 등, 상당한 성과를 거둔 송 위원장은 부하 직원에게 나의 취임을 계기로 더 이상 인권위를 대상으로 하는 업무조정 논의를 거론하지 말라고 지시했고 나에게도 정중하게 그 뜻을 전해 왔다.

취임사 논란

한동안 꿈을 꾸었던 서울대 총장과는 달리 과연 내가 인권위원장으로서 무엇을 할 것인가, 그리고 할 수 있을 것인가 구체적인 생각이 떠오르지 않았다. 그동안 몹시도 문제가 많은 기관이라는 이야기는 수없이 들어왔다. 인권위는 사방에 적이 많았다. 내 주변에도 인권위를 좋아하는 사람보다 싫어하는 사람이 더 많았다. 내가 인권위원장에 취임한 뒤에도 왜 그런 시시한 기관, 또는 빨갱이 기관에 들어갔느냐며 노골적인 실망을 나타낸 지인도 적지 않았다. 그만큼 인권위는 제대로 알려지지 않은 기관이었다. 정확한 실상을 알아보기도 쉽지 않았다. 표면에 드러내지 않고 누구를 통해 어떻게 알아볼지도 신경이 쓰였다. 취임 전에 미리 만나자는 사람들도 있었다. 자신들의 이해관계가 걸린 일이기도 했지만 나름대로 새 위원장에 대한 조언이 필요하다고 여겼을 것이다.

여러 경로를 통해 내가 알아낸 바는 대체로 이런 것들이었다. 우선 인권위는 합의제 기관이다. 독임제 관청과 달라서 위원장이 전권을 행사할 수가 없다. 차관급 상임위원 세 사람과 일상을 함께해야 한다. 또한 직원들의 출신 배경과 능력, 그리고 인권 감수성에 편차가 크다. 이들 사이의 정서적 갈등의 소지가 농후하다. 그래서 인사의 균형이 매우 중요하다. 대외관계가 몹시 어렵다. 정부의 모든 기관이 인권위를 싫어한다. 특히 법무부는 언제나 조금의 틈만 보이면 인권위의 위상을 추락시키려 들 것이다. 시민단체도 인권위에 거는 기대가 높고 요구사항도 많다. 시민단체는 자신들이 설립을 주도했기에 인권위의 구성과 운영에 응분의 지분이 있다고 생각한다. 민원인들도 때때로 떼를 쓸 권리가 있다고 생각한다. 생경한 주장을 장기로 삼는 시민단체를 어떻게 선별적으로 수용할 것인가. 걸핏하면 점거농성을 일삼는 민원인들은 어떻게 할 것인가. 인권을 무슨 벼슬처럼 팔아먹고 다니는 '인권 양아치'들은 어떻게 다스릴 것인가? 무슨 묘수가 있을 리 없다. 부딪쳐볼 수밖에 도리가 없다. 무엇보다 가장 큰 문제는 인권위를 바라보는 정치권의 시각에 너무나 큰 편차가 존재한다는 것이었다.

한나라당은 인권위는 애초에 탄생해서는 안 될 기관이었다고 믿고 있는 듯했다. 국가보안법의 폐지를 건의하는 반면 북한 인권 문제에 대해 적극적으로 나서지 않는 것도 '햇볕정책'을 지지하는 좌파 정권의 앞잡이라고 믿고 있었다. 따라서 정권만 바뀌어보라며 벼르고 있는 듯했다. 이런 판국에 자리에 앉는 기관장의 취임사에 어떤 비전을 제시할 것인가? 고심 끝에 이렇게 결론을 내렸다. 가능하면 중립의 자세를 유지하면서 국내 정치의 소용돌이를 비켜 가야만 한다. 국제적 활동을 통해 국내 정치의 직격탄에 대한 방패를 구축하고 국제적 원군을 확보해야 한다.

인권위에 대한 그해의 국정감사가 10월 31로 결정되어 있었다. 그래서 청와대는 나의 취임 일자를 10월 30일로 결정하면 어떠냐고 내 의사를 물었다. 법정 일자가 며칠 남아 있기는 했다(모든 인권위원은 결원 후 30일 이내에 후임자를 임명하도록 법이 규정하고 있다). 가부를 말할 처지도 아니었지만 원칙대로 하자고 했다. 기관장의 공석 중에 국정감사를 진행하면 기관의 입지가 약화될 것이다. 나도 그렇게 생각했다.

10월 28일 저녁, 취임사를 직접 썼다(재임 중에 맞았던 세 차례의 신년사와 이임사도 내 손으로 썼다). 거대한 비전의 제시가 있을 리 없다. 다만 속도의

반기문 유엔 사무총장과 환담(2008년 7월)

조절과 실천의 지혜를 강조했다.

"출범할 당시에 국민이 걸었던 기대가 근래에 들어 여러 형태로 나타나고 있습니다. 변함없는 사랑의 언어 못지않게 강한 질책의 목소리도 높습니다. …그동안 우리가 수행했던 수많은 일들에 대해 자부심을 가져야 합니다. 그러면서도 때때로 열정이 앞선 나머지 분별의 지혜가 모자랐던 경우도 없지 않았나, 찬찬히 되돌아보아야 할 것입니다."

"우리는 업무를 이행함에 있어 보다 연조가 깊은 국가기관들의 경험에 대한 경의를 잃지 말아야 할 것입니다. 국정 운영 경험은 그 자체가 소중한 자산입니다. 독립된 기관으로서 우리가 유념해야 할 일은 다른 국가기관의 협조와 지원 아래 비로소 국민의 인권을 신장시킬 수 있다는 사실입니다."

"우리는 우리 사회의 총체적인 발전에 인권의 신장이 가장 중요한 요소임을 인식하면서도 때때로는 참고 기다릴 줄 아는 지혜를 배양해야 할 것입니다. 가슴속에 식지 않는 열정을 지니되, 분별 있는 열정으로 임하기를 바랍니다."

그리고는 국제화의 중요성을 강조하는 내용을 담았다.

"앞으로 우리가 해야 할 가장 중요한 과제는 바깥 세상에 눈을 돌리고 세계의 동반자가 되도록 노력하는 일입니다. 우리가 이룬 눈부신 인권의 성과를 국제사회에 널리 알리고, 나아가서는 후발 국가에 대한 책임을 분담함으로써 인권 분야에서도 국제사회를 선도하는 명실상부한 선진국으로 도약하는 반석을 만들어야 할 것입니다."

글을 마감하면서 친분이 있는 오세영의 시, 「비누」의 구절을 인용했다.

"비누는 스스로 풀어질 줄 안다. 비누는 결코 자신을 고집하지 않는 까닭에 이념보다 큰 사랑을 얻는다."

며칠 후에 인권단체연석회의의 비판 성명이 따랐다. 한국의 인권 상황을 지나치게 낙관적으로 보며 장래를 향한 비전의 제시도 없다는 요지였다. 인신공격도 따랐다. 개의치 않았다.

10월 30일 아침, 집으로 찾아온 직원에게 취임사 원고를 건네주고 임명장을 받기 위해 청와대로 향했다. 10시 정각에 대통령 앞에 섰다. 취임식은 11시로 예정되어 있었다. 임명장을 받는 순간 머리를 조아리듯 숙이지 않으려고 의식했다. 그러나 국가원수에게 적절한 예의를 갖추어야 한다는 생각은 가지고 있었다. 혼자 임명장을 받았기에 짧지만 다과시간이 잡혀 있었다. 대통령이 특별히 주문한 사항은 없었다. 많은 사람이 적격자라고 추천하더라는 의례적인 말을 던진 뒤 대통령은 재빨리 이야기를 했다. 상의 안쪽 포켓 속에 수첩을 지니고 있었지만 꺼내 들지 않았다. 가끔 그런 사람도 있고 그게 상식이자 기본 예의라는 이야기도 있다. 그러나 직무상 대통령의 지시를 받는 각료라면 몰라도 인권위원회는 법이 명시한 독립기관이 아닌가? 청와대를 나와서도 별도의 메모를 해두지 않았다.

대통령은 인권위에 대한 일정한 정치적 통제는 불가피하지만 최소한에 그치겠다는 취지였다. 그리고 다른 기관과의 업무조정에 대해서도 이야기했다. 내가 이야기를 좀 해도 되겠느냐고 물었다. 대통령은 약간 흠칫하는 것 같았지만 이내 그러라고 말했다. 애써 표정을 부드럽게 하려는 듯이 비쳤다. 두 가지 요지를 말했다. 첫째, 나는 국내 정치적 상황에 대해서는 고려하지 않고 업무를 집행하겠노라고 말했다. 이런 말을 하면서 의도적으로 정면을 응시하지 않았기에 대통령의 반응을 알 수 없다. 이어서 미리 취임사에 쓴 내용을 거론했다. 즉 국제적 차원의 활동에 주력하겠다고 했다. 그동안 한국의 인권 상황도 많이 개선되었고 인권위의 국제적 위상도 높은 편이니 재직 중에 적극적인 국제적 리더십을 발휘했으면 좋겠다고 했다. 대통령은 대뜸 그건 좋은 일이라며 잘해보시라며 표정을 풀었다. 후일 그 자리에 있었던 참모 한 사람이 전한 말이다. 그는 나의 이례적인 태도에 다소 놀랐었다고 했다. 만약 다른 대통령이었더라면 매우 불쾌하게 받아들였을 것이라고 덧붙였다.

취임식은 이내 끝났다. 많은 인터뷰 요청이 들어왔다. 별도의 일정을 잡도록 하고 상임위원, 간부들과 오찬을 나누었다. 빠른 시일 내에 모두의 얼굴과 이름을 기억할 것이다. 오후에는 국정감사에 대비한 준비 독회에 들어갔다. 현안 업무를 파악하는 데 더없이 유용했다. 이튿날인 10월 31

일, 인권위원회에 대한 국정감사가 이루어졌다. 곽노현 사무총장이 주로 대답했다. 새로 취임한 위원장에 대한 배려가 있었던 것 같다는 직원들의 사후 소감이었다. 한나라당 소속의 안상수 법사위원회 위원장을 비롯하여 이주영 의원, 그리고 여당의 이종걸 의원과는 오랜 친분이 있는 편이었다. 국정감사를 거치면서 새삼 인권위를 바라보는 기본 시각이 여야 간에 엄청나게 다르다는 사실을 절감했다. 무슨 일이 있어도 반드시 3년의 임기를 채우겠다고 속으로 다짐했다.

인권위 사무총장, 곽노현과 김칠준

"사무총장은 위원회의 심의를 거쳐 위원장의 제청으로 대통령이 임명한다(국가인권위원회법 제16조 2항)."

그러나 사무총장의 임기는 별도로 정해져 있지 않다. 전적으로 위원장의 뜻에 달려 있다는 암시일 것이다. 그러나 법적으로는 임명권자인 대통령이 결정할 사항이다. 청와대에서는 곽노현 사무총장을 어떻게 할 것인지, 내 의중을 물었다. 내게 맡겨달라고 했다. 나는 대한민국 대통령이 임명한 위원장이지, 노무현 대통령 개인이 임명한 위원장이 아니라고 다짐했다. '독립기관'의 장으로서 사무총장 인사는 내가 주도해야 한다는 생각을 가지고 있었다. 만약 첫 인사에서 청와대의 주문대로 끌려간다면 독립기관의 이미지에 큰 손상을 입을 것이다.

설립 초기에 인권위가 독립성을 확보하기 위해 힘겨운 노력을 했던 사실을 기억한다. 2002년 11월, 김창국 위원장이 국제회의에 참석하기 위해 출장을 떠나면서 청와대의 사전 허가를 받지 않은 것이 문제가 되었다. 인권위원장의 '오만한' 행동을 청와대 참모들이 공개적으로 비난하고 나섰다. 국회에서도 비판의 소리가 일었다. 외교통상부와 행정자치부도 합세했다. 김대중 대통령의 임기 말이라 레임덕 현상을 우려한 탓이기도 했다. 인권위도 별도의 성명서를 발표하여 맞섰다. 인권위원회법의 규정을 무기로 내세웠다.

"위원회는 그 권한에 속하는 업무를 독립하여 수행한다(제3조 2항)."

나도 김 위원장의 요청으로 인권위의 독립성을 지지하는 헌법 이론을 담은 칼럼을 『동아일보』에 기고한 적이 있었다. 사건은 김 대통령의 지시로 더 이상 확대되지 않았다. 신생기관인 인권위에게 엄청난 자부심을 심어준 쾌거였다. 당시까지만 해도 대법원장도 해외 출장에 앞서 청와대에 들러 출국 인사를 하는 게 관행이었다고 한다. 이러한 관행을 노무현 대통령이 폐지했다고 들었다.

청와대의 내부 절차가 마무리되자 소식을 접한 곽노현이 전화를 걸어와서 만났다. 자신의 거취에 대한 내 생각을 물어 왔다. 내 뜻을 전했다. 연말까지 도와달라고. 그러면서 후임자를 물색하는 데 함께 도와달라고 부탁했다. 대학 6년 후배인 곽노현을 처음 만난 것은 그가 미국 유학생활 중에 일시 귀국했을 때로 기억한다. 그도 나도 같은 대학에서 법학 석사과정을 마쳤다. 첫 만남에서 그는 국가보안법을 폐지하자는 내 글을 감명 깊게 읽었노라고 고백했다(『월간조선』 1988년 11월호 "사상규제법부터 고치자: 국가와 사상 통제"). 그는 서울대 법대 72학번의 리더였다고 들었다. 서울대 72

학번에는 이해찬, 천정배, 정동영, 황지우, 최권행 등 출중한 인물이 많고 상호 유대 관계도 깊다고 들었다. 이들은 1974년 '민청학련사건' 당시에 3학년이었는데 한 운동권 선배는 이 학번 후배들에 대해 미안한 부채의식을 지녔었다고 말했다. 이들은 실제로 수행했던 역할에 비해 과도한 처벌을 받았다는 것이다.

유학에서 돌아온 곽노현은 동급생 강경선과 함께 '민주법학'의 리더가 되었다. '민주법학'은 먼저 탄생한 '법과 사회'와 함께 우리나라의 법 현실에 대한 비판과 대안을 시도한 젊은 법학자들의 모임이었다. 오랫동안 한국 법학을 지배해왔던 이론법학, 제도법학, 수험법학, 수입법학에 대한 불만을 한국의 현실에 초점을 맞춘 지적 작업으로 수렴하고자 하는 소장파 법학자들의 모임이었다. '법과 사회'의 창립회장은 양건 교수(현 감사원장)였고, 그의 뒤를 권오승 교수(전 공정거래위원장)가 이어받았다. '민주법학'은 '법과 사회'보다 젊고 진보적인 소장학자에다 대학원생까지 포섭하고 있었다. 한때 내게도 '법과 사회'의 회장을 맡아달라는 요청이 있었지만 나는 '민주법학'과 통합하지 않으면 안 맡겠다면서 두 학회의 통합을 추진했으나 성공하지 못했다.

곽노현은 인권위의 설립과정에서도 적극적인 역할을 했다. 설립과 동시에 초대 비상임위원으로 임명되었으나 중도에 사임하였다가 제2대 최영도 위원장이 취임하면서 사무총장으로 복귀하였다. 최 위원장이 취임 3개월 만에 사임하고 후임으로 조영황 변호사가 취임한 후에도 사무총장직을 유지하고 있었다. 사무총장으로서 그는 많을 일을 했고 국제사회에서 한국 인권의 입지를 높이는 데도 크게 기여했다. 언젠가는 인권위의 수장이 될 자격이 충분한 사람이라고 생각했다. 곽노현은 다방면에 지식도 깊지만 무엇보다 도덕적 자기 확신이 강한 사람이다. 그래서 그에게는 내부의 적이 많았다. 따라서 조직의 화합과 안정을 절체절명의 과제로 여겼던 내게는 그 대신 새 사무총장이 필요했다.

2010년 3월, 서울시 교육감 선거에 나선 곽노현의 요청에 따라 나는 그를 지지하는 글을 썼다.

"나는 시일을 두고 사람을 사귀는 편이다. '프로젝트' 따라 인간관계를 맺고 끊고 할 일이 드문 삶이기 때문이기도 할 것이다. 오랜 세월에 걸쳐 천천히 곽노현을 알고 지냈다. 그래서 우리 둘은 너무 가깝지도 않고, 그렇다고 해서 아주 소통이 안 되는 사이도 아니라고들 한다. 사실이 그렇다. 그와 한통속도 아니고, 아주 아닌 것도 아니다. 때때로 그의 남다른 재주, 확신, 열정, 집념, 행동력이 부담스럽기도 하지만, 명쾌한 글에 비해 다소 어눌한 언변에서 오히려 안온한 균형감을 느낀다. 한 가지 분명한 사실은 나 자신 나이가 들어감에 따라 점점 더 그를 부러워하게 되었다는 것이다. 대학에 몸을 의탁하고 있어, 대학에 이르기 전에 이미 지레 말라버리는 청소년의 삶의 현장에 서툰 나에 비해, 그는 놀랍도록 속속들이 교육현장을 알고 있다. 무엇이 문제인지는 물론, 어떻게 그 문제를 풀어야 할 것인가도 알고 있다. 곽노현의 말을 들으면서 그가 문제를 풀 수험생이 되었으면 하는 바람이 더욱 깊어졌다."

후임 사무총장으로 여러 사람들이 여러 후보들을 추천했다. 그러나 실은 그때 나는 기존의 관념을 통째로 깨는 새로운 시도를 하고 싶었다. 인권위 사무총장을 시민단체나 민변이 아닌 곳에서 구할 생각이었다. 드물기는 하지만 대형 로펌에도 인권과 공직에 관심을 가진 변호사가 있을 것이다. 조영래, 천정배도 원래 로펌 출신이다. 대한민국에서 가장 뛰어난 법률가들이 로펌에 모여 있다. 국제적 감각과 소양을 갖추었을 것이다. 조직관리에 능한 사람이면 더욱 좋다. 그렇게 함으로써 일종의 사회 통합을 시도하고 싶었다. 인권 관련자들에게 치명적으로 결여된 것이 경제적 감각이다. 경제력에 대한 본능적인 거부감마저 지니고 있는 사람도 많다. 편향된 인권위의 이미지를 개선하는 데도 큰 도움이 될 것이다.

로펌의 대표를 만났다. 중요한 멤버 변호사가 동석했다. 취지를 설명하고 사람을 추천해달라고 했다. 인권위에 근무함으로써 줄어들 수입은 회사에서 전보해주고, 인권위에 복무한 후에도 로펌 복귀를 보장해줄 것을 주문했다. 그분들은 나의 거창한 야심(?)에 경의를 표하면서 장담할 수는 없지만 적극 노력해보겠다고 했다. 일주일 후에 답이 왔다. 적임자가 마땅치 않다는 것이었다. 되돌아 생각해보면 나의 발상이 너무나 비현실적이었다. 설령 로펌 변호사를 확보했더라도 청와대가 선뜻 받아들이지 않았을지도 모른다. 그래도 나는 끝까지 굽히지 않고 설득할 생각이었다. 최악의 경우 충돌도 각오하고 있었다.

이젠 도리가 없다. 종전처럼 시민단체나 민변 소속 변호사 중에 구할수밖에 없다. 몇 사람을 접촉해보았으나 저마다 사정이 여의치 않았다. 청와대에서 문의가 왔다. 도움이 된다면 자신들의 인재 풀을 제공하겠다고했다. 그러자고 했다. 두 후보자를 거론했다. 둘 중에 김칠준 변호사를 택했다. 몇 년 전에 그가 참여연대에서 혼자서 열심히 '작은 권리 찾기 운동'에 매진하는 모습을 본 적이 있었다. 좋은 인상이 남아 있었다. 직접 만나서 이야기해보니 더욱 확신이 들었다. 온화한 성격에 끈질긴 집념의 소유자, 소통과 화합형 관리자로는 최적의 인물이었다. 김 변호사를 만난 것은 내게 크나큰 행운이었다. 함께 보낸 2년 반, 그는 내 인생에서 소중한 경험을 나눈 동료가 되었다. 그는 이후 구속된 자신의 전임자, 곽노현의 변호사로 분투했다. 두 사람의 사무총장과 함께 일한 위원장의 마음은 착잡하기 그지없다.

취임사

자랑스러운 국가인권위원회 일꾼 여러분, 그리고 인권을 기리고 신봉하는 국민 여러분, 그동안 하마나* 하며 지루하게 기다리던 가을이 마침내 찾아왔습니다. 생경한 공권력이 국민의 일상의 자유와 인권을 유린하던 암울했던 그 시절, 한 시인은 이 겨울 공화국 동토에 봄이 도래하기를 소망하는 마음을 목메인 절규로 다짐했습니다. "사계절이 분명한 조국 땅에는 좀 더디더라도 봄은 반드시 오고야 말 것이다."라고.

그로부터 많은 세월이 흘렀습니다. 그동안 우리 사회는 눈부신 발전을 이루었습니다. 군사독재에 저항하여 시민혁명을 이루어낸 빛나는 성과는 민주적 질서의 정착에 크게 기여했고, 경제 성장이 이룬 기적과 함께 세계인의 찬탄을 얻었습니다. 국제사회에서 우리 대한민국은 식민지 지배에서 벗어난 후 가장 짧은 기간 동안 민주화와 경제 발전을 이룩한 유일한 나라로 칭송받고 있습니다. 폐허의 잿더미 위에 UN이 만든 그 작은 나라가

---

* '이제나저제나.'

취임식 직후 상임위원들에게 인사하는 모습(2006년 10월)

마침내 기관의 수장인 사무총장을 배출한 쾌거는 국제사회에서 우리나라의 현주소를 상징하는 빛나는 징표가 되기도 합니다.

5년 전 이 땅에 국가인권위원회가 탄생한 것은 국정의 모든 영역과 국민의 일상에 민주적 이상과 질서가 뿌리내리기를 바라는 국민의 열렬한 소망의 결실이었습니다. 입법, 행정, 사법, 전통적인 분류에 따르면 정부의 3부처 그 어디에도 소속되지 않은 독립된 기구로 만든 이유는 체제와 이념을 초월한 인권이라는 인류 보편의 가치를 구현하고자 하는 우리의 전향적 바람의 발로이기도 했습니다.

그동안 우리 국가인권위원회는 실로 많은 난제를 안고 노력했습니다. 때때로 신생 기관에 대한 과도한 열망과 무거운 기대에 부대끼기도 했습니다. 탄생 다섯 돌을 앞둔 시점에 우리 위원회는 성숙한 어른이 될 준비를 해야 합니다. 이 땅에서 인간의 존엄과 가치를 유린당한 수많은 사람들의 아픔과 고통에 눈과 귀와 함께 따뜻한 마음도 열어야 합니다. 이에 못지않게 중요한 것은 이들의 아픔과 고통을 덜어주는 알맞은 방법을 찾는 성숙된 지혜입니다. 그동안 세 분의 전임 위원장을 비롯한 많은 분들의 헌신적 노력이 있었습니다. 그분들의 노고에 깊은 경의를 표하면서 여러분들이 이룩한 업적을 발전적으로 계승하고자 합니다. 한 기관의 업무는 수장 한 사람이 바뀐다고 해서 근본마저 달라질 수는 없는 것입니다. 심도 있는 토의를 거쳐 제시된 기관의 비전과 행동계획은 존중되어야 합니다. 그러나 시대가 요구하는 역할에 합당한지 다시 한 번 되짚어보는 일은 언제나 필요합니다.

저는 우리 기관의 문서 속에서 '권력 대신 매력으로'라는 구호를 읽었습니다. 법적 강제력이 없는 권고가 보편적 설득력이라는 보다 무거운 힘을 얻기 위해서는 우리 위원회가 국민에게 '매력 있는' 기관이 되어야 합니다. 우리 스스로가 매력을 키우기 위해 배전의 노력을 쏟아야 합니다. 한 예로 우리의 업무를 이행함에 있어 보다 연조가 깊은 국가기관들의 경험에 대한 경의를 잃지 말아야 할 것입니다. 국정의 운영 경험은 그 자체가 소중한 자산입니다. 독립된 기관으로서의 우리가 유념해야 할 일은 다른 국가기관의 협조와 지원 아래서만 비로소 국민의 인권을 신장시킬 수 있다는 사실입니다. 우리는 장래를 향해 인권의 기치를 드높이 세우되, 현시점에서 국가와 사회의 보편적 관념을 경시해서는 안 될 것입니다.

우리 위원회가 출범할 당시에 국민이 걸었던 기대가 근래에 들어 여러 형태로 나타나고 있습니다. 변함없는 사랑의 언어 못지않게 강한 질책의 목소리 또한 높습니다. 그러나 질책은 다른 형식의 사랑의 격려라고 믿습니다. 우리는 사랑의 말에 교만하지 말고, 비판과 질책의 말씀에 겸허하게 고개 숙여야 할 것입니다. 무엇보다도 우리들 자신이 다양한 의견을 막힘 없이 개진하고 성숙한 자세로 토론에 임하여 공동의 지혜를 창출해내는 데 더욱 노력을 쏟아야 할 것입니다. 그동안 독립된 국가의 인권기구로서 우리가 수행했던 수많은 일에 대해 자부심을 가져야 합니다. 그러면서도 때때로 열정이 앞선 나머지 분별의 지혜가 모자랐던 경우도 없지 않았나, 찬찬히 되돌아보아야 할 것입니다.

우리 기관을 탄생시킨 국가인권위원회법이 천명하듯이 우리는 대한민국 헌법과 법률, 그리고 국제인권조약과 국제관습법이 인정하고 보장하는 인간의 존엄과 가치를 구현하는 데 앞장서기 위해 다시금 자세를 가다듬어야 할 것입니다.

앞으로 우리가 해야 할 중요한 과제는 바깥 세상에 눈을 돌리고 세계의 동반자가 되도록 노력하는 일입니다. 우리가 이룬 눈부신 인권 신장의 성과를 국제사회에 널리 알리고, 나아가서는 후발 국가에 대한 책임을 분담함으로써 인권 분야에서도 국제사회를 선도하는 명실상부한 선진국으로 도약하는 반석을 만들어야 할 것입니다. 우리는 우리 사회의 총체적 발전에 인권의 신장이 가장 중요한 요소임을 인식하면서도, 때때로 참고 기다릴 줄 아는 지혜를 배양해야 할 것입니다. 가슴속에 식지 않는 열정을 지니되, 분별 있는 열정으로 임하기를 바랍니다.

이제 우리는 기다리던 가을을 만끽하고 있습니다. 바야흐로 민주와 인권의 전성기를 구가하고 있습니다. 이제 우리는 풍성한 수확을 갈무리하여 닥쳐올 겨울에 대비해야 합니다. 선조들이 배움을 시작하면서 다졌던

천자문의 한 구절대로 추수동장(秋收冬藏)의 지혜를 다질 때이기도 합니다.

마지막으로 우리 모두의 헌신적 성찰을 다짐하는 뜻으로 어느 시인의 구절을 옮기면서 취임사를 마치고자 합니다.

비누는 스스로 풀어질 줄 안다.

비누는 결코 자신을 고집하지 않는 까닭에

이념보다

큰 사랑을 얻는다.

-오세영, 「사랑의 묘약」

우리 자신은 한없이 겸손한 마음과 자세로 봉사하고, 자신의 존재는 점점 작아져서 끝내는 자취조차 보이지 않게 되더라도, 국민의 일상적 체취 속에 은은히 풍기는 비누 냄새와 같은 존재가 되어야 할 것입니다. 이것이 바로 인권의 선봉장으로서의 국가인권위원회의 일꾼들에게 주어진 사명이라고 저는 생각합니다. 여러 가지로 모자라고 흠이 많은 저에게 이렇게 막중한 책임이 주어진 것을 더없는 영광으로 여기지만, 두려움 마음으로 여러분 앞에 섰습니다. 우리 모두 힘을 합하여 지혜롭게 국민과 인류 앞에 봉사하는 국가인권위원회가 되도록 노력합시다. 감사합니다.

2006년 10월 30일

제4대 국가인권위원회 위원장

안경환

독립의 대가는
고립이다

새 위원장의 성향과 언론의 관심사

2006년 10월 30일 취임하여 바로 이튿날인 31일 국정감사를 받았다. 이어서 일주일 동안 여러 성향의 언론과 개별 인터뷰를 가졌다. 일부 직원은 내가 '극보수' 성향의 언론사와도 주저하지 않고 인터뷰를 하는 것을 탐탁하지 않게 생각했다고 한다. 나의 성향에 대해서 확고한 믿음이 없는데다, 인터뷰를 해봤자 뭔가 트집거리만 만들어줄 뿐이라는 것이었다. 그만큼 인권위 직원들 사이에서는 보수 언론에 대한 불신의 골이 깊었다. 편견일 수도, 경험의 소산일 수도 있다. 참여연대에 적을 두고 있던 시절에도 내가 『조선일보』에 글을 쓰는 것을 비판하는 젊은이들이 많았다. 간사들의 회의에서 비공식 안건으로 제기되기도 했었다고 한다. 당시 나는

『조선일보』 문화면에 고정 칼럼을 쓰고 있었는데 이들 원칙론자들은 문화 칼럼조차도 용납하려 하지 않았다. 유럽에서 공부한 한 진지한 인문학도는 나를 붙들고 성을 내다 못해 울먹거리며 호소하기도 했다. 내 선의와는 무관하게 자신도 모르는 사이에 곡필의 희생양이 된다는 것이었다.

그러나 내 생각은 달랐다. 주제와 내용이 문제이지 매체 그 자체는 본질적인 문제가 아니라고 생각했다. 운동가보다는 지식인을 자처하는 내게는 적개심이 아니라 균형감이 더욱 중요한 미덕이었다. 특히 자신과 성향이 다른 독자들에게 달리 생각할 자료를 제공하는 것도 의미 있는 일이라고 생각했다. 그게 지식인의 역할이 아니겠는가. 흑백논리가 팽배해 있는 세상에서 흑도 백도 아닌, 회색이라는 의식의 중립지대를 구축하는 것이 더없이 중요하다. 굳이 따지자면 지식인의 원색은 회색이라는 것이 나의 지론이었다. 『조선일보』만이 아니었다. 초임 교수 시절부터 나는 거의 모든 일간지에 시론이나 칼럼을 썼다. 그 신문의 기조에 따라 내 생각이나 글의 논조가 바뀐 예는 없었다. 내 글을 읽고 동조하거나 반박하는 독자의 반응은 있었지만 매체가 미리 내 글의 내용을 문제 삼은 일은 거의 없었다. 한때 『한겨레』에도 고정 필자로 칼럼을 쓴 적도 있었다. 그중 한 칼럼이 시빗거리가 되었다. 2005년 5월의 일이다. 고려대학교 학생회 간부들에 대해 학교가 중징계 방침을 세웠다. 민주화를 위한 교수협의회에서는 학교의 처사를 비난하는 성명서를 초안하여 회람했다. 나는 이렇게 썼다.

…고려대학교가 진통을 겪고 있다. 삼성그룹의 이건희 회장에게 명예철학박사를 수여한 학교 당국의 결정을 학생회가 물리력으로 항의, 저

지한 것이다. 일반 학생들은 총학의 탄핵에 나섰다고 한다. 그러나 실로 당혹스러운 일은 전국의 민교협 교수들이 학생 징계에 반대하는 성명을 초안하여 교수들의 동참을 촉구하여 나선 것이다. 초안이기는 하지만 성명서는 심히 균형을 잃었다. 물리력을 행사한 학생들에 대한 꾸짖음은 전혀 없고 학교 당국에 대한 비난만 담겨 있다. …선생의 역할이 무엇인가? 학생의 폭력을 품어 감싸기에 앞서 강한 질책을 아끼지 말아야 할 게 아닌가. 연전에 오도된 '민주 학생 감싸기'의 예를 들고 크게 충격을 받은 적이 있다. 학생운동에 주력하느라 단 한 번도 출석하지 않은 과목에 A학점을 내준 선생의 큰 '정의감'을 찬양하는 학생에게서 심각한 대학의 위기를 느꼈다.

민교협의 성명서가 제기한 내용에도 이의가 있을 수 있다. 이 회장에게 명예 철학 박사 학위를 수여하는 것은 '대학과 자본의 유착'을 초래할 우려가 있다고 한다. 모두가 권장하는 '산학협동'과 어떻게 다를까? …삼성의 기업 경영방식에 철학적 이의가 있을 수 있다. 그러나 노동조합 없이도 초일류 기업으로 도약한 후에 부를 사회에 환원하는 경영방식도 있을 것이다. 이 회장의 재산 상속 과정이나 삼성그룹의 노조 정책에 불법이 있었다면 합당한 응징을 법에 맡겨야 하지 않을까…(「학생운동과 선생의 역할」, 『한겨레』 2005년 5월 24일).

당시 나는 연구년을 얻어 외국 대학에서 강의를 맡아 체류하고 있었다. 국외에 있으면 현장감이 떨어지니 칼럼을 중단하자고 했더니 신문사 측에서는 시작한 지 얼마 되지 않았으니 계속 써달라고 해서 붓을 놓지 않고 있었다. 국내 소식은 전적으로 인터넷에 의존할 수밖에 없었다. 나는 원고를 보내면서 행여나 신문의 편집 방향과 어긋날 경우에는 싣지 않아도 좋다고 했다. 한겨레 편집진은 논의 끝에 내 글을 실었다. 난리가 따랐다고한다. 신문사 내부에서는 물론, 한겨레를 지지하고 의지하던 많은 독자가강력하게 항의하고 나섰다. 민교협과 한겨레는 협의 끝에 나를 반박하는글을 게재하였다. 나도 민교협의 회원이었기에 제명하자는 논의도 있었다고 한다. 평소에 나와 면식이 전혀 없었던 지방의 한 젊은 교수가 집필하였다. 그는 나에게 자본의 앞잡이인 '자용 교수'라는 레테르를 붙여주었다. 이 소동 이후로도 한 차례 더 칼럼을 쓰고 내 스스로 기고를 중단하는것으로 하여 마감했다. 중단 사유를 알리는 기사가 나갔다. 방학 중에 오지 여행을 떠나야 하기 때문이라고.

그 글의 내용에 대해서는 아직도 같은 생각이지만 분명히 내가 크게잘못한 점이 있다. 민교협 성명서는 회람한 초안대로 발표되었지만 초안은 어디까지나 초안에 불과하다. 회원 사이에 주고받는 내부 문건인 것이다. 초안에 이견이 있으면 내부에서 토의해야 할 것이지 그 절차를 생략하고 곧바로 바깥으로 가져간 것은 나의 잘못이다. 내가 단순히 회비만 내는 수동적인 회원이라거나 외국에 체류하고 있다는 사실이 변명이 될 수없다. 어쨌든 이러한 나의 전력을 아는지 언론사에 따라 나의 성향을 '온건한 중도', 또는 '균형감각의 소유자' 등으로 호의적으로 평하거나, 이슈에 따라 진보와 보수 사이를 줄타기하는 기회주의자로 폄하하기도 했다.

일간지, 주간지, 월간지, 언론사마다 인권위와 나에 대한 관심사가 제각기 달랐다. 의례적인 통과의례로 던지는 질문이 있는가 하면 비교적 내부 사정을 잘 알고 파고드는 질문도 있었다. 모든 매체가 두 가지 공통된 질문을 던졌다. 첫째, 내부 갈등을 어떻게 조정하여 기관을 이끌고 갈 것인가. 둘째, 북한 인권 문제를 어떻게 할 것인가였다. 첫 번째 질문은 전직 위원장이 전격적으로 사퇴한 이유가 내부 갈등 때문이었다고 알려져 있었기에 당연한 것이었다. 언론의 속성은 갈등을 부추기거나 과장하는 경향이 있다. 그래야만 기사가 된다. 이 질문에 대해서는 다소 외교적인 모범답안이 준비되어 있었다. 즉 전임 위원장이 사임한 이유는 오로지 건강과 일신상의 문제로 알고 있다. 그리고 내가 인권위에 들어와서 보니 내부 갈등은 심히 과장된 것이었다. 인적 구성의 다원화가 법적 요구사항인 만큼 인권위는 다양한 의견을 가진 사람들이 제각기 다른 의견을 내는 게 당연한 일이다. 성의 있는 토론을 통해 공동의 지혜를 찾겠다.

두 번째 질문에 대해서는 확실하게 답해야만 했다. 연말 이전에 북한 인권에 대한 인권위의 종합적인 입장을 밝히겠다고 약속했다. 인권위는 1년 전 이미 모 상임위원을 장으로 하여 5인의 위원으로 북한인권특별위원회를 구성하여 20여 차례 회의를 거듭했지만 명확한 입장을 공표하지 못하고 있었다. 갓 위원장에 취임한 나의 처지에서는 해묵은 이월부채였다. 무슨 핑계든 더 이상 미룰 수가 없다. 이 문제에 발목이 묶여서는 다른 어떤 일도 할 수가 없을 것이다. 무조건 털고 가야겠다는 것이 내 생각이었다. 특위 위원장에게 독촉했다. 조속하게 매듭지으라고. 필요하면 내가 직접 챙기겠노라고. 내게 노골적으로 기대를 거는 언론도 있었다. 내가 취임한 직후 북한 인권에 관한 자료집이 발간되었다. 한 일간지는 이를 일러 새 위원장의 취임과 동시에 변화의 조짐이 보인다며 호들갑을 떨었다. 그 보고서는 인권위가 적어도 1년 전부터 준비해왔던 것이다. 상식적으로 생각해보라. 취임한 지 며칠 만에 어떻게 연구보고서를 만들어낼 수 있겠는가? 외부에 잘못 알려진 바와는 달리 2003년 이래 인권위는 북한 인권 문제에 나름대로 관심을 쏟아 각종 국내외 세미나를 개최했고 자료집과 연구보고서를 간행하고 있었다. 다만 북한 정부를 직접 겨냥하지 않았을 뿐이다.

자유로운 인권위의 근무 분위기

"도대체 이렇게 군기 빠진 국가기관이 있는 줄 몰랐다."

다른 정부기관에서 전입한 지 얼마 안 되는 한 공무원이 이렇게 말했다. 2006년 11월 XX 일자 나의 메모장에 이렇게 적혀 있다.

"특이한 기관이다. 위계질서는 취약하다. 그게 도리어 기관의 힘이 될 수 있을 것이다. 독립의 대가는 고립이다. 최대한으로 어울려야 한다."

내가 보기에도 인권위원회의 일상 분위기는 다른 국가기관과는 확연하게 달랐다. 근무하는 옷차림과 서로를 부르는 호칭도 달랐다. 과장급 이상은 대체로 양복에 넥타이를 맨, 이른바 정장 차림이었지만 나머지는 거의가 캐주얼 차림이었다. 때때로 다소 지나치다는 느낌이 드는 사람도 있었다. 의상이 화려하게 튀는 사람은 거의 없어도 칙칙하게 초라한 사람도 적지 않았다. 검소와 질박이 도를 넘었다. 과장급 이하 직원은 나이에 상관없이 서로를 '선생님'으로 부르고 있었다. 상급자도 마찬가지였다. 다른 국가기관이나 직장에서는 상식으로 통용되는 것처럼 타이틀이 없는 일반

재임 시절 직원들을 사무실에서 자주 만나려고 노력했다.

직원을 "XX 씨"로 부르지 않는다. 위원회 설립 초기에 심도 있는 논의를 한 후에 선택한 호칭이라고 했다. 직급의 고하와 무관하게 개개인을 존중한다는 취지였다. 다소 인위적이지만 참신하게 느꼈다. 때때로 이러한 기준을 따르지 않는 '권위적인' 상사를 비판하는 글이 내부 통신망에 실리기도 했다. 나도 그 부류에 속했을 것이다.

　인트라넷은 철저한 익명성이 보장되었다. 나의 재임 중에도 위원회의 업무나 고위직의 행태를 비판하는 글이 가끔 올랐다. 때로는 사실과 상식에 어긋나는 내용도 담겨 있었다. 이따금씩 생각을 달리하는 직원들끼리 주고받는 언어에 저속한 표현도 있었다. 그러나 일체 문제 삼지 않았다. 이내 자정을 통해 평온을 회복했다. 위원회 활동 초기에 날선 비판을 제기한 직원에 분노한 위원장의 호통이 있었다고 들었다. 그러나 실제로 신원을 추적하는 조치는 따르지 않았다. 물론 기관장은 마음만 먹으면 직원을 찾아낼 수 있다. 적어도 전산 담당자가 서버를 수색한다면 글쓴이가 누구인지 확인할 수도 있을 것이다. 그러나 인트라넷은 자유로운 소통의 공간이다. 그 자율의 공간에 검열이 따르는 순간 공동체의 민주적 자율성은 매장된다. 절대적인 비밀이 보장되어야 한다. 전산 담당자의 업무 수칙 제1호로 강조했다. 나는 재임 중에 감시를 통해 글을 쓴 사람의 신원을 추적한 일도 없고 전산 담당자의 입을 통해 누설되었다는 말이 내 귀에 들어온 적은 단 한 건도 없다.

위원장 집무실에 직원들이 초임 시절 작성한 신상기록부를 비치해두고 수시로 참조했다. 무엇보다 이름과 얼굴을 짝지어서 외기 위해서였다. 그런데 서식의 세부 항목을 채우지 않은 기록부가 적지 않았다. 가족관계, 학력 등 선택의 여지가 있는 사항의 정보를 기재하지 않은 사람이 적지 않았다. 불필요한 개인 정보의 수집을 자제함으로써 개인의 프라이버시를 존중하라며 타 기관에 대해서 권고하던 바 그대로였다.

인권위는 어느 기관보다 여성의 비율이 높았다. 여성부보다도 더 높다고 했다. 상임위원 세 사람 중 두 사람이 여성이었고 이러한 구성은 나의 재임 기간 내내 유지되었다. 법에 의해 전체 11명의 인권위원 중 최소한 4명은 반드시 여성이어야만 한다(국가인권위원회법 제5조 제4항). 국제사회에서 한 나라의 양성 평등도를 가늠하는 지표 중 하나가 상위직을 여성이 점유하는 비율이다. 인권위는 국제적 기준에 따라 설립된 기구인 만큼 여성 할당제는 자연스러운 것이다. 인권위의 설립 준거 기준인 '파리 원칙'은 독립성(independency)과 함께 구성의 다원성(plurality)을 강조한다. 인종이나 종교 간의 갈등이 비교적 적은 우리나라에서 다원성의 상징은 성비

간의 균형이다(2008년 「장애인차별금지 및 권리구제 등에 관한 법률」이 본격적으로 시행되면서 장애인도 중요한 요소의 하나가 되었다).

인권위에는 결혼하지 않은 여성의 비율도 월등하게 높다. 혼인을 필수가 아닌 선택사항으로 여기는 것은 시대적 추세이지만 인권위 여성에게는 더욱더 강한 것 같았다. 충분히 이유 있는 현상이다. 일반적으로 남성보다 여성의 인권 감수성이 높다는 것은 상식이다. 인권위는 여타 직장에 비해 대체로 여성에게 우호적인 분위기라고 한다. 응당 그래야만 할 것이다. 아직 여성 수장은 탄생하지 않았지만 상임위원들은 성비 간의 대등한 균형을 이루어왔다. 그러나 중견 간부층에는 현저하게 모자란다. 이 직급과 연령층의 여성 중에 유능한 인재가 많다. 그러나 직업공무원 출신은 드물다. 그래서 이들은 별정직, 계약직 등 신분상의 제약이 컸다. 기회 닿는 대로 이들의 문제를 해결하고 싶었는데 손도 대지 못하고 오히려 여러 사람들의 자리마저 잃게 했으니, 두고두고 안타까운 자괴감이 든다.

부서별로 업무 보고를 받고 사무실을 순회하였다. 그런데 한 가지 눈여겨 챙겨 본 사항이 있었다. 위원회 전체에서 경제신문을 구독하는 부서가 단 한 곳도 보이지 않았다. 비서실장에게 물었다. 왜 느닷없이 경제신문이냐, 다소 뜨악해하는 표정이었다. 내 경험에 비추어 볼 때 진보를 표방하는 인권운동가들은 대체로 경제에 대한 지식과 균형감각이 처진다. 현대사회에서 중요한 인권 문제가 경제적 여건과 상황에서 발생한다는 사실을 모를 리 없지만 그동안 쏟았던 관심과 관성에 따라 국가의 권력 작용에 대해서만 촉각을 곤두세우는 경향이 있다. 그리고 근본적으로 기업을 적대시하는 의식훈련이 되어 있다. 게다가 경제신문은 시종일관 기업의 입장에서 세상을 보고 대기업의 대변인이 되어 있다. 그래서 더욱 반감이 들 것이다. 그러나 어쨌든 나라 전체의 흐름은 물론, 세계경제를 움직이는 메커니즘에 익숙하려면 평소 경제신문을 접하지 않으면 안 된다. 나 자신이 너무나 경제에 무식하기 때문에 더욱더 그런 생각을 가지고 있었다. 경제적 사고의 핵심은 비용과 효용이다. 인권위는 사회권에 관련된 정책 연구를 수행하고 권고도 한다. 권고하는 정책을 실시하는 데 소요되는 예산액에 대한 분석 없이는 권고의 설득력을 갖추지 못한다. 그래서 기회 있을 때마다 거듭하여 주문했다. 직원조회 때 상공회의소 손경식 회장을 초청하여 특강을 들었다. 경제인이 인권위 조회에서 강연한 것은 선례 없는 일이었다.

인권위는 비교적 잘 갖추어진 인권도서관을 운영하고 있었다. 많지는 않지만 짜임새가 있다. 이용하는 일반 시민도 더러 있었다. 그러나 소장한 자료는 '인권' 일변도였다. 시사 잡지도 이른바 진보 성향 일색이었다. 영어 자료는 아예 없었다. 위원장실에서 『신동아』와 『월간조선』, 『타임』, 『뉴스위크』, 그리고 영자신문을 구독하도록 했다. 배달 즉시 내가 일별한 후 도서관으로 넘겼다.

차츰 업무를 파악해가면서 참으로 이해하기 힘든 사실을 발견했다. 우선 사무실 어디에서도 태극기를 찾아볼 수가 없었다. 위원장 집무실은 물론 접견실에도 보이지 않았다. 적당한 시기에 누군가에게 넌지시 물었더니 창고 안에 보관되어 있을 것이라고 했다. 직원조회에도, 공식 행사에도 국기에 대한 경례나 애국가 제창을 하지 않았다. 국가주의에 대한 반감의 표출이다. 전형적인 시민단체적 성향의 표현이다. 한 시민운동가와 함께 K-TV의 대담에 출연한 적이 있었다. 그는 '국가 폭력'이라는 용어

인권위 설립 5주년 기념식 퍼포먼스(2006년 11월)

를 반복하여 썼다. 마치 국가와 정부 그 자체를 적으로 규정하는 뉘앙스를 풍기기에 그 용어에 문제가 있다고 지적했다. 국가 폭력이 아니라 공권력의 남용일 뿐이라고.

인권위에서 국기를 상징물로 존중하지 않는 취지는 이해할 수 있었지만 국가기관으로서는 옳지 않은 일이라 생각했다. 그것은 인권위의 독립성과는 무관한 일이다. 그리고 흠이 잡힐 일이기도 했다. 잠자코 때를 기다렸다. 해가 바뀌고 한참 지난 후에 새로 취임한 김칠준 사무총장에게 지시했다. 다음 직원조회에는 시작에 앞서 국민의례를 하라고. 간부회의에서 논의해보겠다고 답했다. 나는 이런 것은 논의에 부칠 사항이 아니라 기관장이 결정하여 실시할 사항이라고 생각했다. 최종적으로 국기를 앞에 둔 국민의례만 시행하고 국기에 대한 맹세의 낭송이나 애국가 제창은 생략하도록 했다. 외국의 판결에서 다룬 강제 충성안보 선서의 합헌성 시비나 '국기에 대한 맹세'의 문구에 대한 논의가 벌어지고 있는 상황을 감안하면 이 정도가 적절한 것으로 판단되었다. 일종의 타협이기도 했다. 그후로 조회에 불참한 직원이 더러 있었다. 속으로 양심의 자유를 내세웠을지도 모른다. 모르는 체하고 넘겨주었다. 접견실에는 유엔기와 태극기를 함께 비치하는 것으로 결정했다. 외국인의 내방을 받았을 때 국기가 없다는 것도 결코 자랑이 될 수 없었다. 유엔기를 비치한 것은 향후 추진할 국제화의 상징이기 때문이었다.

인권위원장은 정부가 주관하는 각종 기념식에도 적극적으로 참여하지 않고 있었다. 4대 국경일만 필수로 하고 나머지는 선택으로 하고 있었다. 나는 적극적으로 참석하는 것을 원칙으로 삼았다. 가능하면 자주, 자연스럽게 다른 정부의 기관장과 어울릴 기회를 만들어야 한다. 국무회의에도 참석하지 않는 인권위원장은 정부 내에서 소외되고 고립되기 십상이다. 그렇지 않아도 성가신 존재인 인권위인데 사적 인연이라도 맺어두어야 할 것이 아닌가. 독립의 대가는 고립이다. 인권위가 기관으로서 방어하는 일만 한다면 모르되 뭔가 적극적으로 새로운 일을 추진하려면 도움을 얻어야 하지 않는가? 지금은 모든 기관이 입을 모아 제동을 걸고 나서지 않는가. 어쨌든 나는 인권위의 존재를 적극적으로 알려야겠다는 생각이었다. 그래서 정부 행사는 물론 경제계나 외국 공관의 행사에도 부지런히 다녔다. 그러나 실제로 효용은 별로 없었고 결정적인 순간에는 전혀 도움이 되지 않았다. 그래도 그게 옳은 자세였다고 믿었다. 내가 이렇듯 바깥일에 정신을 쏟을 수 있었던 것은 조직 내부의 안정을 확보했다고 확신했기 때문이었다. 조직의 안정에는 김칠준 사무총장의 역할이 지대했다.

북한 인권, 시한폭탄 설치되다

인권위 출범 당시 북한 내의 인권 문제는 인권위의 업무 대상으로 상정하지 않았다. 그것은 국제적인 기준과 관행에 맞지 않기도 했다. 유엔의 결의로 채택한 국가인권기구(National Human Rights Institute, NHRI)의 설립권고안은 이 기구가 어디까지나 자국 내의 인권 문제를 다룰 것을 요구하고 기대했다. 타국의 인권 문제에 대해 활동할 것을 염두에 두지 않은 것으로 보인다. 한 나라의 영토 안에서 일어나는 인권 유린을 타국이 절대로 관여할 수 없는 것은 아니다. 이른바 '인도적 개입(humanitarian intervention)'과 같은 국제인권법의 원리가 개발되어 있다. 그러나 그 경우에도 전형적인 의미의 국가나 국제기구 차원의 행위가 필요하다. 이를테면 유엔이 총회의 결의로 북한 인권 결의안을 채택하거나 인권이사회의 결의로 북한 인권 특별보고관을 선임하는 등과 같은 행위다. 물론 비정부기구는 이런 제약을 받지 않는다. 언제 어떤 상황에서나 타국의 인권 문제에 대해 자유롭게 감시, 비판, 개선 활동을 전개할 수 있다.

국가인권위원회법 제4조는 "이 법은 대한민국 국민과 대한민국 영역 안에 있는 외국인에 대하여 적용한다."라고 규정하여 인권위의 관할권을 한정하고 있다. 국제법적으로 볼 때 북한은 엄연한 독립된 주권과 영토를 보유한 국가이다. 즉 대한민국의 입장에서 북한은 엄연한 외국이고 북한 땅은 외국 영토이다. 1991년 남, 북한이 유엔에 동시 가입하면서 이미 두 나라 정부 사이에 이 점에 대해 합의 내지는 양해가 존재한 것으로 받아들인다. 그러나 우리나라 헌법은 여전히 원래의 영토 조항을 고수한다.

"대한민국의 영토는 한반도와 그 부속도서로 한다(헌법 제3조)."

이 조항을 내세워 북한도 대한민국의 영토이고 따라서 북한 내에서 발생하는 인권 침해도 당연히 인권위의 업무라고 주장하는 사람도 있다. 그러나 이 영토 조항은 원천적 정당성을 논외로 하면 평상시에는 실효성이 전혀 없다. 다만 장래 북한 정권이 붕괴하고 흡수통일이 이루어질 경우 별도의 헌법 개정이 따르지 않아도 이 조항을 바탕으로 북한지역을 다스릴 수 있다는 상징적 의미는 있다. 그러나 1972년 7월 4일, 박정희 정권 시절의 7·4 남북공동성명 이래 남북한 사이에 합의한 일련의 문서와 이를 뒷받침하는 법률들은 헌법 문언의 효력을 사실상 정지시켰다. 한편 1990년 제정된 이래 13차례 개정을 거듭한 「남북교류 협력에 관한 법률」은 "남한과 북한 간의 거래는 국가 간의 거래가 아닌 민족 내부의 거래로 본다."라고 규정한다. 또한 북한 주민이 북한지역을 벗어나서 대한민국 국민이 되고자 하는 의사를 밝히면 국민에 준하는 보호를 제공할 수 있고 대한민국 영토 내에 들어오게 되면 용이하게 국적을 취득할 수 있다. 이렇듯 다양한 규범을 종합해보면 북한은 대한민국의 일부도 아니고, 그렇다고 해서 완전한 외국도 아닌, 특수한 존재로 파악할 수 있다.

북한 주민이 북한 정부로부터 당한 인권 침해에 대해 인권위가 관할권이 있다는 주장을 하는 사람늘이 있다. 한나라당 의원늘이 인권위를 술기차게 몰아치면서 내세우는 법리다. 헌법 제3조에 따라 북한이 대한민국의 영토인 이상, 설령 북한 주민이 대한민국의 국민이 아니더라도 인권위법 제4조의 적용을 받는다는 논리다. 그러나 이런 주장은 즉시 난관에 봉착한다. 인권위법상 인권을 침해한 가해자가 국가기관인 경우에만 구제가 가능하다. 북한 주민이 인권위에 진정할 수 있으려면 북한 정부를 대한민국의 국가기관으로 인정해야 하는 모순이 발생한다. 어쨌든 북한 내에서 일어나는 인권 침해 문제를 인권위가 직접, 그리고 실효적으로 다룰 수 있는 방법은 사실상 없다. 다분히 정치적인 제스처에 그칠 수밖에 없다.

인권위가 북한 인권 문제를 다루기 시작한 것은 2003년 4월이었다. 그해 4월 임시국회 법사위원회에서 필요성이 제기되었고 신속한 예산 조치가 따랐다. 그러나 법적 조치는 따르지 않았다. 여소야대의 국회는 한나라당이 주도하였고 특히 법사위는 법률가, 그중에서도 공안 검사 출신이 막강한 영향력을 발휘하고 있었다. 인권위에게 북한 인권을 다루라고 주문한 것은 한나라당인 셈이다. 옳고 그름을 떠나서 그때 인권위법에 명확한 법적 근거를 마련해주었더라면 인권위도 고심할 필요가 없었을 것이다. 한나라당은 북한 인권의 개선이라는, 누구도 부정할 수 없는 대의명분을 내세워 김대중 정부 이래 추진해온 햇볕정책을 견제하는 정치적 효과를 노렸을지 모른다. 이렇듯 북한 인권 문제는 인권 그 자체보다는 정치적 소재로 악용되었다. 김 대통령 시절에 설립된 인권위가 그 정치적 부담을 고스란히 지게 되었다. 언론도 햇볕정책에 대한 관점에 따라 극단적으로 양분되었다. 그때 시한폭탄은 설치되었고. 2006년 12월 11일, 인권위의 입장 발표로 마침내 폭탄이 터졌다. 재앙의 시작이었다. 내 앞에도 길고 힘든 나날이 기다리고 있었다.

4

'인권'은 없고
'북한'만 남았다

북한 인권의 허와 실

2006년 12월 11일, 인권위는 북한 인권에 관한 종합적인 입장을 발표했다. 기자회견 형식이었다. 전원위원회 의결을 거친 내용을 위원장이 전문을 읽고 질문에 답했다. 1년 전인 2005년 12월, 전원위원회 의결로 상임위원을 포함한 5명의 인권위원으로 북한인권특별위원회를 구성하였다. 특위는 무려 21차에 걸친 회의를 거듭하며 격론을 벌였다. 각종 단체의 증언과 의견, 전문가 자문도 청취했다. 외국 기관의 보고서도 충실히 검토했다. 이를 바탕으로 작성된 5매의 의견서 초안을 전원위원회의 심의와 의결을 거쳐 확정했다.

내심으로 나는 완곡하게나마 초안보다 약간 '전향적인' 문구를 넣고 싶었다. 위원장으로서의 정무적인 판단이었다. 외교적인 표현을 써서라도 뻔히 예상되는 보수 언론의 공세를 다소나마 둔화시킬 해석의 여지를 남기고 싶었다. 어차피 문구에 따라 활동 내용이 달라지지 않을 터이니. 그러나 새로 부임한 위원장이 개입할 틈이 전혀 없었다. 초안 작성에 관여한 동료들의 태도가 너무나 단호했다. 자칫 잘못하면 나에 대한 근본적 신뢰마저 흔들릴지 모른다. 잠자코 초안을 전원위원회의 토론에 부쳤다. 위원 두 사람이 약간의 이견을 제기하다가 이내 물러났다. 원안대로 통과되었다. 한 상임위원은 내가 부임하기 이전에는 소외감이 컸다고 고백했다. 중진 언론인 출신인 그분은 북한 인권 문제에 대해서는 자신을 선출한 정당의 입장을 충실하게 대변해야 한다는 강박관념의 포로가 된 듯하다고 귀띔해주는 사람도 있었다. 비공개로 진행한 회의의 내용이 때때로 언론에 누출되었고 일부 위원들은 그분을 의심하고 있었다. 나는 그럴 리 없다며 양식을 믿었다. 이 건은 그분도 쉽게 넘어가주어 만장일치의 의견서를 만들 수 있었다. 전원위원회의 의결이 끝나고 언론에 발표되기 직전에 청와대에 사본을 전달했다. 기관 간의 최소한의 예의라고 생각했다.

언론의 관심은 오로지 한 쟁점에 집중되었다. 북한지역 내의 인권 침해 행위에 대해 위원회가 어떤 입장을 취할 것인가가 초미의 관심사였다. 인권위가 이 문제를 직접 다룰 수 있는 법적 근거가 박약하다는 것은 너무나 잘 알고 있었을 터인데도 막무가내였다. 정치와 대중 정서는 업무 관할권과 같은 기술적인 문제에는 관심이 없었다. 오로지 '김대중 좌파 정부'가 세운 인권위가 햇볕정책을 지원하기 위해 의도적으로 북한 인권 문제를 외면한다는 비난을 확대 재생산하고 있었다. 위원회의 의견은 북한 내의 인권 문제를 조사 대상에서 제외했다. 법리적으로는 상식적이고 정직한 의견이었다. 대한민국 정부가 실효적 관할권을 행사할 수도 없는, 그야말로 다분히 명분상의 문제였다.

그 문제를 제외한 나머지 의제들은 당연히 위원회의 관할 사항이고, 더욱 적극적으로 관심을 가져야 한다고 밝혔다. 국군 포로, 납북 피해자, 이산가족, 북한 이탈 주민 등의 문제는 당연히 관할 사항이다. 또한 제3국에 체류하는 탈북자도 우리 정부에 보호를 요청하는 경우에는 인권위가 나설 수 있다. 이렇게 개념적 범주를 정리한 후에 몇 가지 대원칙을 정립했다. 즉, 국제사회가 발전시켜온 인권의 보편성을 존중할 것, 평화적 방법으로, 북한 주민의 인권을 실질적으로 개선할 것, 그리고 정부 차원의 활동과 시민사회 차원의 활동이 비판적 조언과 협력 속에서 다루어져야 한다는 원칙을 세웠다. 이러한 대원칙에 근거하여 정부에 대해 다섯 가지 항목을 촉구했다. (1) 국제사회와 보조를 맞출 것, (2) 인도적 차원의 지원을 계속하고 모니터링을 강화할 것, (3) 재외 탈북자와 새터민의 인권 증진을 위해 적극 노력할 것, (4) 이산가족, 국군 포로, 납북자 문제를 위한 전담 인력을 확충해줄 것, (5) 객관적인 정보 수집 및 평가 작업을 수행할 수 있는 업무체제를 구축할 것.

그리고 향후 위원회 자신의 업무 방향에 대해 이렇게 밝혔다.

"정부의 북한 인권 관련 정책을 검토하고 그에 관한 권고 또는 의견 표명 등의 정책적 활동을 수행하고, 국제인권기구 및 국내외 NGO 등과의 교류 · 협력을 강화할 것입니다. 또한 위원회는 북한 내 인권 상황, 재외 탈북자의 인권 실태, 국군 포로 · 납북자 · 이산가족의 인권 문제, 새터민의 인권 증진 등에 관한 실태 조사 또는 정책 연구 등을 적극적으로 수행하는 등 북한 인권을 개선하기 위한 다양한 활동을 지속적으로 추진하고자 합니다.”

한마디로 요약하자면 북한 내의 인권 문제는 실태 조사나 정책 연구를 통해 ‘간접적으로’ 접근하겠다는 뜻이었다. 직접적인 조사권이 없으니, 그럴 수밖에 없는 일이다. 설령 권한이 있다고 하더라도 현실적인 방법이 없다. 위원회 설립 초기부터 북한 인권에 관련된 진정이 접수되었다. 그러나 모두 각하로 종결했고, 당사자들도 인권위의 업무적 한계를 잘 알고 있었다. 실제로 인권위의 구제를 받겠다는 의도는 아니었을 것이다. 언론의 주목을 받고 여론을 환기시키려는 목적이었을 것이다. 대한민국 ‘국가’의 인권위원회이니까 이 문제에 적극적으로 관심을 가지고 성의를 보이라는 원론적인 주문이기도 했을 것이다.

2003년 6월 3일, 북한의 김정일 국방위원장을 피진정인으로 하는 진정이 접수되었다. 진정의 요지인즉 “300만의 아사자와 20만의 해외 탈북자를 생산해내듯이 노예보다 못한 인간 이하의 삶을 강요당하고 있는 전체 북한 인민들의 생존권과 인권 문제에 대해 대한민국 정부가 적극적으로 나서고, 북한 인권 문제의 개선을 남북회담의 최우선 의제로 채택하라.”는 것이었다. 북한 정부의 수반을 피진정인으로 지정하면서 대한민국 정부에 대해 구제를 요청하는 것은 논리적으로 맞지 않는다. 게다가 인권위가 할 수 있는 일도 아니었다. 속말로 번지수를 잘못 찾은 것이다. 각하할 수밖에 달리 방법이 없었다.

다른 예도 있다. 2004년 10월의 일이다. 중국 주재 한국영사관에 진입을 시도했던 북한 주민 8명이 중국 공안에 의해 체포되었다. 이어서 베이징 근교에서 한국 입국을 준비하던 북한 주민들이 체포되었다. 그해 10월 한 달 동안 중국 정부에 체포되어 송환을 대기하던 중이거나 송환된 북한 난민이 80명에 달했다. 배후에 조직적인 탈북을 추진한 단체가 있었다고 한다. 얼마 후 인권위에 진정이 접수되었다. 피진정인은 외교통상부 장관이었다. 북한으로 강제 송환된 사람들의 생사 여부를 확인해주고 그들이 인도적인 처우를 받도록 노력하라는 주문이었다. 위원회는 이 진정을 각하했다. 위원회의 조사 대상이 아니거나 조사하는 것이 적절하지 않다는 판단이었다. 설사 권한이 있다 하더라도 조사할 능력이 없었다. 단 한 사람의 담당 직원으로 무슨 일을 할 수 있었겠는가? 굳이 성의를 보이자면 외교통상부에 대고 권고할 수도 있었을 것이다. 그러나 외교통상부인들 무슨 뾰족한 수단이 있었겠는가? 뻔히 할 수 없다는 것을 알면서 권고만 하

북한 인권 국제 심포지엄(2008년 10월)

는 것은 책임 회피일 뿐이다. 나의 재임 중에 인권위는 재중 탈북자의 강제 송환 중단을 촉구하는 권고를 하여 보다 적극적으로 나섰다(2008년 8월).

정직하게 말해서 인권위는 나름대로 북한 인권에 관해 열심히 일하고 있었다. 양산된 많은 자료를 보면 누구도 비난할 수 없다. 영문 자료집도 외국인에게는 중요한 참고자료가 되었다. 해마다 탈북자와 북한 이탈 주민의 실태 조사 보고서를 냈고 국제 심포지엄을 열었다. 여러 경로를 통해 중국, 몽골, 태국, 라오스 등의 탈북자 수용소도 접근하였다. 발간된 자료는 부지런히 국회의원들과 관계 기관에 제공했다. 정부에 대해서도 여러 차례 정책 권고와 의견 표명을 했다. 그럼에도 국회의 국정조사나 업무 보고에서는 판에 박은 정치 공세가 이어졌다. 마치 양식과 균형감각은 국회의원의 미덕이 아닌 듯했다. 언론도 정치적 입장에 따라 한쪽으로 기울어졌다. 다만 한 가지, 직접 또는 간접으로 북한 주민의 진정을 받아들이지 않았던 것이다. 그것은 인권위에 법적 권한이 없기 때문이었다. 언론의 반응은 예상과 각오보다 더욱 격렬했다. '북한 인권, 인권위 소관사항 아니다.' 전형적인 기사 제목이었다.

어쨌든 나는 기존의 활동을 체계화할 필요성을 절감했다. 그리하여 인권위는 북한 인권 문제를 2007년의 10대 중점 업무 과제로 채택했고 2008년에는 6대 중점 과제의 하나로 격상시켰다. 첫째 정부기관 간의 상시 업무협조 체제를 만들어야 한다. 통일부, 외교통상부, 인권위가 최소한 자료라도 공유할 수 있어야 한다. 국가정보원에도 공유할 수 있는 자료가 있으면 제공해달라고 요청했다. 민간 차원도 마찬가지다. 이해관계와 관심의 초점이 다른 여러 북한 인권 단체를 한자리에 모아 '북한인권포럼'을 출범시켰다. 포럼에는 보수, 진보 인사는 물론 종교계와 학계의 대표자들도 대거 참석했다. 2008년부터 유남영 상임위원이 성의와 인내로 포럼을 이끌어주었다. 매우 힘든 일이었음을 알고도 남음이 있다. 둘째, 국제적 협력 체제를 강화해야 한다. 우선 북한 인권에 관련된 영문 자료를 집적하여 영문 홈페이지를 만들었다. 국제전문가들과 상시 소통할 수 있는 채널도 만들었다. 스웨덴, 노르웨이, 핀란드 등 북유럽의 북한 전문가들과 위원회를 방문한 유럽의회 대표단도 내게 감사의 뜻을 전했다. 유엔 총회는 북한 인권 결의안을 통과시켰고, 인권이사회는 북한 인권 특별보고관을 선임했다. 보고관에 선임된 태국의 비티트 문타본 교수와는 오랜 친분이 있다. 왕립 쭐라롱코른 대학의 국제법 교수인 그는 명석하기로 국제사회에 명성이 자자하다. 명문가 태생의 옥스퍼드 박사로 여러 국제어에 통달한 그는 대학사회의 스타이자 국제인권법의 총아다. 그는 북한 인권 보고서를 작성하기 위해 여러 차례 한국을 방문했지만 단 한 번도 북한을 방문하지 못했다. 따라서 그의 보고서도 내실은 별로 없었다. 그는 나를 보고 씁쓸하게 웃으며 고개를 내저었다. 자신의 고국에서 쿠데타가 일어날 때마다 객쩍어하던 바로 그 표정이었다. 한마디로 북한 인권의 실질적 개선에 대해서는 유엔도 무력했다.

이명박 대통령은 2009년 7월, 필자의 후임으로 현병철 위원장을 임명하면서 북한 인권에 대해서도 관심을 가지라고 주문했다고 한다. 대통령의 주문에 따라 예산을 증액하고 인원을 보강한 것으로 안다. 그런데 구체적으로 어떤 활동으로 과거보다 더 나은 성과를 얻었는지 알 수 없다. 2011년 3월, 인권위 내에 북한 인권 침해 센터와 북한 인권 기록관을 설치하였으나 실효를 거두지 못하고 있는 것으로 들린다. 그럴 수밖에 없다. 인권위 업무에서 북한 인권은 실체가 아니라 정치의 문제이기 때문이다. 인권위가 북한 인권을 다루어야 한다, 하지 말아야 한다, 논쟁이 그치지 않는다. 궁극적으로 우리가 추구해야 할 목표가 한반도의 평화와 민족의 번영이라면 북한 인권의 어떤 측면에 비중을 두어야 할 것인가? 무엇보다도 긴장 완화와 신뢰 회복이 절실한 과제가 아닌가? 경색된 적대 논리로 한반도가 얻은 것이 무엇인가? 인권 중에 가장 기본적인 인권이 살아남을 권리가 아닌가? 그렇다면 북한 인권의 핵심은 인도적 지원의 문제가 아닌가? 2008년 9월 30일 인권위는 '인도주의적 대북 식량 지원'을 권고했다. 이것이야말로 정치를 초월한 인권위의 본연의 자세가 아닐까?

김대중 대통령의 인권위 사랑

북한 인권에 대한 입장을 표명하기 3주 전인 11월 24일, 효창동 백범기념관에서 열린 인권위원회 창립 5주년 기념식에 김대중 전 대통령이 축사를 했다. 임채정 국회의장도 별도의 축사를 했다. 내가 취임하기 이전에 이미 주선되어 있던 일이었다. 인권위에 대한 김 대통령의 애정은 각별했다. 그해 10월 초의 일이다. 서울대학교에서 김 대통령을 초청했다. 공식 일정이 끝난 후 총장 공관에서 열린 만찬에 나도 참석하였다. 이장무 총장의 배려로 나는 대통령 내외분 바로 옆자리에 앉았다. 내가 대통령의 치적 중에 대표적인 치적이 인권위원회의를 설립한 것이라고 말하자 크게 반색했다. 그러나 정작 기념식장에서 주최자로 영접한 나를 대통령은 기억하는 것 같지 않았다. 불과 2개월이 채 안 된 일인데도. 내가 그 일을 상기시켜드렸지만 그저 덤덤한 표정이었다.

대통령의 기념사는 솔직했다.

"집권 당시 세계에 자랑할 만한 인권위원회를 만들어야겠다는 결심을 가지고 있었습니다. 그러나 이를 입법화하는 과정에서는 참으로 많은 난관이 있었습니다. 그러나 정부와 시민단체는 끝까지 인내심을 가지고 인내와 타협을 거듭한 끝에, 마침내 세계가 부러워하는 인권위원회를 만들어냈습니다."

이렇게 소회를 밝힌 김 대통령은 북한 인권에 대해서도 길게 언급했다.

"우리는 북한의 인권 상태가 얼마나 열악한지 잘 알고 있습니다. 시민적 인권도, 생존적 인권도 최하의 상태에 있습니다. …우리는 북한에 대해서 대량의 식량과 비료, 의약품과 의류 등을 지원함으로써 북한의 생존적 인권의 해결에 많은 도움을 주었습니다. …북한은 우리의 이러한 지원에 대해서 감사하고, 우리를 동경하는 마음을 가지고 있습니다. 민심이 크게 바뀐 것입니다. 그러나 정치적 인권에 대해서는 큰 성과를 올리지 못하고 있습니다. …공산국가의 인권은 외부의 간섭과 억압에 의해서 해결된 예가 없습니다. …그러나 개혁, 개방으로 유도했을 때는 독재적 통제가 크게 완화되고 심지어 민주화까지 되었습니다. …저는 햇볕정책이야말로 남북한의 긴장을 완화시키고, 평화적 공존과 평화적 교류 협력, 평화적 통일을 통해서 북한의 인권을 개선하고 장차 민주화를 실현시키는 길이라고 믿습니다…."

인권위 설립 5주년 기념식(2006년 11월)

그리고 이렇게 축사를 마감했다.

"저는 인권위원회가 출범 5주년을 계기로 이제 북한 인권에도 관심을 가지고 가능한 노력을 다해줄 것을 바라고 기대해 마지않습니다."

인권위가 발표한 내용은 대체로 김 대통령의 축사 수준을 반영했다.

노무현 대통령과 인권위

노무현 대통령은 북한 인권에 대해 특별한 입장 천명이 없었다. 인권위의 업무 보고를 받는 자리에서 스치듯이 '개성 이북으로는 좀 신중해야 하지 않느냐.'라고 말한 정도이다. 2003년 12월 10일, 인권위가 주관한 세계인권선언 55주년 기념식에 직접 참석하여 기념사를 했다. 당시 인권단체들이 대통령이 단상에 오르기 무섭게 기습 피케팅을 벌이자 경호원들이 긴급하게 제지하는 사태가 벌어졌다. 다소 불편할 수도 있었던 자리에서 노 대통령은 제지하는 경호원을 뒤로 물린 채 즉석연설을 했다. 그는 이 와중에도 강력한 언어를 사용하여 인권위의 독립성을 옹호하였다. 오히려 인권위의 권고나 요구사항을 정부가 십분 수용하지 못하는 것을 양해해달라고 했다.

"여러분 중에서 '인권위원회가 하자는 대로 정부가 실질적으로 문제를 해결해주면 좋지 않으냐?'고 말씀하는 분들도 계실 것입니다. 그러나 세상에는 여러 가지 충돌하는 가치가 있습니다. 정부는 정부대로 해야 할 일이 있고, 정부 안에도 서로 충돌되는 여러 가지 가치가 있습니다. 이 모순들을 되도록이면 모순 없이 조화롭게 가져가는 것이 성숙한 사회입니다."

심지어 대통령은 정부에 맞서는 인권위의 자세를 바람직한 업무 자세라며 칭찬하기까지 했다.

"얼마 전에 인권위원회가 정부와 대통령을 정면으로 비판했습니다. 이것이 바람직한 현상입니다. …인권위원회의 주장과 정부의 주장이 부닥치는 것은 그야말로 민주주의의 당연한 현상이고, 그것이 서로 존중되고 수용되는 것이 의미 있는 일이라고 생각합니다."

그러면서 인권위와 정부가 서로 신뢰를 공유하는 동반자가 되자고 제안했다.

"인권위원회도 대통령을 존중하면서 때로는 비판하지만 때로는 많은 정책적 대안도 건의하고 있습니다. 저도 인권위원회가 하는 일을 이해하고 돕기 위해서 노력하고 있습니다. 인권위원회뿐만 아니라 인권위원회가 대변하고자 하는 많은 분들의 처지와 생각과 이해관계를 최대한 존중하도록 하겠습니다. 아무래도 말보다 실천이 모자라는 일이 많을 것입니다. 저의 생각이나 실천보다 우리 정부는 훨씬 더 모자람이 많을지도 모르겠습니다. 그러나 여러분, 비판하면서도 믿음을 버리지 말고 함께 가십시다. 열심히 하겠습니다. 국가인권위원회도 인권을 침해받는 많은 사람들이 의지할 수 있고, 그들에게 믿음과 기대를 심어주는 기관이 되기를 바랍니다."

그리고 인권위를 설립한 전임 대통령에 대한 찬사와 함께 설립 당시의 자신의 인권의식을 솔직하게 고백하는 겸양을 보였다.

"…김대중 전 대통령께서 인권위원회 만드실 때, 저도 '어지간히 됐는데 인권위원회 만들어서 뭘 할 것인가'라고 생각했습니다만 지금에야 그 깊은 뜻을 이해할 수 있게 되었습니다."

위원장에 취임한 직후 나는 이 연설문을 읽고 적잖은 감명을 받았다. 이런 대통령이었기에 나도 존중해야겠다는 생각도 들었다. 물론 그도 사석에서는 때때로 인권위의 과도한 행보에 대해 불편한 심기를 감추지 않았다. 특히 2004년 공들여 만들었던 교육행정정보시스템(NEIS)을 인권위가 비판하고 나서자 격노했다고 한다. 그러나 공식적으로는 이렇게 인권위 독립성의 철학과 원칙을 천명했기에 인권위는 소신껏 일할 수 있었다. 창립 이후 6년간, 국민의 정부와 참여정부 아래서 인권위는 순항한 셈이다. 개별 사안에서는 정부와 충돌했지만 큰 틀에서 인권위의 기능에 대한 대통령의 이해와 양해가 있었기에 가능한 일이었다. 이러한 친인권적 여건 아래 신생 대한민국 인권위는 국제사회의 찬사와 부러움을 사면서 모범적인 국가인권기구로 성장하리라는 기대를 받고 있었다.

국제적 리더십의 준비작업

취임사에 쓰고 임명장을 받으면서 노무현 대통령에게 포부를 밝혔듯이 나는 인권위의 국제적 명성을 높이고 싶었다. 그것이 곧 나라의 이미지를 제고하는 데 큰 도움이 될 것이라고 믿었다. 위원장에 취임하기 이전에 인권위의 국제자문법률가 자격으로 다른 나라 인권위들을 눈여겨 살펴보았다. 그 어느 나라와 비교해보아도 우리 인권위의 위상이 높았다. 인력과 예산 면에서도 많은 나라의 부러움을 살 정도였다. 선진국은 오래된 사법부 중심의 인권보장 체제에 대한 국민적 신뢰가 깊어 우리와 같은 종합적인 인권위의 필요성이 적다. 미국은 고용평등위원회(EEOC, Equal Employment Opportunity Commission)와 같은 차별시정기구들이 사법 구제의 보충적 역할을 수행한다. 서유럽 국가들의 인권위는 대체로 연구소 기능을 하고 있다. 멕시코, 인도, 필리핀, 호주, 뉴질랜드 같은 나라들이 파리 원칙과 유엔 체제(1993 이후)에 따라 인권위를 설립한 예다. 이들에 비하면 우리는 국제적 경험을 갖춘 사람이 적었다. 그러나 마음만 먹으면 빠른 시일 내에 보충할 수 있을 것이다. 아시아-태평양 지역에는 국가인권기구 포럼(APF, Asia-Pacific Forum for the National Human Rights Institutes)이 결성되어 호주 시드니에 사무국을 두었다. 호주 정부의 전략적인 투자에 힘입은 것이다. 출범 당시부터 호주가 연 50만 달러, 뉴질랜드와 인도가 각각 10만 달러를 출연한다. 늦게 합류한 한국도 연 1억 원의 회비를 납부한다. 당연히 호주 인권위의 발언권이 강할 수밖에 없다. 호주와 뉴질랜드는 자국 공동체의 '아시아화'를 위해 엄청난 정성을 쏟는다. 인구 몇 백만에 불과한 뉴질랜드는 큰 독립변수는 아니지만 호주의 옷자락에 매달린다. 그들은 영국의 코몬로와 서구 법치주의 전통에 큰 자부심을 가지고 있다. 인권 선진국으로 후진의 (진짜) 아시아 국가들을 계도한다는 은근한 자부심에 차 있다. 아태 지역의 인권 담론에서 이들의 선도를 견제하는 것도 중요한 과제이다.

북한 인권 문제에 관한 위원회의 입장 발표를 앞두고 있던 2006년 12월 초, 볼리비아에서 열린 세계인권대회에 참석한 신혜수 위원과 곽노현 사무총장이 낭보를 들고 돌아왔다. 이 대회는 세계국가인권기구협의회, 즉 국제조정위원회(International Coordinating Committee for the Human Rights Institutes)의 주관 아래 2년 주기로 열린다. 매년 3월 제네바에서 열리는 정기 총회와는 별도로 대륙별로 순회하면서 중요한 인권 현안 문제를 토의한다. 이번 대회에서 향후 적용될 의장, 부의장을 선출하는 원칙을 확정했다는 것이다. 즉, 3년 단위로 5개 대륙별로 돌아가며 담당한다는 원칙이다. 2007년 3월 총회에서 (남북)아메리카 대륙에서 의장을, 아시아-태평양 지역에서 부의장을 선출하기로 결의했다는 것이다. 의장, 부의장은 현직 국가인권위원회의 수장 중에서(그러나 국가가 아니라 개인 자격으로) 선출하는 것이 관행이다. 이 보고를 받고 속으로 쾌재를 불렀다. 천재일우의 기회다. 부의장을 낸 대륙에서 차기 의장을 선출하도록 했으니 2007년 부의장, 2010년 의장이 가능한 것이다. 반드시 따내야겠다. 경쟁자인 호주,

뉴질랜드, 인도, 필리핀의 위원장들은 개인적 명성으로 치면 모두 나를 능가할지 모른다. 그러나 내 뒤에는 대한민국이 있다. 우리는 2004년 이 회의를 주최하여 좋은 반응을 얻은 바 있다. 김창국 위원장은 거의 1년 반 전부터 준비위원회를 구성하여 치밀한 정성을 쏟았다. 대회의 유치 단계에서부터 국제사회에 명성이 높은 박경서 상임위원의 기여가 컸다. 대회에서 신혜수 위원이 개막식, 내가 폐막회의 사회를 맡았다. 신 위원은 유엔 여성차별철폐위원회의(CEDAW) 위원으로 활동하면서 국제적인 신망이 높았고 광범한 인적 네트워크를 구축하고 있었다. 아태 지역에서 의장국을 맡는 시기를 2010년으로 유도하는 데는 신 위원의 숨은 공로가 있었다.

국제적 리더십을 발휘하자면 내부 체제를 먼저 갖추어야 한다. 우선 영문 홈페이지를 개설해야 한다. 위원장의 국제 활동을 보조할 국제 비서가 필요하다. 많은 경쟁자 중에 한 사람을 뽑았다. 2007년 3월 선거에 대비하여 사전 정지 작업에 나섰다. 2월 20일, 덴마크로 날아갔다. 현직 ICC 의장 모턴 키에럼을 만나기 위해서였다. 2004년 서울회의에서 만난 적이 있다. 이틀간에 걸쳐 그에게서 3년 동안 의장직을 수행한 경험을 들었다. 집중 개인교습을 받은 셈이다. 3월 총회에서 부의장에 나서고 싶다고 털어놓고 지원을 요청했다. 그는 아태 지역 내의 문제라서 자신이 표면에 나설 수 없다면서도 여러 가지 귀중한 조언을 해주었다. 3월 18일, 회의 개시 이틀 전에 제네바에 도착했다. 인도와 필리핀 위원장을 먼저 찾았다. 드러나지 않게 이들에 대한 사전 연구를 한 터이다. 새로 취임한 인도의 바부 위원장은 전직 대법원장이었다. 인도 대법원이 내린 사회권에 관한 선구적 판결들은 미국의 비교헌법 교과서에도 실려 있다. 그가 쓴 판결문을 구해서

읽었다. 인도 대법원에 대한 나의 관심과 영국과 미국의 헌법에 관한 전문지식이 더없이 유용했다. 그는 '범상치 않은 학자'인 나를 지지하고 나섰다. 그 후 2년 반 동안 우리는 더없이 결속력이 강한 동료가 되었다. 필리핀 위원장 퀴줌빙 여사는 1960년대부터 유엔 무대를 화려하게 누비던 원로 중의 원로다. 현직 대법관인 남편과 함께 필리핀국립대 법학과 출신이다. 나는 필리핀 상류 사회에 지인이 많다. 시오닐 호세와 같은 문인과도 교류가 깊다. 서울법대 학장 재직 시에는 아시아 국립법대연합회의 결성에 참여한 경험이 있기에 그녀와 공동의 지인이 많았다. 그녀는 유명세에 비례하여 개인적인 적이 많았다. 그녀는 '살아 있는 전설'인 자신을 알아주는 '예의 바른 안 교수'를 지지하겠노라고 약속했다. 70세가 훌쩍 넘은 호주의 존 폰 두사 위원장은 은퇴를 결심하고 있었다. APF 자문법률가로 3년 동안 함께 작업한 지인이다. 손자보다 어린 아들을 돌보고 젊은 아내의 활동을 지원하기 위해서 은퇴한다고 말했다. 준비한 아이의 선물을 받고 활짝 웃었다. 사흘간에 걸친 막후 작업 끝에 뉴질랜드의 로슬린 누난 위원장이 아태 지역의 합의로 나를 추천하는 각본을 짜는 데 성공했다. 2007년 3월 23일, ICC는 캐나다의 제니퍼 린치를 의장으로, 대한민국의 안경환을 부의장으로 선출했다. 그로부터 3년 후, 대한민국이 포기한 ICC 의장 자리는 다름 아닌 뉴질랜드의 누난에게 돌아갔다. 천추의 한이다. 15년 후에나 다시 기회가 돌아올까?

5

장애인이 잘 살아야
진짜 선진국

'침해'와 '차별'

국가인권위원회가 다루는 진정 사건은 업무 분류상 '침해'와 '차별'로 나뉜다. 전자는 국가기관에 의한 인권 유린이 대상이다. 대한민국 국민 또는 대한민국 내에 거주하는 외국인이 제기할 수 있다. 피해자 본인뿐만 아니라 제3자도 피해자를 위해 진정할 수 있다. 전체 사건의 80퍼센트가 각양각색의 침해 사건이다.

차별의 경우는 민간기관도 적용 대상에 포함된다. 국가인권위원회법은 '인권'의 정의를 이렇게 내린다.

"헌법 및 법률에서 보장하거나 대한민국이 가입·비준한 국제인권조약 및 국제관습법에서 인정하는 인간으로서의 존엄과 가치를 말한다."

이 법은 금지된 '평등권 침해의 차별행위'로 19가지 유형을 열거한다 (제2조 제4항). 헌법(제11조)에 명시적으로 규정된 성별, 종교, 사회적 신분에 더하여, 장애, 나이, 출신 지역, 출생 국가, 출신 민족, 용모 등 신체적 조건, (기혼·미혼·별거·이혼·사별·재혼·사실혼 등) 혼인 여부, 임신 또는 출산, 가족 형태 또는 가족 상황, 인종, 피부색, 사상 또는 정치적 의견, 형의 효력이 실효된 전과, 성적(性的) 지향, 학력, 병력(病歷)이 명시되어 있다. 법이 제정될 2001년 당시의 세계적 기준과 추세를 반영한 것으로 우리 사회의 보편적인 인권 관념을 앞선 것이었다. 특히 '성적 지향'은 동성애 등 성적 소수자의 자율적 권리를 보호하는 취지로 서구에서는 이미 상식으로 자리 잡았지만 우리의 경우는 때 이른 감이 없지 않았다. "우리 며느리를 남자로 맞으란 말이냐!"지극히 자극적인 구호로 무장한 어머니 부대들의 데모야 웃어넘길 수 있지만, 말 없는 다수의 도덕관념에 익숙하지 않은 이 주제가 인권위의 대중적 기반을 약화시키는 또 다른 사유가 되어왔다.

2012년 3월 위원회법 개정으로 종전에 제외되었던 사립학교와 공기업도 침해의 주체에 포함되었다. 시대의 변화를 반영한 것이다. 또한 그만큼 인권위의 역할과 존재 의미가 강화된 셈이다. 이명박 정부 출범 당시에는 인권위를 통째로 없애려 들었고, 그게 여의치 않자 막무가내로 정원을 축소한 이 정부가 어떻게 이런 법에 동의했는지, 실로 아이러니가 아닐 수 없다. 그동안 소리 없이 인권위의 인원도 늘었다. 줄일 때는 언제고 늘릴 때는 언젠가. 불과 몇 년 사이 어떤 변화가 있었기에 이런 고무줄 정책인가? 정권 말기에 들어서야 비로소 초기의 잘못을 인정하고 정신을 차릴 셈인가? 아니면 웬만큼 채찍질로 길들이기에 성공했으니, 이제 당근 몇 뿌리로 달래겠다는 뜻인가? 어쨌든 인권위로서는 잘된 일이다. 한 정부 관료는 전직인 내게 그때 '빼앗았던' 것을 '돌려드린다'며 생색을 냈다. 그 말에 실소하고 말았다. 공무원은 영혼이 없다는 말이 있다. 꼭 나쁜 뜻만은 아닐지 모른다. 영혼이라는 거창한 단어가 정권과 시류에 부침하지 않고 중립, 객관적인 원칙에 따라 업무를 집행하는 소신이라면 말이다. 그게 헌법이 보장한, 국민 전체에 대한 봉사자, 공무원(헌법 제7조)의 자세다. 그러나 원칙은 팽개치고 오로지 출세와 보신을 위해 수시로 영혼을 바꾸는 속물도 많다.

인권위를 증원하는 사유의 하나로 장애 사건을 다룰 적정한 인원이 필요하다는 것이었다. 그것은 사실이다. 인권위 사건 중에 장애 사건의 비중이 높아 전체의 11퍼센트를 차지한다. 2001년 11월 25일, 인권위 개소와 동시에 가장 먼저 접수된 진정도 장애인이 제기한 것이다. 그만큼 장애는 인권의 상징성이 강하다. 게다가 2007년 3월, 장애인차별금지법이 제정

장차법 시행 기념 행사(2008년 4월)

되었다. 이 법의 제정으로 단순한 차별 금지를 넘어서 활동 보조인의 제공 등 장애인의 적극적인 사회활동을 보호하고 촉진시킬 국가의 의무가 가중된 것이다. 인권위 통계도 장애 사건이 급증하고 있는 추세다. 이 법에 따라 인권위에는 장애 차별을 다루는 별도의 위원회를 설치해야 한다. 근래 들어 인권위의 상임위원 셋 중 한 자리는 장애인이 맡는 전통이 세워진 듯하다. 최근 국회에서 선출된 분까지 포함하여 내리 셋이 장애인, 그 중에서도 여성 지체장애인이다. 공교롭게도 세 사람 모두 국회에서, 그것도 야당의 추천으로 선출되었다.

내가 자주 쓰는 수사다. 이 세상에는 두 종류의 사람이 있다. 장애가 드러난 사람과 감추어진 사람이다. 엄밀하게 말하자면 사람은 너나 할 것 없이 모두 장애인이다. 그 누구도 완전한 사람은 없다. 자연적 생체 리듬을 보아도 사람은 모두 장애인으로 태어나 장애인으로 마감한다. 갓난아이나 죽음을 앞둔 노인은 몸가눔과 머리 씀이 온전치 못하다. 성인의 경우도 신체 한 부위의 기능이 모자라면 나머지가 공백을 메우기 마련이다. 눈이 보이지 않으면 오히려 귀가 밝아지고 손끝이 더욱 정교하게 될 것이다. 그러나 이렇게 입버릇처럼 말하고 쓰곤 하는 나도 정상인과 장애인이라는 종래의 이원론, 고정관념과 편견에서 자유롭지 못할 것이다. 어쨌든 장애란 사람들의 '차이'일 따름이다. 인권의 본질은 '차이'를 이유로 '차별'하지 말라는 것이다. 대개의 사람들은 '장애인' 하면 전형적으로 신체장애인, 그중에서도 팔, 다리 기능이 자유롭지 못한 지체장애인을 우선적으로 연상한다. 이어서 시각장애인, 청각장애인의 순으로 떠올린다는 연구가 있다. 장애의 부위에 따라 제각기 특별한 애로가 있다. 정신장애인은 신체장애인과 질적으로 다른 별도의 범주로 생각하는 것이 일반인의 인식이다.

토막살인사건의 주범이 된 고교 동창

나는 고등학교 시절 장애인과 관련한 특별한 경험이 있다. 한쪽 다리가 의족인 반 친구가 있었다. 남달리 근면하고 학업 성적도 뛰어났다. 그는 매일 경남 김해에서 부산 초량까지 시외버스로 통학했다. 당시엔 장애인이라는 용어가 없었다. '불구자' 정도가 가장 품위 있는 말이었다. 절름발이, 앉은뱅이, 곰배팔이, 벙어리, 소경과 같은 전래의 적나라한 용어들이 널리 쓰이고 있었다. 사람들은 이들을 아울러 '병신'으로 불렀다. 그가 그 먼 길을 힘들게 통학한 이유는 병신을 받아줄 하숙집이 마땅치 않아서이기도 했다. 그에게 내가 다가간 것은 알량한 서푼짜리 동정심 때문이었을 것이다. 어느 날, 언덕배기 내리막길을 동행하다 의족이 부서지는 사고가 벌어졌다. 함께 허겁지겁 응급처치를 하면서 그의 맨다리를 보았다. 나도 모르게 순간적으로 움칫했다. 그날 이후 더욱 애잔한 마음이 깊어졌다. 반면 그는 나를 멀리하기 시작했다. 예기치 않게 자신의 치부를 내보였다는 자존심 때문이었는지, 아니면 나의 본능적인 반응에 분개했는지 알 수 없다. 새 학년 들어 반이 갈리면서 우리는 더욱 무관한 사이가 되었다. 졸업 후 그는 부산의 의과대학에 수석으로 입학했다. 그때까지 서울대학교는 장애인의 입학을 허락하지 않았다.

1970년대 초, 의대 상급반이던 그가 세상을 떠들썩하게 한 패륜아 살인마로 언론에 등장했다. 계모와 함께 친부를 살해한 혐의로 체포된 것이다. 한동안 세상을 뒤흔든 '김해 토막살인사건'의 주범이다. 노름꾼, 술주정뱅이, 상습 폭행자인 아버지의 횡포에 시달리다 못해 나머지 가족의 안위를 위해 아버지를 죽인 것이다. 그리고 시체를 일곱 토막을 내어 분산하여 암매장했던 것이다. 정교한 칼 솜씨가 단서가 되었다. 직계존속 살인, 아무리 인간쓰레기라고 하더라도 애비를 죽이는 패륜아는 자식을 죽이는 애비보다 무겁게 벌하는 것이 우리 형법이다. 자식을 죽이면 보통살인이지만 부모를 죽이면 (시부모, 처부모도 포함했다!) 존속살해가 된다. 일반살인은 법정형이 5년 이상의 징역이라 상황에 따라서는 집행유예로 풀려날 여지도 있다. 그러나 존속살해죄는 사형과 무기징역밖에 없는 일종의 사회적 대역죄이다. 대학원에서 헌법을 공부하던 나는 이 사건을 계기로 평등권과 신분의 이론을 깊이 파고들게 되었다. 부모 되기는 택할 수 있지만 자식은 되고 싶어 된 게 아니다. 근대 형법의 기초가 인간이 자유로운 의사에 따라 자신의 책임 아래 행동할 수 있다는 대전제 위에 서 있는 게 아닌가. 그렇다면 자유의사로 선택하지 않은 직계비속(자식)의 신분을 그 반대의 경우보다 현저하게 불리하게 취급하는 이 법리를 미풍양속의 이름으로 옹호할 수 있겠는가? 칸트의 이론과 일본의 판례를 인용하면서 그를 위한 변론서를 만들어보았다.

그러나 끝내 그는 나의 접견을 거부했다. 그 후로 그의 소식을 아는 사람은 아무도 없다. 애써 알아보려 하지도 않았다. 언제부터인가 동창생 명부에서 아예 사라져버렸다. 언젠가 한번 꿈속에 나타난 적이 있다. 유난히도 승부욕이 강하던 부릅뜬 두 눈동자가 그대로였다.

장애도 신분이나 마찬가지가 아니겠는가? 한 사람의 타고난 운명과 불운을 차별과 배제의 사유로 삼는 것이 옳지 않음은 더 말할 나위가 없다. 장애인의 능력을 의심할 수는 있다. 사람의 능력에 대해 다면적 평가를 실시하면 총합은 별반 차이가 없을 듯하다. 한쪽 다리가 성하지 않은 대신 그는 무쇠팔뚝이었다. 위압감을 줄 정도로 강건하던 그 팔뚝을 만든 것은 잃어버린 다리가 아니었을까. 그때도 그런 생각이 들었다. 연전에 은퇴한 선배 교수를 만났다. 정년 후 눈이 침침하고 귀도 잘 들리지 않는다고 불평했다. 위로 아닌 위로를 건넸다. 허깨비를 보지 않고 잡소리를 듣지 않으니 이젠 방해받지 않고 진짜 학문 세계에 몰입할 수 있지 않느냐고. 실없는 농담이 아니라 그럴 것만 같다. 그러나 실제 장애인으로 사는 사람에게는 이런 한가한 농담이 분노를 유발하기 십상이다. 수많은 숨은 장애에도 불구하고 외관은 멀쩡한 비장애인으로 분류되는 우리가 아무리 애를 써도 결코 알아차리기 힘든 수많은 애로가 장애인의 일상을 위축시킨다.

선진국의 장애 인권

비교적 일찍부터 외국 나들이를 하면서 이른바 선진국의 '신기한' 면모가 눈에 들어오기 시작했다. 일상적 인권 문제에 눈뜨기 전이었다. 대로와 공공장소에서 장애인이 자주 눈에 띄었다. 구걸하는 것이 아니라 당당하게 할 일을 하고 할 말을 하고 있었다. 표정도 특별하지 않고 일상적이었다. 사람들도 그들의 이동을 눈으로 배려할 뿐, 애써 특별한 도움을 주려고 하지 않았다. 이게 바로 선진국의 모습이라는 것을 깨닫기 시작했다. 장애인이 경멸과 차별의 대상에서 연민과 동정의 대상으로 바뀐 것도 사회의식의 진보임에 분명하다. 그러나 온정적 배려는 기껏해야 과도기적인 미덕에 불과하다. 그냥 그 사람의 신체적 조건에 합당한 대우를 하면서 능동적인 사회 구성원의 역할을 하도록 조력하는 것, 그게 진정한 선진국 시민의 미덕일 것이다.

그동안 우리 사회에는 장애인을 돕는다는 것을 선행으로 내세우면서 자신의 입신과 치부를 도모한 사람이 많았다. 내가 '인권 양아치'로 부르는 족속들이다. 적지 않은 종교단체가 비판의 대상이 되어왔다. 장애인의 복지를 위해 일한다며 떠벌리는 사이비 단체와 개인도 많다. 나도 학교에 재직하면서 무수히 맞닥뜨린 바 있다. 장애인이 만든 것이라는 조악한 목각품을 터무니없는 고가로 구입한 적도 여러 차례 있다. 연말 '선행 시즌'이나 신문에 글이라도 한 편 쓰고 나면 어김없이 걸려오는 전화다. 약자에 대한 동정과 사회적 책임을 환기시키는 지극히 옳은 말 앞에 거절할 명분이 옹색하고 곤혹스럽다. 한때 유행하던 말로 '민주 조세'라는 씁쓸한 용어가 있다. 잡지 구독, 단체 후원, 성금 납부, 형태는 구구하지만 적어도 동참하는 사람의 처지에서 본질은 하나다. 독재 정권을 상대로 민주화 운동에 투신한 대가로 힘든 일상을 사는 사람들에게 그들처럼 치열하게 살지 못한 동시대인이 지고 있는 부채감을 더는, 일종의 자정(自淨) 의식이다. 일상적 민주화가 정착한 시대에 '인권 조세'가 과거의 민주 조세를 대체한 셈이다. 때때로 이러한 부채의식, 자정의식을 강요하고 악용하는 사람도 더러 있다.

2004년, 서울법대 학장으로 재직할 때, '최초'로 '전맹(全盲)' 시각장애인을 입학시킨 것으로 알려져 있다. 언론 보도와는 달리 그에게 '시혜'를 베푼 것이 아니다. 오래전부터 법은 신체장애를 이유로 하는 차별을 금했고, 그는 학교가 정한 특별 입학의 기준에 합당했다. 이 기준에 따라 바로 직전 해에 지체장애인을 입학시킨 바 있다. 그의 입학으로 5층 건물에 없던 엘리베이터를 설치하는 등 '가욋돈'을 마련하느라 애를 먹었다. 전동 휠체어를 마련하기 위해 독지가를 구하기도 했다. 이번에는 대학본부가 토를 달았다. 교육 비용이 너무 많이 든다는 것이었다. 시각장애인 한 사람은 비장애인의 50배에 달하는 비용이 든다는 것이었다. 법이 장애인의 입학을 보장한 것은 응당 그 비용을 부담하라는 취지가 아니겠느냐, 그게 정운찬 총장의 뜻이냐고 내가 다그쳤다. 당시까지 내가 알던 정 총장은 그럴 리가 없었다. 그를 입학시킨 후 모금에 나섰다. 그 학생은 어린 시절 실명했다. 안질이 생긴 것을 독실한 기독교 신자인 어머니가 병원 대신 기도로 고치려다 기회를 놓쳤다고 했다. 여의도의 대형 교회가 관여하는 신문은 신자 학생의 합격 소식을 대서특필하였다. 어렵사리 그 교회의 저명한 목사를 만나 지원을 부탁했다. 상냥하게 내부 회의를 거쳐 답을 주겠노라고 했다. 기대 속에 한 달을 기다렸다. 끝내 감감무소식이라 내 쪽에서 전화를 걸었다. 회의에서 부결되었다는 비서의 냉랭한 목소리였다. 분노보다 비애를 느꼈다. 우리 사회의 한 단면이었다.

오늘날 한국 장애인의 인권이 나름대로 상당한 진전을 이룬 것은 장애인 당사자들의 눈물겨운 노력이 있었다. 지원 단체와 가족의 기여도 컸다. 오랜 세월에 걸친 체계적인 노력의 결과, 비례대표 국회의원 명단에 장애인이 필수적으로 포함되는 성과도 이루었다. 장애 당사자가 입법자가 되면서 보다 널리 사정이 알려지고 입법에 반영되었다. 한 시각장애인 국회의원은 "나는 눈에 뵈는 게 없는 사람이야!"라며 호탕하게 웃었다. 이젠 더 이상 내놓고 '병신'을 운위하는 사람도 없다. 행여 그런 낌새라도 보이는 순간, 그의 공적 인생은 마감이다. 장애 인권 정책의 실현은 궁극적으로 국민의 인식 변화와 함께 보편적 복지정책으로의 전환, 그리고 복지예산의 확대와 전달체계의 개혁에 달려 있다. 우리나라는 비교적 짧은 시일 동안 상당한 수준의 복지 성장을 이루었다. 그러나 선진국 수준에 이르려면 앞으로도 장구한 세월이 소요될 것이다.

한국 인권의 신장에는 시민운동의 기여가 크다. 과거 군사독재를 상대로 한 산발적, 비체계적인 민주화 운동의 전통이 1990년부터는 시민운동으로 전환하여 일상적 정의와 인권 문제에 집중하였다. 시민운동의 성과 중에 가장 빛나는 3대 분야가 '장애' '여성' 그리고 '환경'이다. 다른 여느 부문과 마찬가지로 장애계에도 경쟁과 반목이 만만치 않다. 여러 단체들 사이에 주도권 다툼이 첨예하다. 장애의 부위와 정도에 따라 제각기 이해관계가 다르고, 따라서 요구사항도 천차만별이다. 이를테면 시각장애인에게는 점자 서적이, 청각장애인에게는 영상 자막이, 지체장애인에게는 전동 휠체어가 무엇보다도 요긴할 것이다. 물론 주거와 활동 근거지에 따라 필요한 서비스가 다를 것이다. 통계로 보아 어느 나라든지 대체로 국민의 10퍼센트는 신체 또는 정신적 장애가 있다. 선천적 장애보다 후천적 장애의 비율이 더 높다. 뾰족한 예방 수단도 없다. 세상에는 다양한 사람이 존재하고, 모두가 어울려 살아야 한다는 공동체 의식이 장애 인권의 핵심 철학이다. 굳이 사회 전체의 생산성을 문제 삼는다면 다양성이 질적 생산성의 총화를 제고한다는 믿음을 공유해야 한다. 특정한 능력이 처지는 사람은 다른 대안적 능력을 키워주어야 한다. 어쨌든 90퍼센트의 비장애인이 이들 10퍼센트를 품어 안아야 한다. 그것이 복지국가의 원리다.

장애인의 점거농성

2006년, 안마사 자격을 시각장애인에만 부여하는 의료법과 하부 규칙이 헌법재판소의 위헌 선언을 받았다. 이 소송은 '스포츠 안마사'들이 제기한 것이다. 이들 중 일부는 은밀한 성매매와 연계되어 있다는 의심이 널리 퍼져 있었다. 어쨌든 특정 직업을 특정 부류의 국민에게 독점시키는 것은 국민의 직업 선택의 자유를 침해한다는 논지였다. 이 '비정한' 판결에 항의한 시각장애인이 한강에 뛰어들어 자살했다. 2008년 10월, 이 문제가 재차 헌재의 심의 대상이 되었을 때, 인권위는 시각장애인의 입장을 지지하는 의견서를 제출했다. 다행스럽게 장애인 측의 승소로 결말이 났다. 사건이 헌재에 계류되어 있는 동안 여러 차례 당사자들의 시위가 있었다. 중증 장애인들이 인권위 건물을 점거하고 옥상에서 고공 시위도 벌였다. 창립 이래 인권위는 계속, 반복되는 점거농성에 시달렸다. 업무에도 적지 않은 불편을 겪었다. 최초 7년간, 업무일의 3분의 1에 해당하는 기간 동안 모종의 점거농성이 일어났다. 위원장실이 점거당한 적도 있었다. 직접 인권위를 겨냥한 항의도 있지만, 대체로 인권위 업무와 무관한 사유였다. 생

각해보면 국가기관 중에 인권위
만큼 약자, 소수자의 입장을 보
살피는 기관이 또 어디에 있는
가? 장애인 단체가 단골 중의
단골손님이다. 점거농성은 세
상에 대고 하소연하는 수단이
다. 성명서, 청원, 항의, 집회 등
통상적인 방법으로는 언론과 세
인의 주목을 받기 힘들다. 언론
은 통상적인 사건에는 무관심
하다. 그래서 시위자들은 강도

장애인 단체는 인권위 점거를 통해 중요한 이슈를 제기했다.

높은 실력 행사를 해야만 한다는 강박관념에 사로잡힐 수도 있다. 이따금
씩 자신들의 존재를 과시하기 위해, 흡사 단체 합숙 훈련에라도 나서듯이
인권위 사무실을 무단 침입, 점거하는 경우도 있다. 업무의 성격상 인권위
사무실은 점거에 대비하여 보안을 강화할 수 없다. 그래서 접근이 용이하
다. 때때로 경찰력을 동원해서라도 단호하게 대처하라는 요구도 높았다.
그러나 인권위는 업무의 성격이나 견지해야 할 자세에 있어 여느 국가기
관과는 다르다. 아무리 성가시기로서니 장애인을 퇴출시키기 위해 경찰
을 불러들일 수는 없는 노릇이다.

단체와는 무관하게 장애인임을 무슨 벼슬처럼 내세워서 성가시게 하
는 상습 훼방꾼도 있다. 시각장애인임을 자처하는 한 청년은 인권위가 주
관하는 각종 회의에 참석하여 정당한 편의를 제공하지 않는다는 등 각종

불평과 요구로 회의를 방해하곤 했다. 때때로 국제회의장에 나타나서도 볼썽사나운 행태를 벌였다. 정당한 요구도 있지만 대체로 과도한, 그리고 시간과 장소에 부적합한 행위였다. 괘씸하기 짝이 없으나 그래도 기댈 곳이 인권위밖에 없으니까 떼를 쓰는 것이 아니겠는가. 모두가 그를 측은하게 여기면서 받아주었다.

장애 활동가의 거친 행동으로 인해 실로 당혹스러운 일을 두 차례 겪었다. 2008년 12월 10일, 세계인권선언기념식 행사장에서 일어난 일이다. 기념사를 읽는 한명숙 국무총리 앞으로 한 청년이 갑자기 전동 휠체어를 몰고 돌진했다. 행사를 주관한 나는 당혹스러웠다. 옥신각신하는 동안 다소 흥분한 청와대 홍보수석이 날더러 기념식을 중단해야 한다며 항의했다. 한 총리의 유연한 대응으로 가까스로 식을 끝냈다. 상임위원을 보내 사과의 뜻을 전했다. 그리고 경호원들을 문책하지 말라고 당부했다. 비슷한 시기의 일이다. 장애인차별금지법 제정과 유엔장애인권리협약에 가입한 것을 축하하는 기념 행사가 청와대에서 열렸다. 여기서도 장애인 활동가는 노무현 대통령을 향해 돌진했다. 정말이지 과했다. 대통령이 일시 노기를 진정하느라 애쓰는 모습이 안쓰러웠다. 후일에도 여러 차례 대면했지만 그는 사과하지 않았다.

장애인의 과도한 실력 행사는 국회에서도 거론되었다. 인권위의 업무 보고 자리에서 서울시 정무부시장 출신 초선 의원이 따지고 물었다. 한동안 장애인들이 시청 정문을 점거 봉쇄한 사실이 마음속에 불쾌하게 자리 잡고 있었던 모양이다. 인권위를 공격하면서 이렇게 위법, 부당한 행위를 어찌 간과하느냐고 따지고 들었다. 웬만하면 불편을 참아야 한다는 내 대답에 신경이 거슬렸던 것 같다. 그는 후일 인권위가 '촛불집회' 의견서를 내자 공격의 선봉장이 되었다. 요즘 들어 장애인의 점거농성이 한결 줄었다고 들었다. 말썽꾸러기 시각장애인 청년도 잘 보이지 않는다고 한다. 어쨌든 다행한 일이다. 다만 인권위가 그들이 기댈 곳이 아니라는 판단이 아니기를 빈다. 그리고 그들의 존재가, 그들의 아픔이 잊히지 않기를 바란다.

장애 인권의 사각지대, 정신장애인

세계 인권의 본부, 스위스의 제네바 근교에 로잔이라는 아름다운 소도시가 있다. 이 도시의 숨은 자랑은 아주 특별한 미술관이다. 도심에서 약간 벗어난 언덕에 자리 잡은 '아르 브뤼(Art Brut)' 미술관, 정신장애인의 작품 2만 점을 소장하고 있다. 작품들을 보면 장애인과 비장애인, 수작과 태작의 이분법이 얼마나 자의적이고 무의미한지 깨닫게 된다. 제네바의 현대미술관에서 각종 실험성 작품들을 감상한 후에는 이곳의 작품들이 오히려 친근하게 느껴진다. 일본 작품도 많다. 일본에서는 오래전에 미술이 정신 치료의 중요한 방법이 되었다는 사실도 알게 된다. 인권의 관점에서 보면 모든 장애인 중에 가장 취약한 장애인이 정신장애인이다. '정신장애'라는 단어가 주는 사회적 낙인이 너무나도 크다. 그래서 자신도 가족도 병력을 숨긴다. 당사자 단체는 없다. 가족협회도 없다. 이들을 챙겨줄 인권단체도 없다. 정신병원과 요양시설은 그야말로 인권의 사각지대다. 2001년 세계보건기구(WHO)의 보고서에 의하면 4인 중 한 사람이 적어도 일생 중에

한 번은 정신과 치료를 받는다고 한다.

1995년 우리나라에 정신보건법이 제정되었다. 1987년 일본법이 모델이 되었다. 법 제정에 앞서 세계보건기구 전문가들이 내한하여 자문에 응했다. 자문단의 보고에 의하면 서구에 비해 한국의 법은 환자 자신보다 가족의 권리와 의무가 강조된 특징이 있다고 한다. 그동안 정신장애에 대한 우리나라의 기본정책은 사회로부터의 '격리'였다. 병원을 짓고 병상을 늘리는 게 국가의 주된 정책이었다. 전통적 가족제도가 붕괴되면서 격리 수요가 더욱 강해졌다. 그 결과 세계에 유례없는 비자발적 입원과 장기 입원으로 나타났다.

"문을 열자!"

1999년 세계정신의학협회에서 주도한 캠페인의 구호였다. 한마디로 편견을 깨자는 것이다. 설립 직후부터 국가인권위원회가 나름대로 열심히 했다. 광범위한 인권 유린에 대한 제동이 걸리기 시작했다. 모든 정신병원에 국가인권위원회 앞으로 보내는 진정함이 설치되었다. 2006년 10월, 위원장 취임과 동시에 나는 이 문제의 중요성에 착안했다. 무엇보다도 종합적인 인권보고서를 만들어야겠다고 생각했다. 직접 예산 확보에 나섰다. 그리고 전문위원회의 장을 맡았다. 위원장이 직접 전문위원회의 장을 맡는 일은 지극히 이례적이었다. 적어도 이 문제를 공론화하여 큰 도움이 되리라는 판단에서였다. 현역 부장판사가 '커밍아웃'을 했다. 우울증으로 인해 자살을 시도한 일이 있다고 고백했다. 자신과 비슷한 상황에 처해 있는 많은 법관들을 위해 글을 쓴다고 했다. 변호사회지에 기고한 그 글은 큰 감동을 주었다. 그는 지금도 유능한 법관으로 재직하고 있다. 누구도 그의 판결에 대해 시비를 걸지 않는다.

몇 달 시차로 보고서의 발간을 보지 못하고 위원회를 떠났다. 2009년 가을, 대한민국 국가인권위원회의 이름으로 「정신장애인 인권보호와 증진을 위한 국가보고서」가 발간되었다. 1993년, 호주(브라이언 보고서), 2003년 미국(부시 보고서)에 이어 세 번째가 되는 셈이다. 내 이름으로 영문 논문도 발표했다. 2010년 2월, 미국 하버드대 법대에서 열린 세계정신장애인권 전문가 대회에 초청받아 강연했다. 독일의 기업 '코칭' 전문가, 마르틴 베를레는 『나는 정신병원으로 출근한다』라는 제목의 책을 썼다. 모든 직장이 생각하기 따라서는 정신병원이라는 뜻이다. 한 인권위 직원은 최근의 글에서 이렇게 적었다고 한다.

"감기에 걸렸다고 고백하는 사람은 없다. 정신장애도 '고백'이라는 표현이 필요 없기 바란다."

그런 날이 쉬 오지는 않을 것이다. 편견과의 전쟁은 과정만 있지 종말은 없다. 그렇기 때문에 더욱 포기할 수 없는 전쟁인 것이다.

6

꺼진 촛불?
인권위 '좌파'를 척결하라

접근 용이한 인권위 건물

인권위 본부 건물은 서울 한복판에 자리 잡고 있다. 시청 바로 뒤, 무교
동길과 을지로가 교차하는 모퉁이의 건물이다. 상징적 의미가 크다. 일반
시민의 접근이 용이해야 한다는 인권위 설립 기준에 관한 국제적 가이드
라인이 있다. 수도뿐만 아니라 지방 사무소도 필요하다. 모든 국민이 균질
의 서비스를 받아야 한다는 것이 민주주의의 대원칙이다. 기본권, 인권이
야말로 모든 국민이 누려야 할 기초 서비스이다. 지방에서 벌어지는 인권
유린은 주목받기 어렵다. 한동안 세상을 떠들썩하게 만들었던 광주 인화
원의 '도가니 사건'도 만약 서울에서 일어났더라면 그처럼 오랫동안 조치
가 지지부진하지 않았을 것이다.

인권위의 설립 직후 부산과 광주에 지역사무소가 개설되었고, 2007년에는 대구에도 추가로 개설되었다. 세 사무실 모두 대중교통으로 쉽게 접근할 수 있는 입지를 선정했다. 물리적 접근성의 관점에서 볼 때 대한민국인권위는 최적의 요건을 갖추고 있다. 특히 서울본부의 경우는 외국인 내방객도 칭찬을 아끼지 않는다. 방문이 용이할 뿐만 아니라 각종 인권 문제로 집회가 열리는 서울광장이 지척이다. 한국 인권 상황에 대한 속성 현장 체험으로는 더없이 좋은 위치다.

개설 당시 여러 곳이 후보로 검토 대상이었다고 한다. 과거 남산 중앙정보부 건물(현재 국제유스호스텔)을 사용하자는 의견도 강했다고 한다. 군사독재 시절 인권 유린의 상징어가 중앙정보부였던 점을 감안하면 의미 있는 발상이다. 그러나 시대가 달라졌다. 절대 권력의 독재가 사라지고 일상적 민주화가 정착되면서 인권의 범주가 넓어졌다. 이제 인권의 핵심 의제들도 일상생활에서 발생하는 것들이다. 이런 관점에서 보면 남산은 다소 복고적인 이미지를 풍긴다. 더더구나 시민의 접근이 덜 용이하다. 지체장애인이 휠체어로 남산 비탈길을 오르내릴 상상만 해도 안쓰럽다. 결과적으로는 현재의 장소가 최적이다. 13층 높이 건물의 7개 층을 인권위가 사용한다. 200명 남짓 직원이다. 6층 이하의 저층에는 부산은행과 작은 규모의 회사들이 입주해 있다. 유엔난민기구(UNHCR)도 한국지부를 설립하면서 이 건물 7층에 자리를 잡았다. 1층에는 서울광장이 들어서면서 여러 상점이 문을 열고 닫았다. 상시 이동 인구가 많은, 그야말로 목 좋은 곳이기 때문이다. 인권위가 진정인의 편의를 위해 이 공간을 빌리려 애썼으나 비싼 임대료 때문에 포기했다. 지하층에는 여러 식당들이 자리 잡아 매우 편리하다.

시민의 접근이 용이한 만큼 소란스러운 일도, 돌발 사태도 많다. 청원
경찰과 경비직원들의 애로가 크다. 소동을 막는 방법도 '인권 친화적'이라
야 한다는 업무 수칙이 있다. 건물주인 포항제철장학재단의 숨은 배려도
있다. 각종 항의 방문, 점거 농성과 같은 어수선한 분위기 때문에 일반 사
무실로는 인기가 떨어진다. 그래서 임대료도 대폭 낮추어야만 한다는 건
물주의 불평이 있었다고 한다. 인권위가 입주해 있기 때문에 이미지 개선
에는 도움이 되었는지 모르지만 수지 면에서는 적잖은 손해다. 어쨌든 이
따금씩 엘리베이터를 타고 내리면서 마주치는 입주자들의 시선 속에 불
만과 원망의 불꽃이 담겨 있는 듯하여 미안한 마음이 들곤 했다. 13층에
는 위원장과 상임위원, 비상임위원의 방과 회의실이 있다. 위원장실은 당
초 포항제철 박태준 회장의 집무실이었다고 한다. 물론 규모를 대폭 축소
했다. 그 방에는 위원장 전용 화장실이 딸려 있다. 간이 샤워 시설도 있다.
집무실과는 별도로 휴식을 취할 수 있는 작은 내실도 있다. 인권위 옥상에
서는 서울광장 전경이 환히 내려다보인다. 그래서 대규모 집회가 있을 때
마다 사진기자들이 선호하는 장소이기도 하다.

서울광장과 촛불집회

2008년 5월 2일, 초저녁부터 서울광장에 인파가 밀려들기 시작했다. 미
국산 쇠고기 수입을 반대하는 집회가 시작된 것이다. 그로부터 몇 달 동안
서울의 밤은 유례없는 불꽃 마당이 되었다. 얼마 전 미국산 쇠고기 수입 협

상을 '성공적'으로 마치고 돌아온 이명박 대통령의 자랑스러운 무용담이 촛불을 점화한 셈이다. 이제 우리 국민도 맛있는 미국산 쇠고기를 싼값에 맘껏 먹을 수 있게 되었다는 게 요지였다. 선거에서 유례없는 압승을 거둔 대통령, 실용주의 정치노선을 표방하는 경제 대통령의 확신과 자부심에 찬 이 발언이 더없이 큰 정치적 실언이 되었다. 미국과 캐나다에서 광우병이 발생했다는 언론 보도가 있었다. 병든 소의 고기가 인체에 치명적이다, 아니다, 전문가들 사이에서도 논쟁이 벌어졌다. 실제로 내가 병든 쇠고기를 먹을 확률은 거의 없다고 한다. 그러나 생명과 건강에 대한 집착과 우려는 확률의 문제가 아니다. 구실을 찾고 있던 정치적 반대 세력이 집결했다. 평소 정치에 무관심했던 일반 국민도 동참했다. 교복 입은 여학생, 유모차를 끈 젊은 어머니들도 합류했다. 딱히 구체적인 투쟁 목표가 있어서가 아니다. 세상에 대한 막연한 불만을 내다 풀 대상과 공간을 찾고 있었다. 많은 사람들은 단순한 호기심 때문에 모여들었다. '촛불문화제'라는 이름의 집회는 종전의 관념을 깼다. 재미있는 시국 만담이나 여흥놀이 정도로 비치기도 했다. 정권에 대한 지지, 반대를 떠나서 국민들 사이에 새 대통령의 국정 스타일에 대한 불만이 광범한 공감대를 이루고 있었다. 특히 고위 공직자 인사가 문제였다. '고소영'이라는 신조어가 탄생했다. 너무나 확연하게 드러나는 편중된 인적 구성이다. 널리 품어 안기보다 철두철미 내 편 챙기기로 비쳤다. 부동산 투기, 위장 전입 등 이전 정부의 인사 기준으로는 결격 사유로 여겨지던 공직 후보자들의 전력은 전혀 문제될 것이 없다는 말인가, 국민의 불만이 증폭되고 있었다.

야간 촛불집회는 5월 2일부터 7월 10일까지 하루도 거르지 않고 이어

유남영 상임위원이 촛불사건에 대해 직접 브리핑을 했다(2008년 10월)

졌다. 날을 거듭할수록 규모가 커지고 참석자도 다양해졌다. 신바람이 난 일부 청년은 2002년 한일 월드컵의 응원에 비유하기도 했다. 5월 14일, 최초로 시위대의 시가행진이 있었다. 물리적 충돌 끝에 일부 부상자가 발생했다. 다수가 연행되었다. 이후 전반적으로 평화로운 집회였지만 '정권 퇴진' 구호도 등장했다. 정부가 당황하는 모습이 역력했다. 대통령이 두 차례나 국민에게 직접 사과해야 했다. '광우병 대책회의' 등 몇몇 급조된 단체가 군중의 동원과 선동에 나섰다는 경찰의 발표가 있었다. 사전에 신고하지 않은 야간 집회다. 기술적인 불법이다. 그러나 불법 집회의 신압에도 경찰이 지켜야 할 수칙이 있다. 절대로 공격적 진압이어서는 안 된다. 반드시 '방어적' 진압이어야만 한다. 그리고 필요한 최소한도의 물리력을 사용해야만 한다. 그러나 실제 상황에서는 이러한 기준을 지키기 어렵다. 그래도 끊임없이 이 기준을 환기시켜야만 한다. 그게 법이고 인권이다.

5·18 기념식 풍경

촛불집회가 점화된 지 2주일 남짓 지난 5월 18일, 광주 망월동에서 기념식이 열렸다. 인권위원장은 매년 어김없이 참석해왔다. 기념식뿐만 아니라 국제인권상 시상식 등 각종 모임에 참석하고 시민사회 원로들을 만나는 것이 연례행사다. 예정시간보다 훨씬 일찍 식장에 도착했다. 전반적으로 경계가 과도했다. 엄청난 숫자의 경찰이 철저한 검문검색을 하고 있었다. 마치 계엄령이 선포된 것 같은 기분이었다. 1980년 바로 그날이 되살아나는 듯한 착각이 들었다. 정부 의전과 주최 측의 배려에 따라 맨 앞줄에 앉았다. 정당 대표들 바로 옆자리다. 헬기로 도착한 대통령이 전남지사의 안내를 받아 입장하였다. 의례적으로 앞줄의 인사들과 차례차례 악수를 나눈다. 공교롭게도 바로 내 앞에서 손잡기를 중단하고 곧바로 단상에 마련된 국가원수 자리로 옮겨 갔다. 대통령이 내 얼굴을 알 리 없고, 특히 인권위원장을 유념했을 리도 없었지만 다소 민망했다. 바로 뒷자리에 서 있던 한 야당 국회의원이 제법 큰 소리로 외쳤다.

"대통령님, 인권위원장 손도 좀 잡아주시지요."

몇 사람이 따라 웃었다. 그렇게 보아서 그런지 대통령의 표정에는 여유가 없었다. 시종일관 어둡게 경직된 표정이고 연설도 유연하지 못했다. 기념식이 끝나기 무섭게 황급히 서울로 되날아갔다. 과거 선례에 따라 만남과 덕담, 그리고 선물 보따리를 기대하던 지방자치단체장들이 허탈해했다. 퇴장하는 대통령의 뒤를 향해 한 중년 여인이 정확하게 무슨 말인지 모를 소리를 외쳤다. 경호원들이 재빨리 끌고 나갔다. 당연한 일이지만 도가 지나친 것 같았다. 한 참석자는 시민을 '마치 개 끌듯이' 다루는 모습을 보고 분개했다. 나도 우울했다. 식장 너머 멀리 뒷산에 도열한 경찰의 모습도 보였다. 기념식이 끝나자마자 뜀박질로 하산하는 모습이 눈에 들어왔다. 기록영화에서 본 중공군의 인해전술이 저럴까 하는 생각이 들었다. 이 모습을 함께 지켜본 박준영 전남지사도 불편한 기색이었다.

이듬해, 같은 날이다. 기념식장에는 인권위원장의 자리가 마련되어 있지 않았다. 거듭 참석 의사를 통보하고 점검한 터였다. 주최 측의 의도적인 무시였는지, 아니면 단순한 부주의였는지 몰라도 1년 사이 추락한 인권위의 위상을 입증하는 듯하여 몹시 씁쓸했다. 불과 달포 전인 3월 30일, 인권위 조직 규모가 21퍼센트 축소되는 수모를 당한 터였으니 나로서는 민감할 수밖에 없다. 몹시 분개하는 광주 지역사무소장을 달래느라 애를 먹었다. 대통령도 참석하지 않았다. 중립적인 관찰자의 눈으로 보면, 2009년 5·18 기념식은 위상이 심히 추락한 반면 당파성과 지역성이 강화된 듯하여 안타까웠다.

쇄도하는 진정

5월 21일, 촛불집회와 관련된 최초의 진정이 접수되었다. 경찰 공권력 집행 과정의 인권 침해를 주장하는 내용이다. 이어 줄줄이 7월까지 130여 건이 접수되었다. 언론에서도 여러 형태의 인권 침해를 예시하였다. 7월 11일, 인권위는 상임위원회 의결로 직권조사를 결정했다. 종합적인 조사가 필요하다고 판단했기 때문이다. 외국의 인권운동가들이 날아왔다. 엠네스티 인터내셔널(AI) 조사관도 왔다. AI는 한국지부가 있다. 그러나 지부는 소재지 국가의 문제에 대해 직접 언급하지 않는 것이 업무 수칙이다. 일부 정부 부처와 수사기관에서는 AI 조사관의 행방을 인권위에 문의했다. 엄연히 한국지부가 있는데도 말이다. 인권위를 이들과 공모한 '패거리'로 본다는 증거다. 상식의 결여와 편견을 드러낸 것이다. AI 조사관은 집회, 시위의 진압 과정에서 공권력의 남용이 있었다면서 시정을 권고하는 성명서를 발표했다. 7월 21일 AI 보고서에 대한 법무부의 반박 성명이 발표되었다. 인권위는 진정 사건 조사와 직권조사를 병행하여 진행했다. 유능한 조사관 6명을 투입했다. 2개월에 걸친 심도 있는 조사가 이어졌다. 주 7일, 하루 14시간 이상의 전력투구였다. 도합 256명의 대상자를 조사했다. 시위와 진압이 가장 격렬했던 6월 1일(안국동 로터리)과 28일(종로, 태평로)자 두 건에 집중되었다. 경찰관 직무집행법 등 각종 법령은 물론 경찰 내부의 훈령과 지침도 검토 대상이 되었다. 국제 규범도 참조했다. 핵심 쟁점은 법리적으로 '경찰 비례의 원칙, 최소의 원칙'을 준수했는가 여부였다. 방패와 경찰봉의 사용, 물대포의 사용, 후퇴하는 사람에 대한 공격, 지켜보는 사람, 사진을 촬영하는 사람, 폭행을 만류하는 사람, 넘어진 사람, 비무장 청소년과 여성, 의료 지원 활동자에 대해 정당한 공무 집행의 범위를 넘어선 인권 침해가 있었는가 여부였다.

조사가 진행되는 동안 인권위는 시위자의 평화로운 집회와 경찰의 방어적 진압을 촉구하는 성명서를 발표했다. 인권위 스스로 '인권지킴이단'을 결성하여 시위 현장을 감시하기 위해 투입했다. 이 사실을 경찰에 통보하고 협조를 구했다. '인권지킴이'임을 공시하는 하늘색 조끼를 입고, 경찰과 시위자 쌍방의 과격 행위를 말리고 달래는 일에 나섰다. 상임위원들도 지킴이단에 합류해 집회 현장을 살펴보았다. 인권위 직원이 경찰이 던진 쇠파이프에 맞는 불상사도 발생했다. 내가 강한 항의의 메시지를 전하자 어청수 경찰청장이 사과 전화를 걸어왔다. 나는 강하게 비판했다. 인권위와 경찰이 공동으로 정립한 기준이 있지 않나, 왜 그 기준을 지키지 않느냐고. 그는 그 기준을 재고할 필요가 있다고 했다. 예상을 넘어선 강한 폭력 사태에는 도리가 없다고 했다. 이른바 '명박산성'이 설치되기 직전의 일로 기억된다. 나 또한 시위자들의 과격한 행동에 대해서는 매우 비판적이었다. 불필요한 과격성 때문에 정당한 주장의 설득력이 약화되는 것을 아쉽게 여기고 있었다. 또한 나의 강한 주장에 의해 경찰을 상대로 한 진정 사건의 결정문에 시위자에게 평화적 시위의 의무가 있음을 강조하는 문구를 삽입했다. 법리적으로는 필요 없는 부분이었다. 그러나 인권위가 균형적 시각을 유지하기 위해 반드시 필요하다고 믿었다.

소통이 단절된 청와대

청와대의 소통 채널은 오래전에 끊어져 있었다. 참여정부 시절에도 나는 청와대와 사적인 소통수단을 가지고 있지 않았다. 정식으로 사무실을 통하지 않은 접촉을 의도적으로 기피했다. 이명박 정부에서도 그 원칙을 고수했다. 다소 편협하지만 독립기관의 장으로서 유지해야 할 원칙으로 믿었다. 전임 위원장들도 그랬을 것이다. 청와대 직제로 볼 때 인권위는 민정수석실이 관장했다. 사정(司正)이 중요한 업무인 만큼 대체로 검사 출신이 민정수석에 기용되었다. 검사는 태생적으로 인권위에 대해 비우호적이다. 인권위 설립부터 강하게 반대한 법무부였다. 다만 불편하기 짝이 없지만 인권위의 정체성 자체를 인정해주느냐는 대통령의 인권 철학과 민정수석의 개인적 태도에 따라 크게 차이가 난다. 이명박 정부의 초대 민정수석 이종찬 변호사는 취임을 축하하는 나의 전화에 답신을 보내왔다. 자신의 업무가 안정되면 만나서 대통령에 대한 업무 보고를 포함한 제반 사항을 논의하자고 했다. 그런데 그는 몇 달을 넘기지 못하고 자리에서 물러났다. 후임자는 답례를 해오지 않았다. 한두 차례 접촉해보다 포기했다. 그와는 과거 약간의 면식이 있는 사이였다. 어쩌다 정부 기념식이나 연회장에서 마주치면 멋쩍어하면서 "연락을 드리지 못했습니다."라고 어색한 표정을 짓곤 했다. 복잡한 심사가 교차했다. 후일 2011년 1월, 그는 감사원장에 지명되었으나 낙마했다. 억울한 측면이 많다고 생각했다. 검사 시절 쓴 박사 학위 논문이 성의 있고 실무가로서는 수준이 높았다는 형사법 교수들의 칭찬을 들은 바 있다.

촛불사건 조사가 한참 진행되고 있을 때, 청와대의 한 비서관이 은밀하게 만나고 싶다고 했다. 특별히 깊은 교분은 없었지만 초임 교수 시절부터 알 만한 거리에 있었던 사람이다. 자신의 업무는 아니지만 내 사정이 너무나 안타까워서 청와대 내부 분위기를 전해주고 싶은 마음이라고 했다. 다른 밀명을 띠었는지 의심치 않고 순수한 동기를 믿었다. 둘의 은밀한 만남을 이제라도 공개하는 것이 옳은지 확신이 서지 않는다. 그에게 불편한 일이 없기를 바란다. 인권위는 '종합적인' 판단을 하는 곳이 아니다. 오로지 정부의 잘못만 지적하는 곳임을 잘 알지 않느냐? 나는 거듭 강조했다. 지극히 예의 바른 그는 몹시 안타까운 표정을 지으면서 떠났다.

초기 집회에 일부 인권위 직원들이 구경에 나섰다. 주말에 가족 나들이 하듯이 문화제를 참관한 셈이다. 더러는 군중을 배경으로 기념사진을 찍기도 했다. 일부 언론은 촛불집회의 배후 세력으로 민변과 참여연대를 지목했다. 그리고 이들 단체 출신으로 인권위에 근무하고 있는 사람들의 명단을 도표로 그려내기도 했다. 참여연대 설립 초기에 집행위원장과 운영위원장을 지낸 나도 물론 지목 대상이었다. 민변 출신 인권위원과 사무총장도 있다. 이런 관점에 서면 인권위를 진보 세력의 정치적 보루처럼 여길 수도 있다. 실로 안타까운 편견이다. 시위의 강도가 더해가면서 반정부 구호가 등장하기 시작했다. 나는 직원들에게 강한 경고와 당부를 했다. 이유 여하를 막론하고 절대로 시위 현장에 '참여'하지 말라고. 그 무렵 인권위 고위 간부가 직접 시위에 참여한 증거가 있다며 내게 귀띔해준 경찰 간부가 있었다. 그게 사실이라면 경위를 파악하여 엄중 조치할 테니 증거를 내게 달라고 했다. 그는 나의 입지를 생각해서 스스로 적절한 조치를 취했노라고 했다. 처음부터 증거물이 없었는지, 아니면 실제로 그가 나를 위해 어떤 조치를 취했는지는 알 수 없다. 나는 평소 경찰의 애로에 대해 동정적인 편이었다. 특히 전경들의 힘든 사정을 안쓰럽게 여기고 있었다. '제복 입은 시민'이라는 생각을 기회 닿을 때마다 강조하곤 했다. 진압 과정에서 부상당한 전경을 위문하기 위해 경찰병원을 방문했다. 대체로 냉랭한 반응이었지만 진심으로 고마워하는 경찰도 적지 않았다. 후일 내게 사적으로 감사의 뜻을 전한 경찰도 많았다.

신중한 안건 검토

주말에 한승수 국무총리가 집으로 전화를 걸어왔다. 일찍이 비서울대 출신으로 텃세가 센 서울대에서 교수 생활을 성공적으로 이끌면서 많은 후배들의 신망을 얻은 분이다. 한 총리는 걱정이 태산 같다고 했다. 합법적으로 구성된 정부를 무너뜨리려는 정치적 음모가 있을지도 모른다고 했다. 나는 그렇게 받아들이는 정서를 이해한다며 위로했다. 그는 다른 인권위원들도 나처럼 균형 있는 판단을 하도록 위원장이 유도해달라고 부탁했다. 외무부 장관과 유엔 총회 의장을 역임한 그다. 누구보다도 국제적 기준에 정통해 있는 그분이 인권위의 고유 업무를 모를 리가 없다. 그런 총리가 인권위원장을 상대로 압력을 넣으려는 의도는 아니었을 것이다. 정부 내의 강경 기류를 전해주면서 내게 위로와 격려의 뜻을 전하는 것으로 받아들였다. 한 총리는 그해 11월, 인권위가 주최한 국제회의의 개회사를 맡아주었다. 세계인권선언 60주년을 기념하는 행사였다. 인권위가 촛불집회 사건의 결정문을 발표한 지 얼마 지나지 않은 시점이었다. 나는 개회에 앞서 심려를 끼쳐 미안하다고 말했다. 한 총리는 "인권위는 인권위대로의 기준이 있는 것이니까." 하면서 대범하게 넘겼다.

인권위에 접수된 진정 사건은 상임위원을 포함하여 3인의 위원으로 구성된 소위원회가 먼저 다룬다. 소위에서 의견의 일치를 보지 못한 사건은 전원위원회에 상정된다. 특별히 중요한 사건은 처음부터 전원위가 다루기도 한다. 촛불집회 사건은 9월 10일에야 전원위로 넘어왔다. 전원위는 4차에 걸쳐 심도 있는 논의를 열었다. 시민사회가 압박을 가해 왔다. 일부 시민단체는 인권위가 정부의 눈치를 살피고 있다고 강하게 비판했다. 의도적으로 시간을 끈 것은 아니다. 다만 결코 서둘러서는 안 된다는 생각을 가지고 있었다. 사건의 숫자도 많았다. 경찰에 대해서도 충분한 입장을 말할 기회를 주어야 한다. 또한 이 집회는 단순한 집회, 시위의 자유 문제만으로 취급하기 어려운 측면도 있다. 무엇보다도 결론은 뻔하다. 그러니 심리적으로 몹시 쫓기고 있는 정부에 대고 더욱 큰 타격을 주는 것은 피해야겠다는 생각이었다. 장마와 폭서, 그리고 강경 진압으로 촛불이 꺼진 지 오래다. 그래서 속히 정부가 안정되기를 바라고 있었다.

게다가 나는 인권위의 의견서를 만장일치로 만들어야 한다고 생각했다. 구속력이 없는, 권고적 의견이기에 찬반이 갈라지면 더욱 대외적 설득력이 약하다. 1954년의 미국의 브라운 판결이 생각났다. 인종을 기준으로 한 '분리' 교육은 그 자체로 불평등한 것이다. 미국 연방대법원 사상 최고의 민권 판결로 청사에 길이 남은 이 판결을 전원 일치로 만들기 위해 고심한 워렌 대법원장의 일화가 머릿속에 생생하다. 수위를 낮추더라도 반드시 하나의 의견이어야만 한다. 또한 의견서에는 경찰이 보인 자제와 인용에 대해서도 긍정적 평가를 하는 내용을 담아야 한다. 그러나 혼신의 노력에도 불구하고 만장일치를 만들지 못했다. 나의 지도력이 모자랐던 것 같다. 10 대 1이었다. 마지막 한 사람은 시위 전체에 대한 '종합적인 판단'을 고집했다. 그는 전직 판사였다. 평소에 그는 인권위의 결정

기준을 법원의 판결에 준해야 한다는 지론을 가지고 있었다. 나는 지금도 그분의 인권관과 인권법리를 납득할 수 없다. 경찰 간부들의 징계를 권고하는 부분에는 두 위원이 반대 의견을 냈다. 경찰의 인권 침해 행위가 존재했다는 사실을 인정하지만 징계 권고에는 반대한 것이다. 언론은 대체로 5 대 5로 점쳤다. 그래서 캐스팅보트를 쥔 위원장의 태도에 관심이 쏠렸다고 한다. 청와대에 제출한 일부 정보기관의 첩보도 그랬던 것으로 들었다. 10월 27일, 마침내 인권위 결정이 공표되었다. 극단적으로 상반되는 언론의 반응이었다. 갈라진 민심이 수습되고 인권위도 평상심으로 업무에 임할 수 있기를 진심으로 바랐다. 그러나 그것은 너무나 안이한 나의 소망이었다.

촛불이 꺼진 후

그해 11월 늦은 어느 날, 비교적 균형감각이 있는 청와대의 모 수석을 만났다. 민정 라인이 막혀 있기에 다른 길을 뚫어보고 싶었다. 대통령에 대한 업무 보고를 추진해달라고 부탁했다. 새로 취임한 대통령실장과도 이야기한 바 있었다. 특히 2010년부터 한국이 맡게 될 ICC 의장국 건을 전향적으로 검토할 것을 강조했다. 이젠 촛불도 꺼졌고 정부도 안정되고 했으니 대통령께서도 크게 보실 기회를 드려야 하지 않느냐고 권했다. 그는 난색을 표했다.

"아니 아직 끝난 게 아닙니다."

그 말의 의미를 깨치는 데 상당한 시간이 걸렸다. 후일 알고 보니 이미 이때부터 청와대에서는 괘씸한 인권위에 대한 보복 조치를 구상하고 있었던 것이다. 인권위에 대한 행정안전부와 감사원의 연이은 특별감사가 실시되었다. 되돌아보니 청와대의 목표가 분명했다. 인권위의 기구 축소와 '좌파 척결'이었다. 실로 안타까운 일이다.

이때쯤 적어둔 단상이다.

"새로 단장한 청계천을 내리 걷노라면 만감이 교차한다. …왠지 청계천에는 물고기도 화초도 슬프다. 고도성장과 고도상실, 청계천에는 두 마리 귀신이 함께 덮친다. 이 계천에서 승천했다는 용의 정체와도 무관하지 않을 것 같다. 그가 이룬 용꿈으로 국민이 얻은 게 무엇이고 잃은 게 무엇인가? 그리고 그 합은? 행여나 욱일승천, 비상을 거듭하던 용이 추락하여 미꾸라지 신세로 전락하기라도 하면 어쩌지. 한참 타오르던 영롱한 촛불들을 덮어버린 청계천의 잿빛 물줄기조차 말라버리면 어쩌나, 걱정이 태산이다."

2012년 5월 2일 공교롭게도 같은 날짜에 다시 서울광장에서 집회가 열렸다. '미 쇠고기 수입 중단'이 구호다. 며칠 전 미국에서 실제로 광우병이 발생한 사실이 보도되었다. 인도네시아가 미국산 쇠고기의 수입을 중단했다는 소식이다. 언론이 잠시 반짝 뜨거웠다. 그러나 촛불은 이어지지 않고 이내 사그라지는 기미다. 4년 전과는 상황이 크게 달라진 것이다. 당시는 새 정부가 출범한 직후였다. 국민이 분노하고 항의할 대상이 확실했다. 이제는 사실상 죽은 정부나 마찬가지다. 국민의 관심은 이미 차기 정부에 쏠려 있다. 후세인이 평가할 이명박 정부는 이룬 것도 많을 것이다. 그러나 인권위를 탄압함으로써 국내 정치에서 얻은 단기적 성과보다 국제사회에서 잃은 신뢰가 더 크다. 이명박 정권 초반에 겪은 촛불사건은 차기 정부와 인권위의 향후 행보에도 귀중한 참고자료가 되리라 믿고 바란다.

치욕의 날, 시일야방성대곡
(是日也放聲大哭)

대통령직 인수위원회

새 대통령이 선출되고 새 정부가 출범할 때마다 어김없이 따르는 것이 정부 조직 개편 작업이다. 언제부턴가 모든 대선 후보자의 공약 중에 어김없이 포함되는 것이 '작은 정부'를 지향한다는 선언이다. 국민이 공무원에 대해 가지는 막연한 적대감을 선거에 이용하는 것이다. 공약대로 실제로 몇 개 부처가 통폐합되기도 한다. 그런가 하면 새 정부의 국정 철학을 담아 새로운 부처가 탄생하기도 한다. 어쨌든 공무원의 숫자는 좀체 줄지 않는다. 인구와 선진도가 비슷한 다른 나라에 비해 우리나라의 공무원 숫자가 많다, 적다 논쟁이 분분하다. 한 가지 분명한 사실은 우리나라 직업공무원의 신분은 견고하기 짝이 없다는 것이다. 한때는 공무원이 부패와 무능의 상징으로 여겨졌던 시절이 있었다. 특별한 자격이나 재능이 요구되지 않고 봉급도 매우 낮았다. 그래서 시쳇말로 '말단 공무원이나 해볼까'라는 속어가 생기기도 했다. 물론 행정고시를 통해 상위 직에 입신 영달하는 소수의 엘리트 집단이 있었다. 이들만이 고위직에 오를 수 있는 이른바 '성골' 신분이었다. 그러나 근래에 들어와서 상황이 크게 달라졌다. 직급을 막론하고 모든 공무원이 선호하는 직업이 되었다. 봉급도 부정부패가 변명이 될 만큼 적지 않고, 무엇보다 안정된 신분이 매력이다. 그만큼 나라가 발전했다는 징표일 것이다. 강력한 신분제의 부작용인 관료 행정의 경직성을 탈피하기 위해 별정직, 계약직 등 다양한 신분의 공무원 제도를 도입했다. 제도적 장점이 많다. 그러나 어쩔 수 없이 신분 사이에 갈등의 불씨를 안고 있다. 대우, 승진, 보직, 모든 면에 있어 특수 신분의 공무원은 주류의 일반직 공무원에 비해 열악한 상황에 놓이기 십상이다.

정권이 바뀔 때면 공무원은 긴장한다. 상위 직급일수록 더욱 그러하다. 조직 개편의 내용에 따라 자신의 자리가 직접 영향받을 수도 있다. 모든 부처가 노골적인 기관이기주의 정서를 드러낸다. 전방위 로비 작업이 벌어진다. 가히 복마전이다. 부서장의 능력과도 관련된 일이다. 조정 대상으로 떠오른 기관은 비상이다. 무조건 버텨야만 한다. 일시 몰아치는 폭풍을 피하기만 하면 된다. 이내 다시 평온을 되찾을 것이다. 그게 공무원 사회다.

정부 조직 개편에는 예외 없이 '전문가'인 행정학자들이 대거 기용된다. 그러나 이들 행정 전문가들이 어떤 특별한 기여를 했는지는 냉정하게 평가할 필요가 있다. 1992년 김영삼 후보가 당선된 직후 대통령직 인수위원회가 생겼다. 이전에는 이런 공식 기구가 존재하지 않았다. 인수위원회라는 공식 기구를 통해 5년간 수행할 국정 계획을 논의하게 된 것은 진일보라고 말할 수 있다. 그러나 당시 인수위의 역할은 미미했다. 당선자의 자녀들 사이에 권력투쟁이 벌어졌고 승리한 차남 현철 씨가 '소통령'이 되어 국정을 전횡했다는 평판이 자자했다. 인수위원회의 전통은 김대중, 노무현, 이명박으로 이어졌다. 누가 인수위에 들어가느냐는 중요한 문제다. 이들 중 다수가 새 정부의 요직에 진출한다. 치열한 줄 대기가 벌어진다. 선거 캠프에 참여한 공신들 사이에 격렬한 논공행상의 전투가 진행된다. 인수위 실무진은 정부의 각 부처에서 차출된다. 대체로 자신의 부처에서 능력을 인정받은 인재들이다. 그래서 향후 5년간 이들의 전도는 더욱 밝다. 2007년 선거에서 이명박 후보가 낙승할 것이 예상되고 있었기에 그의 캠프에는 정치 지망생 인재들이 차고 넘쳤다. 심지어 이 후보의 '정치특보'만 수천 명이 넘는다는 말까지 나돌았다. 이명박 당선자의 대통령직 인수위원회가 구성되었다. 위원장에는 이경숙 숙명여대 총장이, 부위원장에는 한나라당 원내대표, 김형오 의원이 결정되었다. 대학교수도 많이 포함되었다. 거의 대부분 내가 알 만한 사람들이었다.

인권위 존폐 위기, 검사와 행정학자의 합삭품

인수위원회가 조직 정비 작업에 들어갔다. 무분별하게 난립한 각종 '위원회'를 통폐합하는 것이 중요한 의제의 하나가 되었다. 특히 김대중, 노무현 정부에서 탄생한 '과거사' 관련 14개 위원회가 집중적인 표적이 되었다. 새삼스럽게 친일, 독재 등 과거 행적을 들추어내는 일이 부담스러운 세력이 있었다. 국가인권위원회도 이러한 맥락에서 바라보는 정서가 있었다. 업무와 의제는 다르지만 사회의 통합보다는 분열을 책동하는 좌파 세력들의 집결지라는 정서였다. 여느 분야나 마찬가지로 행정학자들도 미국에서 수학한 사람이 절대다수다. 대부분 단기적인 실적과 효용을 중시하는 기능주의자들이다. 인수위에는 전직 검사들도 중용되었다. 모두가 인권위에 적대적인 선입견을 가지고 있었거나 실체를 잘 모르고 있었다.

새 정부의 인권위에 대한 기본방침은 검사와 행정학자의 합작품이라는 세평이 있다. 이들이 이해하는 전형적인 국가조직의 원리는 몽테스키외 식 삼권분립이다. 즉 입법, 사법, 행정의 3권 이외에는 국가기관이 존재할 수 없다는 것이다. 어떤 국가기관이든 전통적 3부의 하나에 속하지 않으면 안 된다. 3개 부처 어디에도 속하지 않는 이른바 '독립기관'이 존재할 수 없다는 것이다. 몽테스키외의 이론이 탄생한 후 200년에 걸친 발전을 모르는 무식하기 짝이 없는 주장이다. 미국에서는 오래전부터 각종 행정위원회가 헌법의 직접적인 규정 없이 독립된 지위에서 업무를 수행하고 있다. 그래서 '현대국가의 제4부'라는 별명을 얻기도 했다. 심지어는 국가인권위원회가 위헌적 기관이라는 주장을 하는 한심한 헌법학자도 있었다. 한때 배심제도가 위헌이라는 주장도 법 실무가들 사이에 광범하게 퍼져 있었다. 헌법에 규정된 법관의 사법권을 침해하는 것이라는 주장이다.

민주 헌법의 정신과 구조에 대한 근본적인 이해가 부족하기 때문에 생기는 경직된 법 논리다. 국민주권 국가의 헌법은 국민의 기본권을 효과적으로 보장하는 데 근본 목적이 있다. 국가권력의 배분은 오로지 국민의 기본권을 보장하기 위한 수단에 불과하다. 수단이 목적을 능가할 수 없다. 배심이나 국가인권위가 존재함으로써 국민의 기본권 보장에 도움이 된다면 헌법에 위반될 수 없다. 속말로 누구를 위한 헌법인가? 헌법은 국민의 편인가, 아니면 국가기관의 편인가?

일부에서는 "인권위는 선진국인 미국에도, 일본에도 없다. 그런 기관을 왜 우리가 가져야 할 필요가 있는가? 이만하면 우리나라 인권도 크게 신장된 것이 아닌가? 인권위를 둔다는 자체가 인권 문제가 심각하다는 것을 자인하는 증거가 된다."는 식의 실로 어처구니없는 생떼도 어느 정도 수용되는 분위기였다. 모든 국가기관이 거침없는 쓴소리를 쏟아내는 인권위를 몹시 불편한 존재로 여기고 있었다. 게다가 '좌파 정부'의 말잔치에 식상한 대중의 정서에 편승하여 인권위는 손쉬운 공격의 표적이 되었다. 인수위는 정부 조직 조정안을 입안하기 앞서 각 기관에 대고 현황 보고를 요청했다. 그러나 인권위에 대해서는 요청하지 않았다. 기다리다 못해 자발적으로 전달하러 직원을 보냈다. 한 젊은 검사가 서류 접수를 거부하는 기막힌 일이 벌어졌다. 실로 안하무인이었다. 승강이 끝에 박형준 위원이 '그냥 두고 가라'는 말을 남겼다.

2008년 초, 대통령직 인수위원회는 새 정부 조직의 윤곽을 발표했다. '과도한 위상'의 국가인권위원회를 대통령 직속기구로 전환한다는 것이었다. 당초에는 '고충처리위원회', '국가청렴위원회', '행정심판위원회' 등과 통합하여 하나의 위원회로 만든다는 안이었다고 한다. 밀실작업이라 접근이 용이하지 않았다. 인권위가 독립기관이라는 주장은 그 누구도 이해하지 않았다. 제네바의 유엔 인권최고대표의 서신이 인수위 위원장 앞으로 도착했다. 밀사의 자격으로 최고대표실 고위 관계자가 날아와서 인수위원회의 담당 간사를 은밀하게 만났다. 인권위를 대통령 직속으로 변경하는 것은 독립성에 대한 침해로 국제사회에 비칠 우려가 있다는 점을 설명했다. 시민사회가 크게 분노했다. 야당도 정면으로 문제를 제기했다. 손학규 민주당 대표와도 만났다. 이회창 자유선진당 대표도 조용하게 뜻을 전해 왔다. 결국 일종의 정치적 타협이 이루어지고 국가인권위는 현상대로 존속시키는 쪽으로 결론이 났다. 여성부와 통일부를 폐지하려던 당초의 안도 수정했다. 문제의 3개 위원회는 국민권익위원회로 통합하여 국무총리 직속으로 두도록 했다. 일단 한숨을 돌렸다. 인수위의 박재완 팀장은 인권위가 독립기관인 점을 고려하여, 일반 행정기관과는 다른 별도의 업무 기준을 적용할 여지를 남겨주었다. 비교적 유연하게 국제사회의 동향을 반영하려고 애쓴 것이다. 내심 고맙게 생각한다.

인권위에 대한 특별감사

2008년 5월 2일 시작된 촛불집회가 날로 세를 얻어가고 있던 때였다. 느닷없이 감사원이 인권위에 대한 직무 감사를 실시하겠다고 통보해 왔다. 인권위 역사상 최초의 직무 감사였다. 2007년 12월 행안부의 결산 감사가 있었던 직후라 지극히 이례적이었다. 5월 21일, 감사관 7명이 예비조사를 실시했고 6월 2일부터 10일간 17명이 투입되어 세밀한 감사를 했다. 인권위도 직무의 독립성을 침해받지 않는 범위 내에서 당연히 수용해야 한다. 실무진 사이에 독립성의 범위를 두고 약간의 실랑이가 있었다. 김칠준 사무총장의 정교한 법리에 감사관들이 대체로 설득당했다. 감사원도 인권위가 통상의 행정기관이 아닌, 독립된 기관이라는 대전제는 인식하고 있었다. 열흘에 걸친 세밀한 감사에도 불구하고 이렇다 할 '성과'가 없자 감사를 4일 더 연장하였다. 이들 사이에 난감해하는 표정이 역력했다. 후일 전해 들은 뒷이야기다. 정말로 인권위가 맑은 곳이라는 감사관들의 평가였다는 것이다. 감사를 마치고 떠나면서 인사차 들른 책임자의 언행에서도 읽을 수 있었다. 한 신문은 감사원의 이례적인 직무 감사 결정을 5월 16일 부산대학교에서 열린 나의 강연에 대한 반응으로 평가했다.

"대학생도 인권과 의사 표현의 자유가 있다. 일반 국민이 누리는 것과 마찬가지의 집회, 시위의 자유를 보장받는다."

나는 청중의 질문에 헌법학자의 상식으로 답했던 것이다. 물론 촛불집회 정국이었기에 시사적인 함의가 있었다.

불편한 진실은 오래도록 변치 않았다. 정부의 모든 기관은 인권위를 경원했다. 인수위 부위원장이던 김형오 의원이 국회의장에 선출되었다. 그에게 도움을 청했다. 법에 의해 인권위는 대통령과 국회의장에게 정기적으로 업무 보고를 하도록 되어 있다. 김 의장은 국회의 운영에 대해 나름대로 청사진과 소신을 가지고 있었다. 2년 재임 기간 동안 개헌과 국회의 상시 개설 제도를 추진하겠다는 야심을 밝혔다. 2012년을 기점으로 대통령 임기 4년 중임제를 도입해야 한다는 것이다. 국회의원과 대통령 선거를 같은 해에 실시한다는 것이다. 이러한 개헌 논의는 노무현 대통령의 재임 말기에 적어도 외형적으로는 모든 정당이 합의한 사항이기도 했다. 헌법학회 회장의 경력을 가진 나도 김 의장의 열의에 찬사를 보냈다.

나는 국회에서 인권위의 소속 상임위가 법제사법위로 되어 있는 것이 마뜩지 않았다. 법사위는 전통적으로 검사 출신 의원들이 주도하고 있었다. 또한 법원행정처, 법무부와 함께 배속되어 있기에 인권 문제를 법의 잣대로만 판단하는 경향이 농후했다. 그래서 운영위원회로 옮기고 싶었다. 운영위에는 여, 야 원내대표가 당연직으로 참여하기에 국정 전반의 차원에서 정치적인 타협의 여지가 있을 것으로 기대했다. 외국에서는 인권위가 의회에 소속되는 경우도 있다. 그래도 업무의 독립성이 침해된 것으로 간주하지 않는다. 의회는 여, 야가 공존하는 민의의 대변 기관이기 때문이다. 김 의장은 일리 있는 이야기라며 즉시 수용해주었다. 검사 출신 한나라당 홍준표 원내대표도 유연하게 받아주었다. 홍 대표는 인권위의 업무에 대해서도 당파적 차원을 떠나 중립적 원칙을 지키려 애써주었다. 고맙게 기억하고 있다.

촛불 이후-인권위 무력화 작전

10월 27일, 인권위가 촛불집회 의견서를 발표했다. 언론이 난리를 쳤다. 누차 설명했지만 인권위는 경찰이 입은 피해에 대해서는 구제할 권한이 없다. 그것은 경찰과 검찰의 몫이다. 다시 말하지만 인권위는 공권력에 '의한' 인권 침해만을 다룰 수 있을 뿐, 공권력에 '대한' 침해는 관할권 밖이다. 이상득 의원의 발언이 보도되었다. "시위대에 맞아가면서 촛불 난동

세계인권선언 60주년 기념식 리셉션(2008년 12월)

을 진압한 경찰의 행위를 인권 침해라고 말하다니. 그런 인권위가 어떻게 이 정부에서 존재할 수 있는가?"라며 그는 분노했다고 한다. 그해 국정감사와 업무 보고는 시종일관 인권위에 대한 융단폭격으로 일관했다. 몇몇 여당 초선 의원들이 청와대와 사전 교감했던 정황이 감지되었다. 야당 의원들은 인권위를 옹호함으로써 더욱 정쟁의 양상을 띠게 되었다.

12월 10일, 인권위 주관으로 세계인권선언 60주년 기념식이 열렸다. 인권위는 '인류의 가장 아름다운 약속'이라는 캐치프레이즈를 내걸고 인권선언의 정신을 보급시키는 각종 캠페인을 벌였다. 인권위 건물에 대형 휘장을 내걸었다. 반기문 유엔 사무총장과 제네바의 유엔 인권최고대표가 고맙다는 인사를 전해 왔다. 2008년은 대한민국 헌법이 제정된 지 60돌을 맞는 해이다. 인권위는 세계인권선언과 대한민국 헌법, 두 문서의 의미를 결합하는 지적 활동도 지원했다. 이러한 상징적 의미를 감안하여 대통령이 기념식에 참석할지 여부를 타진했으나 즉시 거부되었다. 국무총리도 11월에 국제회의에서 축사를 했다며 참석을 거부했다. 다행스럽게도 김형오 국회의장이 참석했다. 사전에 다른 일정이 잡혀 있었지만 마지막 단계에 조정한 것이다. 그는 축사만 하고 서둘러 자리를 떠났다. 한 잡지는 '초라한 환갑잔치'라는 제목으로 비교적 상세하게 정황을 보도했다.

10월 30일, 감사원으로부터 조직 관리, 인사 관리에 관한 처분요구서를 받았다. 인권위 조직을 '대국대과'로 전환하라는 내용이었다. 어디에도 조직을 축소하라는 내용은 없었다. 요구에 따를 준비를 하고 있었다. 이미 인권위 스스로 외부 전문기관에 의뢰하여 조직 진단을 실시한 바 있었다. 원세훈 행정안전부 장관 집무실을 방문했다. 그는 통상의 예의를 갖추지 않았다. 전형적인 갑과 을의 관계로 대했다. 인권위원장을 무슨 업자 대하듯이 하는 태도에 분노가 치밀었다. 그때의 홀대를 오래 기억하는 것은 나 자신에게도 좋을 리 없다. 그러나 아직도 그때 받았던 모멸감을 떨쳐버리기 힘들다. 그로부터 며칠 후, 행안부의 조직 개편안이 도착했다. 인권위의 규모를 절반(49퍼센트)으로 줄이는 내용이었다. 아무런 근거도 없었다. 이제 전면전이 불가피했다. 내부 결속을 강화했다. 각종 시민단체의 반대성명서가 잇따랐다. 여러 차례 문서가 오가고 설왕설래가 있었다. 2월 12일 자유선진당 박선영 대변인의 발언이 있었다. "인권위가 여러 차례 논란의 대상이 된 것은 사실이나 인권 향상에 기여한 것을 간과해서는 안 된다. 인력 축소 결정은 공론을 통해 결정되어야 한다."라고 당의 입장을 발표했다. 한나라당에서는 유일하게 나경원 의원이 비슷한 취지로 인권위 축소에 반대하는 발언을 한 것이 신문에 보도되었다.

행안부가 통보한 수정안은 정원을 30퍼센트 축소하는 것이었다. 며칠 후 원 장관은 국가정보원장으로 자리를 옮겼다. 2월 19일, 후임자로 지명된 이달곤 한나라당 의원의 인사청문회가 열렸다. 그는 인권위의 30퍼센트 감축안을 원안대로 집행하겠다고 답했다. 어렵사리 박희태 한나라당 대표와 이회창 선진당 대표를 만났다. 전혀 도움이 되지 않았다. 그저 상황 설명으로 그쳤다. 이상득 의원과 최시중 방송통신위원장에게 '매달리라'고 권유하는 사람도 있었다. 절박한 심경은 이해가 되지만 일소에 부쳤다. 김황식 감사원장은 3월 20일 국회 법사위에서 감사원이 인권위의 인원 감축을 요구한 적이 없다고 증언했다. 정반대로 행안부가 2008년 7월, 감사원에 보낸 의견서에 인권위의 조직 확대가 불가피하다는 의견을 담은 사실이 후일 드러났다.

정정길 대통령실장도 조정할 입장이 아니었던 것 같았다. 그가 부임한 시점에는 이미 인권위에 대한 청와대의 확고한 방침이 결정되어 있었다. 힘들게 연결된 전화에 대고 그는 이달곤 장관과 둘이서 '잘 이야기해보라'는 식의 추상적 수준의 덕담밖에는 건네지 못했다. 주말에 이 장관을 만났다. 그도 속사정을 털어놓지 못했다. 이미 오래전에 결정된 일이라는 말밖에는. 3월 20일, 행안부의 최종안이 통보되었다. 5본부, 22팀의 조직을 1과 2국 11과로 축소하고 정원 208명을 164명으로 축소하는 것이었다. 당초 폐지하기로 한 3개 지역사무소를 존치하는 것으로 물러선 것이다. 이 장관은 강행 처리 의사를 통보했다. 그는 자신의 책임 아래 축소 규모를 21퍼센트로 하향 조정하고 청와대의 강한 질책을 받았노라고 했다. 자신이 지방행정 전문가인 점이 간신히 양해 사유가 되었다는 것이다. 은근히 대학의 선배 교수인 나에 대한 예의와 배려를 했다는 점을 강조했다. 실제로 그럴 수 있었을 것이다.

국제사회의 망신을 자초하다

나는 이 장관에게 바로 그 시기에 제네바에서 ICC 연례총회가 예정되어 있기에 내가 귀국한 후로 일정을 미루어달라고 요청했다. 당초 나는 22일 출국할 예정이었다. 부의장인 내가 회의에 불참하게 되면 나라의 망신스러운 일이 국제사회의 의제로 부각될 것이라고 덧붙였다. 제니퍼 린치 의장과 부의장인 나 사이에 업무분장이 이루어져 있었다. 그래서 나는 집행이사회와 몇몇 회의의 사회를 보도록 일정이 잡혀 있었다. 차기 ICC 회장으로 내정되다시피 한 나에 대한 린치 의장의 예우이기도 했다.

이 장관은 3월 31일 대통령의 해외 출장이 예정되어 있기에 그 이전에 매듭을 지어야 한다며 강행 의사를 꺾지 않았다. 부득이 출장을 취소했다. 3월 23일, 긴급 전원위를 소집하여 대국민 성명을 발표했다. 법제처장에게 공문을 발송했다. 직제령의 절차상 하자를 다투는 내용이었다. 국무총리 면담을 신청했다. 그러나 답이 없었다. 3월 26일, 차관회의에 안건이 상정되었다. 문경란 상임위원이 참석했다. 마녀사냥의 분위기를 전해 왔다. 서면으로 대통령 면담을 요청했다. 역시 답이 없었다. 외교부 장관과 행안부 장관 앞으로 유엔 인권최고대표, ICC 의장, APF 의장의 서한이 속속 도착했다. 제네바에서는 우리나라를 포함한 47개 회원국으로 구성된 유엔 인권이사회가 열리고 있었다. 아태 지역의 인권단체 연합회와 국가인권기구가 설립된 국가들의 합동 성명서가 발표되었다. 어떻게 손써볼 겨를도 없이 이명박 정부는 국제 인권의 적으로 낙인찍혀 버렸다.

일부 호사가는 어쩌면 남북한이 그렇게 비슷하냐는 농담을 해 오기도 했다. 모멸감에 낯이 화끈거렸다. '작은 정부'라는 거창한 구호와 명분과는 달리 이명박 정부 들어 정원이 2퍼센트라도 감축된 기관은 하나도 없다. 두말할 필요도 없이 인권위가 표적 제물이 된 것이다. 내가 정부와 '타협'하여 축소에 동의하고 몇 사람이라도 더 구제하는 편이 옳지 않으냐고 말하는 사람도 있었다. 그러나 나의 판단은 달랐다. 여기에서 '타협'이 무엇인가? 인권위의 잘못을 인정하고 탄압 처분을 수용하는 것이다. 인원 감축 사유로 내세운 '방만하고 비효율적인 조직 경영'은 핑계일 뿐이다. 독립성은 숫자의 문제가 아니라 원칙의 문제였다. 절대로 꿇어앉을 일이 아니다. 촛불집회 의견서가 잘못되었다는 사실을 인정하고 용서를 구하는 것 말고 달리 무슨 '타협'이 있겠는가?

인원 감축 직제령이 통과될 경우를 대비하여 헌법재판소에 권한쟁의심판을 청구할 것을 준비했다. 법치국가에서 법의 판단을 받아보겠다는 데 누가 시비를 걸 수 있겠는가. 사무총장의 지휘 아래 위원회 내 변호사들이 선례와 법리의 검토 작업에 나섰다. 승산이 높지 않아도 문제를 제기하기에는 충분하다. 적어도 국제사회에서 모범적인 사례(best practice)로 거론되는 한국 국가인권위원회가 독립성을 수호하기 위해 최후까지 노력한 기록이 남을 것이다. 권한쟁의심판은 국가인권위원회 위원장이 신청인, 그리고 대통령이 피신청인이 된다. 정치권과 공무원 사회에서는 감히 대통령을 상대로 '맞짱을 뜨다니'라는 정서가 팽배했다. 그래서 나를 용기 있는 투사로 찬양하는가 하면, 현실을 모르는 백면서생이 만용을 부린다고 힐난하기도 했다. 나는 반정부 인사도, 정의의 투사도 아니다. 그러나 적어도 독립기관의 장의 역할이 무엇인가를 인식한 사람이라면 누구라도 나처럼 처신했을 것이라고 믿는다.

2009년 3월 30일의 국무회의 풍경

당초 예정보다 하루 앞당겨져 3월 30일 오후 5시에 국무회의가 열렸다. 나는 출석, 발언을 신청했다. 인권위 역사상 위원장이 국무회의에 출석하여 발언한 선례가 없었다. 대기실에서 많은 국무위원들을 만났다. 모두가 어색한 표정을 지었다. 대통령 대신 한승수 총리가 회의를 주재했다. 대통령을 상대로 발언 기록을 남기고 싶었는데 유감이었다. 한 총리는 지극히 기계적으로 안건을 처리했다. 나는 준비한 소견서를 읽으면서도 틈틈이 국무위원들의 표정을 살폈다. 모두가 행여나 나와 눈길이라도 마주칠까 봐 저어하는 느낌을 받았다. 모든 절차가 30분이 채 걸리지 않았다.

나의 발언에 대한 이달곤 장관의 반론에 이어, 그에 대한 지원 발언이 있었다. 이때 이석연 법제처장이 발언을 신청했다. 그는 강한 어조로 반대했다. 문제의 직제령은 법리적 하자도 있다, 무엇보다도 대규모 인원 감축은 타 기관과의 형평에도 어긋난다고 했다. 무리한 감축에는 심한 후폭풍이 따를 것이라고 경고했다. 그의 소신 발언에 당황한 총리는 서둘러 안

위원회 조직 강제 축소 관련 긴급 기자 브리핑(2009년 3월)

건을 종결시켰다. 그리고 나에게 즉시 퇴장할 것을 요청했다. 이 처장이 전화를 걸어왔다. 인권위의 투쟁은 역사적 기록이 될 것이라며 격려했다. 시민사회에서 법률가로서 활동하면서 나와는 많은 사안에서 입장과 견해를 달리하던 그이기에 더욱더 고마웠다. 얼마 전 그에게서 들었다. 그 일로 인해 당시 정부 실세들로부터 '잔소리'를 들었노라고. 그 실세들은 이미 영어의 몸이 되어 있다. 한 총리도 당부했다고 한다. 이 처장이 국무회의에서 반대 발언한 사실을 인권위원장이 퍼뜨리지 않도록 단속해달라고.

이미 사직서를 써두고 있었다. 사무실에 돌아와서 사무총장에게 뜻을 전했다. 그는 나의 결심을 존중했다. 대국민 사임의 변도 준비하고 있었다.

"저는 취임의 변에서 말씀드렸고, 기회가 닿을 때마다 되풀이하여 강조했듯이 인권은 좌도 우도 아니고, 진보도 보수도 아닌, 그야말로 인류 보편의 가치라는 믿음에 살았습니다. 그러기에 정권의 연장이나 교체에 무관하게 인권의 소중함에 대한 인식이 국정 전반과 국민의 일상에 확산되기를 간절하게 바라면서 열과 성을 쏟아왔습니다. 또한 국제사회에도 우리나라가 이룬 경제적 성과에 상응하는 인권 선진국의 면모를 함께 보여주려고 노력했습니다. 그러나 이러한 저의 노력은 일부 국민과 새 정부의 신뢰를 얻지 못했습니다. 그동안 국가인권위원회가 제시한 의견 중에는 정부의 귀에 거슬리는 의견도, 당장 수용하기 힘든 정책 건의도 있었을 것입니다. 그러나 바로 이러한 정부권력에 대한 견제와 미래를 향한 꿈의 제시야말로 국제적 기준에 따라 설립된 독립기구로서의 국가인권위원회의 고유한 역할일 것입니다. 업무의 '독립성'이야말로 국가인권위원회의 생명입니다. 그런데 이번에 국무회의를 통과하고 대통령께서 서명하신 국가인권위원회의 직제령은 그 절차에 있어서나, 내용에 있어서 독립기관으로서의 국가인권위원회의 업무에 대한 본질적인 침해라고 판단되어 헌법재판소의 권위 있는 해석을 요청했습니다. 헌법재판소의 최종 결정이 내리기

전에 시행되어야 하는 개정 직제령을 집행하는 것은 독립기관의 장으로서의 저의 믿음과 양심에 어긋나기 때문에 국가인원위원장의 자리에서 물러나고자 합니다. 오늘 저의 사임은 오로지 목숨과도 같은 인권 수호 기관의 독립성을 충분히 지키지 못한 수장으로서의 책임감에 기인한 것이므로, 어떤 의미에서든지 정치적 논쟁의 소재로 확산되지 않기를 바랍니다."

인권위 직원들이 정부의 강제적 조직 축소에 반대하는 리본을 건물 바깥에 내걸었다(2009년 3월).

밤중에 집으로 상임위원들과 사무총장이 찾아왔다. 모양 좋게 떠나는 것이 능사가 아니다, 비겁한 일이다, 치욕을 무릅쓰고서라도 남아서 추슬러주어야 한다는 것이다. 구체적으로 21퍼센트의 정원을 줄이는 세부 작업을 해야 한다. 다시 생각해보니 그 말이 옳았다. 이미 지친 심신이다. 그러나 남아서 함께 치욕을 감내해야 한다. 행여나 마지막 반전의 기회가 있을지 모른다. 국제사회에서 실추된 나라의 이미지를 만회할 수 있을지도 모르는 일이다. 언제 어떤 상황에서도 인권은 희망이다. 애써 다짐했다.

8

실패한 도박으로 끝난
히든카드

나는 이명박 대통령의 상식을 믿었다

"사랑은 자신에 대한 기망에서 시작하여 상대에 대한 기망으로 끝난다."

수많은 사랑의 경구 중에 왜 이 말이 요즘 들어 가슴에 절절한지 모를 일이다. 언제부턴가 내가 '인권'이란 정체불명의 여인의 환영을 붙잡고 허덕이는 것도 냉정하게 따지고 보면 나 자신에 대한 기망은 아닐까? 그녀를 '사랑하는 것이 운명이기 때문에'라는 자기최면으로 나 자신을 속이고 있는 것은 아닐까? 인권위에 대한 나의 애정의 정체도 만연한 여행길에서 우연히 마주친 한 여인의 역경을 외면하고 떠난 나그네의 객수에 불과한 것은 아닐까? 내 만년의 삶은 진정한 자기가 아닌, 또 다른 자기가 되기 위해 안간힘을 쓰다 죽어가는 인생인가? 지난 3년 내내 나를 불편하게 만들고 있는 물음들이다.

"비숍 여사와 연애를 하고 있는 동안은 진보주의자와 사회주의자는 네에미 씹이다. 통일도 중립도 개좆이다. …아이스크림은 미국놈 좆대강이나 빨아라. 그러나… 피혁점, 곰보, 애꾸, 애 못 낳는 여자, 무식쟁이, …이모든 무수한 반동이 좋다."

때때로 김수영의 시 「거대한 뿌리」(1964)의 구절들이 입 언저리에 맴돈다. 동원된 시어(詩語)들의 정확한 의미나 심오한 속내는 제대로 알 수 없고, 내 나이나 알량한 세속의 자리에 걸려 드러내놓고 옮길 수도 없지만 가슴속에 눌려 담긴 막연한 울분을 대변하는 듯하여 적지 않은 카타르시스를 느낀다. 마치 내가 인권과 연애하는 동안 부닥친 무수한 적과 벽들을 향해 내뿜는 한줄기 취중수액과도 같은 느낌이다.

"상대가 보통 인간임을 깨우치는 순간 연애는 종말이다."

한 지긋한 연륜의 '연애의 달인'이 들려준 말이다. 나는 이명박 대통령과 그의 정부의 상식과 선의를 믿었다. 그래서 내 사랑하는 여인, 인권의 너른 품에 함께 안길 수 있으리라 기대했다. 그러나 5년 내내 그들이 보여준 인권관과 민주의식은 보통의 수준을 한참이나 밑돈다.

"세상에서 가장 고통스러운 비극은 사내에게 몸을 주고서도 진정한 자신을 주지 못하는 여인의 사랑이다. 도대체 그게 어디에 숨어 있는지 자신도 찾아낼 수가 없으니 말이다."

영국의 작가, 로렌스 듀렐의 역설이다. 필경 내 참담한 심경을 그린 말이려니.

대한민국 인권사의 순교자들

한 헌법학자가 이명박 정부는 '인권 알레르기 정권', '민주주의 알레르기 정권'이라고 비판하면서 '인권=민주주의=반정부=좌파'라는 등식을 신봉한다고 혹평했다. 마치 박정희, 전두환 시절의 '반미=반정부=반국가=용공'이라는 공식이 사실상 정권의 지도 이념이 되었듯이 말이다. 평소 그의 거친 언어가 적잖이 부담스러웠던 나이지만 이 말만은 단순한 수사를 넘어선 실체를 담고 있다는 느낌이다. 2009년 3월 30일부터 7월 8일까지, 내 생애에서 가장 긴 백 일이었다. 하루도 편히 밤잠을 이룰 수가 없었다. 내 일거수일투족이 감시의 대상이 되는 듯한 징후도 있었다. 이미 회복하기 힘든 상처를 입은 기관의 수장으로 할 일이 많았다. 우선 많은 직원의 일자리를 빼앗아야 한다. 위축된 동료들의 사기를 추슬러야 한다. 그러면서도 외부적으로는 위용을 잃지 않아야 한다. 무엇보다도 국제사회에서 손상된 국가의 이미지를 회복해야 한다. ICC 의장국이 되면 정부도 나라의 체면 때문에라도 국제적 기준을 깡그리 무시할 수 없지 않을까. 희망의 끈을 놓지 않아야 한다.

인권위의 탄압에 항의하는 각종 시위와 성명서가 봇물처럼 터지는 가운데 16인의 전직 위원들도 성명서를 발표했다. 한나라당 추천으로 초대 상임위원을 역임한 유현 변호사도 동참해주었다. 3월 20일, 나의 사퇴를 촉구하고 조직 축소에 찬성하는 보수 단체의 집회가 있었다. 규모도 조직력도 보잘것없지만 '동원된' 흔적이 역력했다. 집회에 참석한 한 연로한 분이 지인을 통해 본의가 아니었다며 나에게 격려와 위로의 뜻을 전해달라고 했다. 몇몇 신문도 인권위의 저항은 적반하장이니 자업자득이니 하면서 이데올로기 공세를 퍼부었다. 그러나 대부분의 국민과 언론은 침묵으로 탄압에 동조하거나 방관했다.

MBC TV가 마련한 「100분 토론」에 김칠준 사무총장과 행정안전부 조직실장이 출연했다. 굳이 평가하지 않아도 제대로 맞상대가 되는 토론일 수 없었다. 행안부의 주장대로 인권위의 '방만한 조직 운영'을 입증할 근거자료가 있을 리 없었다. 정부의 방침이 미리 정해져 있듯이 시청자의 기본 관점도 정해져 있었을 것이다. 다만 사태의 본질을 알리는 데 간접적인 도움은 되었을 것이다. 얼마 지나지 않아 프로그램의 사회자 손석희 씨가 교체되었다.

인권위 조직을 축소하는 직제령이 국무회의에 상정된 2009년 3월 30일, 인권위는 헌법재판소에 직제령의 효력정지가처분과 권한쟁의심판 신청서를 접수했다. 이미 예고하고 준비해왔던 일이다. 헌법 제111조 4항과 헌법재판소법 제62조 제1항 제1호는 국가기관 상호 간의 권한쟁의심판을 헌법재판소 관할로 규정한다. 인권위는 헌법에 명시된 국가기관은 아니다. 현행 헌법은 1987년 '시민항쟁'의 산물로 탄생한 것이고 인권위는 2001년에 비로소 창설된 기관이었기에 헌법 조항에 반영될 기회가 없었다. 헌법에 명시되지 않은 국가기관이 당연히 권한쟁의심판을 제기할 '당사자 능력'이 있다. 헌법재판소도 이 점을 분명히 한 바 있었다.

"해양수산부 장관은 헌법과 정부조직법에 의하여 행정 각부를 구성하는 국가기관으로서 독자적인 권한을 부여받고 있으므로 권한쟁의심판의 당사자 능력이 있다(2008. 3. 27 헌라1)."

가처분은 비록 최종 본안 판결에서 승리하더라도 결과를 기다리는 동안 돌이킬 수 없는 손해가 발생할 우려가 있는 경우에 처분의 효력을 일시 정지시켜달라는 요청이다. 통상의 경우 3개월 이내에 판단을 내린다. 헌법재판소가 마음을 먹으면 즉시 가처분 결정을 내릴 수 있다. 나는 헌법재판소 소장을 포함한 재판관 9인 모두와 어느 정도 친분이 있었다. 그래서 더욱 조심스러웠다. 말없이 추이를 지켜볼 수밖에 없었다.

4월 6일, 국무회의를 통과한 국가인권위원회 직제령이 관보에 게재되었다. 이제 돌이킬 수 없는 법적 현실이 된 것이다. 당일 아침 전원위원회를 열고 대국민 호소문을 결의했다. 10시, 기자들이 운집한 가운데 호소문을 발표했다.

"조속한 업무의 정상화를 위해 헌법재판소가 가처분에 대한 판단을 신속히 내려줄 것을 강력하게 요청합니다. …국가인권위원회는 헌법재판소를 통한 법적 대응과는 별도로 향후 국가기관으로부터의 실질적 독립을 확보할 수 있는 제도적 방안을 적극 모색할 것입니다. …직제령 개정에 따른 일련의 후속조치를 인권위답게 객관성, 공정성, 투명성을 기초로 진행할 것입니다, 또한 업무 수행의 집중도와 효율성도 제고할 것입니다. 직제령 시행은 우리 위원회의 구성원

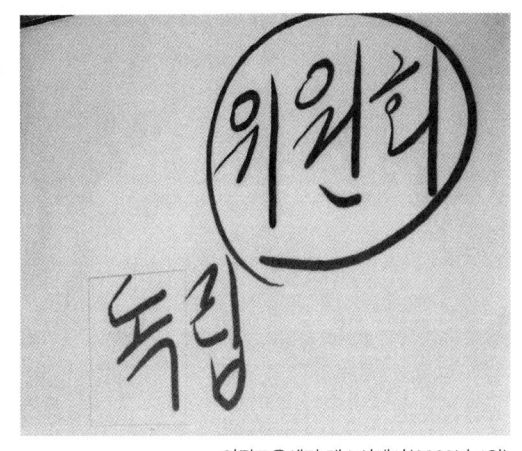

인권교육센터 개소식에서(2009년 4월)

들에게 쓰라린 상처를 안겨줄 것이나, 우리는 그 아픔을 달래면서 국민이 부여한 소임을 차질 없이 수행할 것입니다. 절차와 내용에 흠이 많은 직제령을 하루속히 원점으로 돌리고 싶은 마음 간절하지만, 동시에 직제령 시행이라는 법적 책무를 간과할 수 없습니다."

208명 전원을 일단 사무처로 발령 내고 새 조직에 맞추어 각 부서에 일시적으로 지원 근무하는 형식을 취했다. 이어서 구체적인 인원 배치 작업에 들어갔다. 일반직 공무원은 신분 자체에는 영향이 없지만 별정직은 6개월 후면 자동적으로 자리를 잃게 된다. 계약직은 계약기간 만료 후 재계약이 불가능하다. 각 직급마다 정원이 정해져 있고, 정원의 범위 내에 속하지 않은 사람을 정원 외 '초과 인원'으로 분류해야 한다. 종합적인 근무평정이 따라야 한다. 일반직 공무원은 타 국가기관으로 전출할 수 있다. 하위 직급은 전출이 비교적 용이하지만 4급 서기관 이상의 간부는 지극히 힘들다. 전입을 받아줄 부처도 마땅치 않으려니와 어렵사리 자리를 얻어도 '굴러 들어온 돌' 신세가 되기 십상이다.

2002년 11월, 출범 1년이 경과한 시점의 인권위는 직업공무원 출신이 전체의 약 60퍼센트를 점하고 있었다. 당시까지 공무원에게 인권이란 업무는 생소했다. 정부 입장을 지키는 데 훈련된 이들에게는 정부에 대해 문제를 제기하는 인권위의 업무는 근본적인 발상의 전환을 요구하는 것이었다. 나머지 40퍼센트는 시민단체, 연구소 등 민간 출신이다. 이들은 직업공무원과는 정반대로 문제를 제기하는 능력이 뛰어나지만 정부의 입장에 서서 문제를 푸는 지혜를 배양할 기회가 없었다. 이렇듯 확연하게 대조되는 경력과 성향의 두 부류 사이에 갈등이 없을 수 없었다. 그러나 설립 5년이 지나 내가 취임한 시점에는 나름대로의 조화가 이루어지고 있었다. 하지만 초기에 일반직 공무원이 느꼈던 상대적 박탈감의 여운이 남아 있었기에 나는 특히 이 점을 유념하고자 애썼다. '국가기관'을 안정적으로 운영하기 위해서는 별정직, 계약직 공무원의 일반직 전환이 필수적이었다. 내가 부임하기 얼마 전에 경력 요건을 갖춘 민간 출신 직원들이 대거 일반직으로 전환했다. 물론 소정의 법적 절차를 거친 것이었다. 그러나 한나라당과 보수 성향의 언론은 이러한 조치를 고깝게 여기고 있었다. 나도 기회가 닿으면 나머지 별정직과 계약직을 일반직으로 전환시키고 싶었다. 그러나 재임 중 한 건도 성사시키지 못했다. 마치 내 속내를 간파라도 했는지 한 일간지는 내가 취임한 직후 대대적인 일반직 전환이 이루어졌다는 오보를 냈다. 청년 시절 이래 흠모에 가까운 애정을 가꾸었던 신문이라 더욱 실망이 컸다. 그 신문은 4월 7일 "인원 감축 시행령 막판 수정-시민단체 출신 별정직 간부 살리기", 8일 "청와대 '인권위 별정직 간부 살리기' 진상 조사", 9일 "인권위 11명 줄이고 인사 마무리-행안부 추가 감축해야"라는 선정적인 제목을 달면서 끈질기게 인권위 탄압의 정당성을 홍보했다. 총체적 위기 상황에서도 자신의 이해와 입지를 챙기는 것이 인간의 사악한 본성인가. 이 틈을 노려 '외인부대' 동료를 몰아내기 위한 정부의 음모에 은밀하게 가담한 내부인도 있었다는 쓸쓸한 후문이다. 그런가 하면 자신보다 처지가 어려운 동료를 위해 '정원 외 초과 인원'으로 분류되기를 자원한 눈물겨운 미담도 있다.

4월 8일, 인사 절차를 마무리했다. 대상자 44명 가운데 팀장급 11명은 보직 발령을 받고 나머지 11명은 대기 발령을 받았다. 직원 33명도 대기 조치되었다. 인사 결과를 통보하면서 내부 통신망에 「동료 여러분께 드리는 글」을 올렸다. 내게는 사본이 남아 있지 않다. 다음 날 한 신문에 몇 구절 인용되어 있다.

"지금 이런 현실이 닥치리라고는 미처 예상하지 못했습니다. '결자해지'라는 말이 오늘처럼 야속한 적이 없었습니다. …저의 육십 평생에 가장 어려운 선택을 강요받았습니다. 누구를 선택하기도 버리기도 힘든 인사권자로서 '사람은 운명 아래서만 죽을 수 있다.'는 비장한 수사를 떠올리게 됩니다. 오늘 내가 여러분에게 강요하는 희생은 후일 우리의 인권사에 장엄한 순교로 기억될 것입니다."

우리 시대 지식인 독자에게는 해방 후 한국 문학사에 최고의 작품 중 하나로 인식되는 이병주의 「관부연락선」의 마지막 구절이다. 그 신문은 "대기 발령을 받은 팀장조차도 위원장의 편지에 눈물을 흘렸다."라고 전했다.

노무현 대통령 서거

화불단행(禍不單行)이라고 했던가? 엎친 데 덮친 격으로 5월 23일, 토요일 노무현 전 대통령이 서거했다. 그는 바위에서 뛰어내려 지극히 부자연스러운 죽음을 택했다. 바로 그날 인권위는 경기도 과천의 한 공원에서 가랑비가 뿌리는 가운데 조촐한 체육대회를 열고 있었다. 전통대로 가족을 동반한 행사였다. 춘래불사춘(春來不似春), 몸담고 있는 기관의 불행에 봄조차 빼앗겨버린 직원들의 가라앉은 마음을 달래자는 뜻이었다. 행사 도중 비보를 전해 듣고 순간 왈칵 눈물이 쏟아져 주체할 수가 없었다. 후미진 곳으로 몸을 감추는 나의 뒤를 한 직원이 따라와서 쪼그려 앉는 나의 등을 토닥거려주었다. 그녀의 마음의 온기를 오래 기억한다. 서둘러 행사를 마감했다.

노 대통령의 '내몰린' 죽음에 청와대도 몹시 당황했다. 논란 끝에 '국민장'으로 장례를 치르는 것으로 결정되었다. 정부 의전에 따른 의식이다. 외적인 형식은 결정되었다지만 정부의 그 누구도 선뜻 성의 있게 챙기는 것 같지 않았다. 이러한 정부의 미온적인 태도에 불만을 품은 일단의 사람들이 덕수궁 대한문 앞에 임시 조문소를 설치했다. 많은 사람들이 정부가 곳곳에 설치한 공식 조문소를 외면하고 비공식 조문소로 몰려들었다. 당황한 경찰이 조문객을 차단했다. 나는 정부의 옹졸한 태도에 크게 실망하고 분노했다. 점심시간에 비서에게도 알리지 않고 혼자서 직접 조문소에 들렀다. 행여 나를 제지하면 정식으로 문제 삼을 생각이었다.

주말에 봉하마을 조문소에도 들렀다. 현직으로서 당연한 일이었다. 봉하마을은 그때가 처음이다. 나는 자리에서 퇴임하면 노 대통령을 정식으로 방문하여 예의를 갖추리라 작정하고 있었다. 그가 그렇게 떠날 줄 알았더라면 몹시 힘들어했을 그때에 전화라도 한 통 드렸더라면 하는 회한도 들었다. 우울한 날들이 이어졌다. 인권위 건물이 소재한 시청 인근에도 수많은 기관이 들어서 있다. 사위를 둘러봐도 국민장으로 치르는 대통령의 죽음을 애도하는 조기가 걸린 건물은 단 하나도 보이지 않았다. 출퇴근길에 눈여겨 챙겨 보아도 서울 시내 어느 건물에도 조기는 보이지 않았다. 마침 사무총장이 조심스럽게 물어 왔다. 우리라도 조기를 걸면 어떻겠느

노무현 전 대통령 서거 애도 현수막(2009년 5월)

냐고. 내심 고마웠다. 즉시 대형 포스터가 인권위 건물에 내걸렸다. 노랑 바탕에 활짝 웃는 대통령의 모습이다.

"노무현 전(前) 대통령의 서거를 애도합니다."

인권위의 의도가 무엇이냐고 청와대에서 문의해 왔다는 소식을 들었다. 분노가 치밀었다. 그렇게 옹졸한 태도를 취하다니, 이유야 어쨌든 정부가 국민장으로 결정한 전직 대통령의 죽음이 아닌가? 사석에서 이명박 대통령이 돌아가셔도 마찬가지 예우해드릴 것이라고 했더니 듣는 사람이 매우 불편해하는 기색이었다. 국민장 기간 동안 내내 포스터가 걸려 있었다. 내심 이왕 내건 바에 49재를 마칠 때까지 걸어두고 싶을 정도로 반발심이 들었다. 그런데 쏟아진 비바람에 포스터가 날아가버리고 말았다.

실패한 요르단 작전

나라 안의 사정이 그렇다손 치고 국제사회에는 어떻게 내 나라의 상황을 변명해야 할지, 실로 난감했다. 국제사회는 대한민국의 '반인권'적 상황에 깊은 우려를 표하고 있었다. 그해 1월 20일, '용산 철거민 참사 사태'가 일어났다. 그날 새벽, 경찰특공대가 철거민들이 농성을 위해 옥상에 세운 망루에 진입했다. 문자 그대로 '전광석화' 같은 작전이었다. 농성이 시작된 지 불과 25시간 만에 작전이 완료된 것이다. 이 과정에서 농성자 다섯 사람과 경찰 한 사람이 사망하는 비극이 일어났다. 불법 시위에 대한 정당한 공권력의 행사라는 법원의 판결이 따랐고, 살아남은 농성자들은 4, 5년 징역이라는 중형을 선고받고 복역 중이다. 상식에 어긋난 무리한 경찰의 진압이었다는 국내외 여론에도 불구하고 경찰에 대한 책임 추궁은 전혀 없었다. 며칠 전, 당시의 현장 상황과 후일의 재판 과정을 담은 기록영화 「두 개의 문」을 관람했다. 나를 알아보고 인사를 건네는 젊은 경찰관들이 많았다. 모두가 숙연하게 감상했다. 영화가 끝난 후 잠시 그들과 담소라도 하고 싶었지만 새삼 무거워진 마음을 주체하지 못하고 서둘러 자리를 떠났다.

국제사회가 이명박 정부의 인권 탄압을 비난하자 국내 문제에 국제기구를 끌어들이는 것은 사대주의의 발상이라는 한나라당 초선 의원의 발언이 나왔다. 국제사회를 무대로 자라나야 할 젊은이의 수준이 이 정도라니, 실로 한심하기 짝이 없었다. 아시아·태평양 지역 국가인권기구협의회(APF) 사무국에서는 조바심이 났다. 나의 거취에 대해 물어 왔다. 8월 초, 요르단에서 열릴 연례총회에서 이듬해 3월, 제네바 ICC 총회에서 정식으로 선출할 의장 후보를 결정하도록 되어 있었다. ICC 의장은 5개 대륙별로 3년 주기로 돌아간다. 2010년 3월부터는 아태 지역에서 맡기로 정해져 있었다. 이번 기회를 놓치면 15년 뒤에나 차례가 돌아온다. 현직 부의장인 나는 지난 1년 동안 감히 누구도 넘보지 못할 정도로 잠재적 경쟁자들을 제압해두고 있었다. 나는 회장국 수임에 대비하여 캐나다 인권위원회에 과장 한 사람을 파견해두고 있었다. 제니퍼 린치 의장과 협의하여 차기 의장의 역할을 철저하게 준비하고 있었던 것이다. 아태 지역에는 물론 ICC와 제네바 인권사회에서 나는 '안 교수(Professor Ahn)'로 통칭되고 있었다. 그만큼 한국 인권위의 위상이 높았다. 지금도 제네바에서는 내 근황을 묻는 유엔 직원들이 더러 있다고 한다.

나는 한국 인권위의 일시적인 불운을 틈타 다른 나라가 자리를 노리지 못하도록 예의 주시하고 있었다. 이틀이 멀다 하고 시드니의 APF 사무국과 소통하고 있었다. 사무국의 보고에 의하면 지난 3월 이래 한국 정부의 인권위 탄압 소식이 국제 인권사회의 주요 뉴스가 되면서 한국의 위상이 심하게 추락했다. 그렇지만 내가 자리를 지키는 한, ICC 의장에 선출되는 데는 지장이 없다는 것이었다. 어쩌면 국내 상황이 그러하기 때문에 더욱더 한국 인권위와 나의 존재가 부각될 것이라는 것이다. ICC 의장은 국가의 대표가 아닌 개인의 자격에서 선출된다. 다만 그 개인은 자국 국가인권기구의 현직 수장이어야 한다. 나의 임기는 10월 말로 종료된다. 그런데 ICC 의장은 이듬해 3월 정식으로 선출된다. 나는 내 후임자로 하여금 그 자리를 맡게 하고 싶었다. 사무국에서는 그동안 '대한민국 인권위'와 '안 교수'는 상호 분리할 수 없는 동일체로 인식되었으니 내 후임자가 국제사회에서 어느 정도 지명도가 있는 사람이면 가능하지 않겠냐는 의견이었다. 그러나 전혀 생소한 인물이면 난관이 있을 것이다. 그 경우에는 내가 적극적으로 나서서 지원하고 보증해야 할 것이라고 했다. 물론 나는 그렇게 할 생각이었다. 그래서 8월 초의 일정을 비워두고 있었다.

나 자신의 연임은 고려 밖이다. 여태껏 업무 보고조차 받아주지 않은 대통령이다. 게다가 대통령을 상대로 소송까지 하지 않았나? 그러니 연임이란 상식적으로 있을 수 없는 일이다. 설령 대통령이 나의 연임을 요청하더라도 내가 수용할 의사가 없었다. 축소된 조직을 원상회복시켜주면 모르되, 더 이상 학교를 비울 수도 없다. 3년이면 충분했다. 장기간의 휴직은 내가 소속한 대학의 전통과 정서에 어긋나는 일이다. 그러나 이러한 외형적 조건들보다도 나는 교수 생활이 그립기 짝이 없었다. 그동안 밀린 독서와 연구, 자유로운 여행과 집필에 심한 갈증이 나 있었다. 시종일관 사방에서 공격만 받는 대한민국 인권위의 수장 자리는 내게 너무나도 불편한 자리였다. 당초 내가 그 자리를 맡게 된 것도 내가 나서서 원했기 때문은 아니다. 참여정부의 실세도, '코드'에 맞아떨어지는 사람도 아닌 내게 그 자리가 돌아온 것은 당시 야당이던 한나라당에서도 심하게 반대하지 않을 사람을 구한 고육지책 때문이 아니었나. 그러니 안 할 말로 이 정도 시달렸으면 족하지 않았나 싶은 마음이었다.

친분이 있는 한 야당 중진 의원은 내가 임기의 마지막 하루까지 자리를 지켜야 한다고 강권했다. 그의 판단은 단호했다. 이 대통령의 안중에는 국제사회니, 인권이니 하는 것은 전혀 없다. 더더구나 이미 눈에 가시가 박힌 인권위가 국제사회에 부각되는 것을 좋아할 리가 없다. 그런가 하면 또 어떤 지인은 일단 내가 ICC 의장 자리를 확보한 연후에 정부와 흥정해 보라고 권유하기도 했다. 청와대의 모 인사도 일단 의장 자리를 확보하라, 그러면 당신이 연임하거나 아니면 후임자 결정에 영향을 미칠 여지라도 있지 않겠는가라는 취지로 충고했다. 그러나 전혀 현실성이 없을 뿐만 아니라, 그런 편법으로 국제사회를 기망할 수는 없는 일이다. 나는 정치인도 아니고, 인권위 또한 정치적 기관이 아니다.

김형오 국회의장에게도 오래전에 뜻을 전하고 측면 지원을 요청했다. 그는 "당신이야말로 진정한 애국자"라며 덕담을 했다. 그러면서 노력해보 겠지만 장담하지 못하겠다고 안타까워했다. 그도 이미 대통령에게 건의할 수 있는 위치가 아닌 듯했다. 국회의장 취임과 동시에 '대승적 차원'에서 들고 나왔던 개헌 의제가 청와대에서 막히자 낙담하고 있었다.

6월 중순, 청와대에 월말쯤 사임하겠으니 후임자를 빨리 선정하라고 통보했다. 오래전에 업무의 채널인 민정 라인이 막혀 있었기에 정정길 대통령실장과 다른 수석에게 전했다. 일단은 사퇴를 보류해달라는 답신이 왔다. 나는 ICC 의장 문제를 강조했다. 천재일우의 기회인데 나라의 입장에서는 놓치기 아까운 일이다. 얼마 전 오지철 관광공사 사장을 국제기구에 진출시키기 위해 정부가 전력투구한 예도 있었다. 나는 전임 대통령이 임명한 사람이고 경위야 어쨌든 정부와 이렇게 사이가 악화되지 않았는가. 후임자는 제대로 된 사람을 임명해달라. 국제사회에서 수용할 수 있는 유능한 사람을 임명해주면 그의 의장 선출을 위해 내가 적극 나서겠다고 약속했다. 그리고 새 위원장을 격려하는 의미에서 대통령께서 등을 두드려주시면 좋지 않겠나. 구체적으로 의장국이 되면 감소된 인원도 충원해주고 예산도 지원해주면 되지 않느냐, 그러면 이 정부의 대외적 이미지도 크게 개선되지 않겠는가? 혹자는 구체적으로 누구이면 국제사회에서 통용될 수 있겠는가 물어 오기도 했다. 나는 나름대로 몇몇 사람을 거론했다. 시민사회에서도 크게 반대하지 않을 법한 인물이어야 한다. 이렇듯 몇 차례의 교신이 있은 뒤라 나는 어느 정도의 교감이 이루어진 것으로 낙관했다. 그러나 그것은 나의 중대한 착각이었다. 국제적으로 명성이 높았던 한 여성 후보자는 '여성은 조직 장악력이 약해서 안 된다.'는 이유로 제외되었다는 후문이다. 이명박 대통령은 인권위를 '장악'할 대상으로 여겼는지도 모른다.

예상 밖의 후임자

6월 30일, 예고한 대로 사직서를 제출했다. 최경숙 상임위원을 직무대행으로 임명했다.

7월 8일 사표가 정식으로 수리되었다. 동료들이 성대한 이임식을 열어주었다. 나는 이임사에서 일찍 떠나는 사유를 밝히고 마지막까지 희망의 등불이 꺼지지 않았음을 암시했다.

"법이 보장한 임기 만료일을 기다리지 못하고 앞서 물러나기로 결심한 사유는 지난 6월 30일, 사직서를 제출하면서 간략하게 밝혔습니다. 되풀이하여 말씀드리건대 새 정부의 출범 이래 발생한 일련의 불행한 사태에 대한 강한 책임을 통감함과 동시에, 정부의 지원 아래 새로 취임할 후임자

이임식(2009년 6월)

로 하여금 그동안 심각하게 손상된 국제사회에서의 한국 인권의 위상을
회복하고 인권 선진국으로서의 면모를 일신할 전기를 마련해드리고 싶은
강렬한 소망과 충정 때문입니다."

"존경하는 이명박 대통령께 간곡하게 호소합니다. 대통령께서는 유엔
총회가 결의를 통해 채택한 국가인권위원회의 설립과 운영의 원칙을 존중
하고 국제사회의 우려를 경청하시기 바랍니다. 저의 후임자는 정부와 국민
의 존중과 사랑을 받아, 지난 8년간 위원회가 범한 약간의 시행착오를 극복
하는 한편, 그동안 이룩한 찬란한 업적을 발전적으로 승계하기 바랍니다."

과연 대통령에게 나의 마지막 충정이 전달되었을까? 누가 후임자가 될
지 궁금하기 짝이 없었다. 열흘 후, 무심코 텔레비전을 보다 자막에 뜬 석
자를 읽었다. '현병철', 실로 뜻밖이었다. 새삼 듀렐의 구절이 떠올랐다.

"사랑과 도박은 같은 것, 언제나 잃기 마련인 게임이다."

나의 나라 사랑, 나의 인권 사랑은 도박이었다. 프로 벽창호를 상대로 한, 당초부터 무모한 나의 도박은 처참하게 실패했고, 나는 마지막 넉 달을 참아내지 못하고 좌절 속에 중도 하차한 비겁한 위원장이 되고 말았다.

지리산으로 향했다. 이병주 문학관에 침식을 맡겼다. 그러면서도 행여나 요청해 오면 8월 초, 요르단으로 날아가서 새 위원장을 지지해야 하지 않을까, 연설문 초안을 구상했다. 모두가 부질없고 주제 넘친 사랑의 미몽이었다. 인권, 내 스스로는 끊을 수 없는 사랑이다. 그러나 도대체 정체를 모르기에, 속일 수도 없는 사랑의 여인이다. 다시 로렌스 듀렐의 말이다.

"참으로 이상한 일이다. 그녀에게는 그가 가장 어울리는 사람이었어. 그런데 사랑의 법칙이란 묘한 것이거든. 소위 가장 '적격자'라는 사람은 적기에 나타나는 법이 없지. 너무 일찍이 아니면 너무 늦게 출현하는 법이거든."

이임사

친애하는 국가인권위원회 동료 여러분, 인권을 지고의 가치로 신봉하는 국민 여러분, 저는 제4대 국가인권위원회의 위원장에서 물러나 한 사람의 시민으로 돌아갑니다. 2년 8개월 남짓 전인 2006년 10월 30일, 바로 이 자리에서 저는 어떠한 어려움이 닥치더라도 제게 주어진 3년의 법정 임기를 채우겠다는 결의를 공언했습니다. 그러나 그때 그 약속을 지키지 못하고 앞당겨 떠나게 됨을 양해해주시기 바랍니다.

법이 보장한 임기 만료일을 기다리지 못하고 앞서 물러나기로 결심한 사유는 지난 6월 30일, 사직서를 제출하면서 간략하게 밝혔습니다. 되풀이하여 말씀드리건대 새 정부의 출범 이래 발생한 일련의 불행한 사태에 대한 강한 책임을 통감함과 동시에, 정부의 지원 아래 새로 취임할 후임자로 하여금 그동안 심각하게 손상된 국제사회에서의 한국 인권의 위상을 회복하고 인권 선진국으로서의 면모를 일신할 전기를 마련해드리고 싶은 강렬한 소망과 충정 때문입니다.

당초 취임의 변에서 말씀드렸고, 기회 있을 때마다 되풀이하여 강조했듯이 저는 인권이란 이념적 좌도 우도 아니고, 정치적 진보도 보수도 아닌, 그야말로 모든 사람이 일용할 양식인 인류 보편의 가치라는 믿음을 안고 살았습니다. 이 평범한 소신을 국가인권기구의 수장으로 지켜야 할 가장 으뜸가는 업무 수칙으로 삼았습니다. 그래서 언제나 엄정한 정치적 중립을 강조했으며, 위원회와 '긴장 어린 동반자'의 관계인 시민사회와도 일정한 거리를 둘 것을 주문하기도 했습니다. 또한 모든 언론에 대해서 동일한 기준과 성의로 자료 제공과 홍보 활동을 할 것을 독려하고, 제 스스로 나서기도 했습니다.

그러나 이러한 저의 소신과 노력은 극단적인 분리와 대립이 항다반사가 되어버린 세태 아래 빛을 잃었습니다. 이념적 지향이나, 정치적 입장을 떠나, 모든 사람이 사람답게 살고 존중받는 일상의 인권을 신장하기 위해 쏟은 노력은 정권 교체기의 혼탁한 정치기류에 막혀 걸음을 내딛지 못하고 있습니다. 국가인권위원회의 설치 근거나 법적 업무와 권한에 대한 성의 있는 이해를 애써 외면하는 듯한 몰상식한 비판, 무시, 편견, 왜곡의 늪 속에서 갈무리할 수 없는 분노와 좌절을 겪은 사람이 저 혼자만이 아닙니다.

자리에서 물러나면서 재직 중에 얻고 쌓은 자신의 소회를 속속들이 드러내는 것은 결코 바람직한 공직자의 자세가 아니라고 생각합니다. 자신에게 '필요한 것은 시간이고, 당분간 할 수 있는 것은 침묵뿐'이라는 금언도 익히 듣고 있습니다. 그러나 막연히 먼 장래를 기약하면서 홀로 가슴속에 담아두기에는 너무나도 간절한 소망이 있기에 감히 몇 마디 당부와 호소의 말씀을 드리고자 합니다.

우리 모두가 자부하듯이 한동안 우리나라는 아주 짧은 기간에 정치적 민주화와 경제 성장을 동시에 이룩한 경이로운 나라로 국제사회의 평가를 받아왔습니다. 국민의 일상을 짓누르는 군사독재의 질곡을 벗어던지고 대다수 국민이 일상적 자유의 공기를 만끽하는 나라로 발전했습니다. 사회의 발전에 따라 인권의 외연이 크게 확대되었고, 다양한 세계관과 삶의 행태가 공존하는 관용의 사회로 이행하고 있습니다. 이러한 우리의 성취는 많은 후발 국가들에게 희망의 등불이 되었습니다.

그러나 그렇게나 많은 나라의 시샘과 부러움을 사던 자랑스러운 나라였던 대한민국이 근래에 들어와서 모두가 손가락질하는 부끄러운 나라로 전락할 위기에 처해 있습니다. 지난해 7월, 고국을 방문한 반기문 유엔 사무총장이 내뱉다시피 던진 충격적인 고백을 생생히 기억합니다. "국제사회에 나가 보니 내가 한국 사람인 것이 부끄러웠다."는 유엔 수장의 솔직한 고백이 곧바로 국제 인권지도에 기록된 우리나라의 현주소가 아닐까 싶습니다. 이 서글픈 현실을 수치스럽게 받아들이는 정부 관료나 국민의 숫자도 많지 않다는 사실이 더욱 수치스럽기도 합니다.

아직도 우리의 인권의식은 과거에 자행되던 국민의 생명과 신체에 직접적인 위해와 같은 노골적인 인권 유린의 악몽의 포로가 되어, 진정한 선진사회를 향한 전향적인 발돋움을 위해 먼저 갖추어야 할 의식의 선진화를 이루지 못하고 있습니다. 인권의 고귀한 가치는 정권의 교체나 연장에 따라 달라질 수 없을 것입니다. 정권의 교체는 국민의 선택입니다. 그러나 결코 국민은 인권의 탄압이나 후퇴를 선택할 리 없습니다. 앞선 정권의 실정의 유산을 시대의 흐름에 따라 수반된 필연적인 변화로부터 구분해내지 못하면 때때로 시대착오적인 반인권정책의 유혹에 빠지기 십상입니다. '선진사회'를 기치로 내걸고 압도적인 국민의 지지로 출범한 이명박 정부는 1년 반이 지난 이날까지 그 장점이 만개하지 않고 있다는 평을 듣고 있습니다. 국가인권위원회의 수장으로서 느낀 소감은 적어도 인권에 관한 한, 이 정부는 의제와 의지가 부족하고, 소통의 자세나 노력은 거의 보이지 않는다는 것입니다. 지난해 1월, 신정부의 정식 출범에 앞서 5년의 재임 기간 동안 이명박 대통령이 추진할 국정 과제의 청사진을 입안했던 대통령직 인수위원회는 '과도하게 높아진' 인권위원회의 위상을 '바로잡기' 위해 법적으로 독립기관인 위원회를 대통령 직속 기관으로 변경하겠다는 계획을 발표하여 국내 인권 옹호자들의 반발은 물론 국제사회의 엄중한 경고를 받아야 했습니다. 2001년에 설립된 기관이기에 인권위원회는 이른바 '좌파 정부'의 유산이라는 단세포적인 정치 논리의 포로가 된 나머지, 1993년 유엔 총회의 결의에 부응하여 설립된 기구라는 것, 권고결의 당시에 국가인권기구를 보유한 유엔 위원국이 5, 6개국에 불과했으나 15년이 지난 오늘에 120개국으로 급증한 사실을 감안하면, 그 누가 대통령에 선출되었더라도 필연적으로 탄생했을 기관이라는 사실은 추호도 의식하지 못하고 있습니다. 이렇듯 국제 인권의 추세에 둔감한 정부이기에 지난 3월 말에는 '효율적인 운영'이라는 미명 아래 적정한 절차 없이 유엔 결의가 채택한 독립성의 원칙을 본질적으로 침해하는 기구의 축소를 감행함으로써 또다시 국제사회의 조롱거리가 되고 있습니다.

정부 내에서도 국가인권위원회의 역할과 국제사회의 흐름을 너무나도 잘 알고 있을 고위 공직자들조차도, 위원회를 특정 목표로 삼은 명백한 보복적인 탄압에 침묵하고 심지어는 불의에 앞장서는 안타까운 현실에 실로 깊은 비애와 모멸감을 감출 수가 없습니다. 아무리 내 나라, 내 정부에 대해서 불만이 깊더라도 국제사회에서는 내 나라, 내 정부의 입장을 최대한 옹호하는 것이 공직자의 도리임을 믿는 저이지만 그간 빚어진 실로 수치스럽기 짝이 없는 일들을 국세사회에서 변론할 자신과 면목이 없습니다. '청구인 국가인권위원장, 피청구인 대통령'이라는 법적 형식을 취한 권한쟁의심판의 청구를 헌법재판소에 제기할 수밖에 없었던 것도 입장이 다를수록 요구되는 정부기관 간의 대화와 소통의 부재가 빚어낸 비극이기도 합니다. 지난 20년간, 한국의 민주화를 제도적으로 이끌어왔다는 칭송을 받고 있는 헌법재판소는 국제사회가 주목하고 있는 이 사안을 심사숙고하여 결정을 내려주실 것을 믿습니다.

국제적 기준에 따라 설립된 국가인권위원회의 소임은 한 사안에서 나라 전체의 균형을 잡는 데 있지 않습니다. 국가권력의 남용과 부주의에 대해 경종을 울리는 일, 그것이 인권위원회의 본연의 소임입니다. 모든 국가기관을 대리하여, 약자의 호소에 귀를 기울이고, 이를 바탕으로 정부에 대해 고언을 제공하는 일, 그것이 국가인권위원회의 본질적인 임무입니다. 강자와 다수자에게 생길지 모르는 약간의 불편을 무릅쓰고라도 약자와 소수자의 인권을 보장함으로써 사회 전체의 균형을 유지하는 것, 이것이야말로 민주국가, 인권국가, 법치국가의 본령입니다. 힘없는 자의 분노를 위

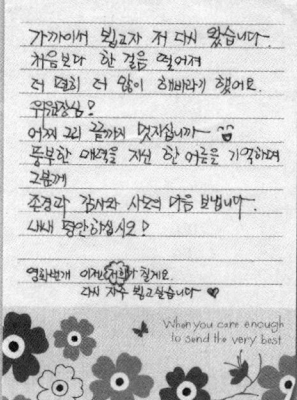

가까이서 뵙고자 저 다시 왔습니다.
처음보다 한 걸음 멀어져
더 멀리 더 앞이 헤매라가 했어요.
위원장님?
어쩌 그리 끝까지 멋지십니까 ~
풍부한 매력을 지닌 한 어른을 기억하며
그렇게
존경과 감사와 사랑 마음 보냅니다.
내내 평안하십시오 ♡

영화쏙께 어떻게든 찾을게요.
다시 자주 뵙고싶습니다 ♥

흔들리지 않고 피는 꽃이 없듯이.
희망하지 않으로 그대로 피우다 가듯이.
그래, 희망의 꽃을 피우겠습니다.

누가 위원장님의 집 정문을 발받침을기하여
휠문으로 돌아 들어가게 돼도 경우가 있어요.
그것이 우리 사회 맞잡받고 있는 1억 자들의 목소리로
배우 해 위한 반영이라며……
그런 우리가 강해야 하듯, 다가 "불편한가 것"
뱅이라는 위원장님의 믿음……
가슴깊이 새기고 있습니다.

그동안 정말 너무 많이 고생하셨습니다. 위원장님~
환영갔었던 위원장님의 따뜻한 미소……
잊지않겠습니다.

그동안 정말, 감사했습니다. 위원장님!
다시 뵐때까지 건강하십시오……

2009. 7.

저는 운이 좋은 사람입니다.
인생을 살면서 크게 성공하진 못했지만
사람으로서 진정으로 가치 있는 것들을 고생할 수 있어서
다행입니다.

저는 운이 좋은 사람입니다.
한 사회를 살면서 만나야 할 좋은 사람들을 만나서
그들의 충고를 듣고, 함께 웃음도 나눌 수 있어서
행복합니다.

저는 운이 송연히 좋은 사람입니다.
진심으로 존경할 수 있는 어른들 받았습니다.
...를 닮을 수 있어서 영광...였습니다. care enough
안녕히 계십시오, 존경합니다 to send the very best

세상에 태어나
生의 먼 길을
쉼 없이 걸어갈 때
인간에게서 한 있이 소중한
참된 삶이란 무엇인가?

When you care enough
to send the very best

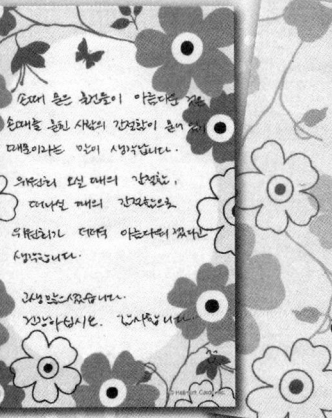

언제 훈 회상들이 아름다운 것...
한때를 눈과 사랑의 간결함이 훈...
대등이라는 말이 생각납니다.

위원회와 되신 때의 간결함과,
...대신 때의 간결함으로,
위원회를 더욱 아름답게 만드신...
생각합니다.

그걸 믿고스럽습니다.
건강하십시오, 감사합니다.

항상
그러나
온화한 웃...
벗설 때 늘리실 때
구사하셔서 모습...
자주 기억날 것 같습니다.

위원장님!
어려운 시기에 위원회에 오셔서
마음고생이 너무 많으셨지요?
저희 직원들은 위원장님이 계신 동안
너무 든든하고 힘이 되었습니다.
정말 감사드립니다. 사랑합니다!!

인권위 직원들은 이임식에서 내게 잊지 못할 선물을 주었다.

무하고, 가난한 사람의 한숨과 눈물을 담아내는 일에 인색한 정부는 올바른 정부가 아닙니다. 흔히 소수자의 인권도 중요하지만, 다수자의 인권이 더욱 중요하다고들 말하기도 합니다. 그러나 이러한 불평은 인권의 본질에 대한 성찰의 부족에서 유래한다고 생각합니다. 인권은 다수결이 아닙니다. 사회의 모든 기제가 다수자와 강자의 관점과 이해를 옹호하는 데 초점이 맞추어져 있기 마련입니다. 그것이 인간세상의 자연적 속성이기에 인권의 본질은 강자의 횡포로부터 약자를 보호함으로써 최소한의 인간적인 삶을 보장하는 데 있는 것입니다.

언론에도 고언을 드립니다. '무관의 제왕'이라는 전래의 별칭이 상징하듯이 민주사회에서 언론의 권능은 실로 막강합니다. 그러기에 언론이 짊어져야 할 책임 또한 무겁습니다. 다수의 독자에게 영향을 미치는 거대 언론의 경우는 더욱더 그러합니다. 인권위원회의 생명이 업무의 독립성에 있듯이, 언론의 생명은 정확한 사실의 보도에 있다는 것을 그 누구도 부인하지 못할 것입니다. 특정 언론사의 정치적 입장이나 이해관계가 걸린 사안에서도 보도는 정확한 사실이 전제되어야 한다는 것은 언론의 기본 양식이자 독자에 대한 최소한의 예의일 것입니다. 이른바 '북한 인권'이나 '촛불집회' 사건의 예에서 보듯이 국가인권위원회의 법적 권능에 대한 무지, 오해, 사실 왜곡과 같은 부끄러운 언론 행태는 불식되어야 할 것입니다.

친애하는 국가인권위원회 동료 여러분, 인간의 존엄을 숭상하는 국민 여러분, 이제 저는 물러납니다. 비록 짧은 기간이었지만 정치적 배경과 철학이 다른 두 분의 대통령의 재직 중에 국제적 관심이 집중된 독립기관의 장의 직을 수행한 행운은 여느 대한민국 국민이 누리지 못한 특권과 축복이었습니다. 다만, 단 한 차례도 이명박 대통령께 업무 보고를 드리지 못하고 자리를 떠난 무능한 인권위원장으로 역사에 남게 된 것은 제 개인의 불운과 치욕으로 삭이겠습니다. 그러나 다시는 이러한 비상식적인 일이 되풀이되지 않기를 간절히 바랍니다. 존경하는 이명박 대통령께 간곡하게 호소합니다. 대통령께서는 유엔 총회가 결의를 통해 채택한 국가인권위원회의 설립과 운영의 원칙을 존중하고 국제사회의 우려를 경청하시기 바랍니다. 저의 후임자는 정부와 국민의 존중과 사랑을 받아, 지난 8년간 위원회가 범한 약간의 시행착오를 극복하는 한편, 그동안 이룩한 찬란한 업적을 발전적으로 승계하기 바랍니다.

흔들리지 않는 신뢰와 사랑으로 저를 지켜주었던 동료들께 감사를 드리고, 위원회의 독립성을 유린하면서 강행한 정부의 폭거로 인해 창졸간에 직장을 잃게 된 동료 직원들에게 깊은 위로와 사죄의 말씀을 드립니다.

우리 모두 잘 알고 있습니다. 인권의 길에는 종착역이 없다는 사실을. 또한 우리는 너무나 잘 알고 있습니다. "정권은 짧고 인권은 영원하다."는 만고불변의 진리를. 우리들 가슴 깊은 곳에 높은 이상의 불씨를 간직하면서 의연하게 걸어갑시다. 외롭지만 떳떳한 인권의 길을. 오늘 우리를 괴롭히는 이 분노와 아픔은 보다 밝은 내일을 위한 작은 시련에 불과하다는 믿음을 다집시다. 제각기 가슴에 품은 작은 칼을 버리고 버리면서, 창천을 향해 맘껏 검무를 펼칠 대명천지 그날을 기다립시다.

모두에게 건강하고도 화목한 가정의 축복을 빕니다.

감사합니다.

2009년 7월 8일

제4대 국가인권위원회 위원장

안경환

9

정권은 짧고
인권은 영원하다

나의 후임자, 현병철 위원장

전임자가 누리는 가장 큰 축복은 후임자의 성공이다. 자신이 몸담았던 기관의 위용이 살아야만 떠나간 사람도 빛나는 법이다. 그 흔한 기념사의 상투적인 문구, "오늘날의 우리 위원회가 있기까지 기여하신 분들…" 속에 자신도 포함된다는 은근한 자부심도 누릴 수 있다. '구관이 명관'이라는 말, 쉽게 쓰지만 딱히 실체는 없기 십상이다. 대중의 정서만큼 믿지 못할 게 따로 없다. 실제로 떠난 옛사람이 그리워서가 아니다. 지난 일이 아름다워지는 것은 불만의 초점이 현재의 삶에 맞추어져 있기 때문이다. 국가인권위원회의 역대 수장들 중에 초대 위원장 김창국 변호사만이 3년 임기를 채웠다. 그만큼 인권위원장은 힘든 자리다. 이렇다 할 권력도 없이 전후좌우 사방에 적이 포진해 있다. 인권위는 확실한 우군이 없다. 오로지 국민(과 인간)이라는, 정체불명의 후원군에 의지해야 한다. 그 힘든 인권위의 수장 자리를 3년 버텨냈고 게다가 유례없는 재임에까지 성공한 사람이 있다. 나의 후임자, 현병철 위원장의 남다른 끈기와 저력이 부럽다. 취임 첫날부터 이날에 이르기까지 국내외 인권 옹호자들의 끊임없는 항의와 비판, 사퇴의 요청을 버티어낸 그의 확신이 놀랍다. 그의 확신은 임명권자인 이명박 대통령의 소신이기도 하다.

재임 기간 동안 현 위원장이 남긴 공적이 왜 없었겠는가? 밖으로는 잘 드러나지 않아 모르지만 무수할 것이다. 또한 수장의 능력과는 무관하게 인권위가 일상 업무를 통해 많은 국민을 달래고 품었을 것이다. 본시 공직을 떠난 사람은 몸담았던 기관의 업무를 두고 왈가왈부하는 법이 아니다. 그게 전관의 예의이기도 하다. 그러나 이런 통념과 상례에도 불구하고 전임자인 내가 그의 연임을 공개적으로 반대하는 이유가 있다. 그는 오랜 세월에 걸쳐 힘들여 쌓아 올렸던 인권위의 위용에 결정적인 상처를 남겼다. 그것은 바로 독립기관으로서의 인권위의 자부심이다. 인권에는 정치의 색채를 띠지 않을 수 없는 주제와 영역이 있다. 때때로 '정치의 인권화' 현상도 불가피하다. 한 나라 안의 문제를 인류와 인간성의 이름으로 타국과 국제사회가 간섭한다. 개입자가 표방하는 인권이라는 숭고한 이념의 이면에 감추어진 검은 동기가 있다. 군사, 경제 강대국들이 흔히 쓰는 수법이다. 이렇듯 인권을 이용하는 것은 정치의 몫이다. 그러나 어떤 경우에도 인권이 먼저 정치의 선봉장이 되어서는 안 된다. 그래서 인권위는 정치적 중립과 독립적 지위를 확보함으로써 인권의 정치화를 막아야 한다. 그런데 이 대통령은 인권위를 '좌파 정부'의 유산으로 보는 정치철학의 소유자로 비친다. 그는 인권위를 무력화하는 것이 곧바로 사회적 선이라고 믿는 듯하다. 현 위원장은 이러한 대통령의 정치철학을 충실하게 대변해 왔다. 그 과정에서 정치적 중립과 인권위의 독립성을 결정적으로 훼손했다. 보다 큰 잘못이 있다. 그는 자신이 수장인 기관 구성원의 화합을 앞장서서 해쳤다. 인권위는 여느 정부기관과는 다르다. 획일적 기준이 아니라 다양한 가치관이 공존하는 합의제 기관이다. 개개인의 성향과 믿음이 존중되고 조화가 이루어져야 한다. 그는 상임위를 무력화하고, 많은 위원과 조력자들이 등을 돌리게 만들었다. 다양한 배경과 철학의 구성원을 포용하는 대신 비판적 성향의 직원을 박해로 일관했다. 눈에 거슬리는 직원을 쫓아내고 남은 비판자를 징계로 다스렸다. 그들의 주장이 옳고 그름을 떠나서 직원들 사이에 불신과 반목의 골을 깊이 파놓았다. 이 모든 처사가 청와대와의 교감 아래 이루어졌다는 의심이 든다.

나는 아직도 현 교수가 내 후임자가 된 상세한 경위를 알지 못한다. 분명히 정무직 인사에 필요한 내부적 검증 절차를 거쳤을 것이다. 다만 바깥 사회에서 기대하는 인권위 수장으로서의 자격에 대해서는 전혀 검증이 없었다. 후일 사석에서 만난 청와대의 한 인사는 내게 "후임자가 좀 그래서….."라며 민망스러운 표정을 지었다. 난감해하는 그에게 더 이상 캐묻지 않았다. 어쨌든 낯설고 힘든 그 자리를 맡게 된 현 교수의 처지를 내심 동정하기도 했다. 그러나 달리 생각해보면 대통령은 그가 인권위와 인권에 낯선 인물이기에 더욱 적격자라고 믿었는지도 모른다. 국제사회는 물론 국내 인권사회에 이름조차 생소한 현 교수를 임명한 이상 ICC 의장은 처음부터 무리였다. 그로서는 포기할 수밖에 없었고, 대통령은 국제 인권은 안중에 없었다. 그의 연임을 두고 열린 국회 인사청문회에서 "인력과 예산이 준비되지 않아" 포기할 수밖에 없었다고 답하는 것을 들었다.

이임사 "인권의 길에는 종착역이 없다"

2009년 6월 30일, 예고한 대로 제출한 사표가 7월 8일자로 수리되었다. 당일로 이임식을 치렀다. 언론이 주목했다. 많은 직원들이 친필 편지와 기념 앨범을 만들어주었다. 근래에 들춰 보니 새삼 애잔한 마음이 든다. 특히 직장을 잃고 나서 생계수단조차 마땅치 않을 것 같은 직원들의 근황이 걱정이다. 대부분 지난 3년 동안 한 번씩은 만났다. 기껏해야 쓴 술잔과 메마른 한숨밖에는 건네줄 것이 없어 가슴이 아렸다.

나의 이임사는 특별한 주목을 받았다. 곰곰이 생각하고 나름대로 정성을 쏟아 쓴 글이다. 사적인 소회를 굳이 감추지 않되 대통령, 정부, 언론, 시민사회, 인권단체, 헌법재판소, 인권위, 각각에 대한 비판과 건설적인 제안의 메시지가 담겨야 한다. 내심 작은 역사적 문서가 되기를 바랐다. 지금도 인터넷에 전문이 돌고 있다. 지방의 한 고등학교에서는 수업시간에 내 글을 나누어주고 행간에 담긴 한국 사회의 현실을 토론한 교사가 교장의 잔소리를 들었다고 한다. 학부형이 문제 삼았다는 후문이다.

"법이 보장한 임기 만료일을 기다리지 못하고 앞서 물러나기로 결심한 사유는… 새 정부의 출범 이래 발생한 일련의 불행한 사태에 대한 강한 책임을 통감함과 동시에, 정부의 지원 아래 새로 취임할 후임자로 하여금 그동안 심각하게 손상된 국제사회에서의 한국 인권의 위상을 회복하고 인권 선진국으로서의 면모를 일신할 전기를 마련해드리고 싶은 강렬한 소망과 충정 때문입니다."

"저는 인권이란 이념적 좌도 우도 아니고, 정치적 진보도 보수도 아닌, 그야말로 모든 사람이 일용할 양식인 인류 보편의 가치라는 믿음을 안고 살았습니다. …그래서 언제나 엄정한 정치적 중립을 강조했으며, 위원회와 '긴장 어린 동반자'의 관계인 시민사회와도 일정한 거리를 둘 것을 주문하기도 했습니다. 또한 모든 언론에 대해서 동일한 기준과 성의로 자료 제공과 홍보 활동을 할 것을 독려하고, 제 스스로 나서기도 했습니다."

"인권의 고귀한 가치는 정권의 교체나 연장에 따라 달라질 수 없을 것입니다. 정권의 교체는 국민의 선택입니다. 그러나 결코 국민은 인권의 탄압이나 후퇴를 선택할 리 없습니다. …'선진사회'를 기치로 내걸고 압도적인 국민의 지지로 출범한 이명박 정부는 1년 반이 지난 이날까지 그 장점이 만개하지 않고 있다는 평을 듣고 있습니다. 국가인권위원회의 수장으로서 느낀 소감은 적어도 인권에 관한 한, 이 정부는 의제와 의지가 부족하고, 소통의 자세나 노력은 거의 보이지 않는다는 것입니다."

"아무리 내 나라, 내 정부에 대해서 불만이 깊더라도 국제사회에서는 내 나라, 내 정부의 입장을 최대한 옹호하는 것이 공직자의 도리임을 믿는 저이지만 그간 빚어진 실로 수치스럽기 짝이 없는 일들을 국제사회에서 변론할 자신과 면목이 없습니다. …권한쟁의심판의 청구를 헌법재판소에 제기할 수밖에 없었던 것도 입장이 다를수록 요구되는 정부기관 간의 대화와 소통의 부재가 빚어낸 비극이기도 합니다. 지난 20년간, 한국의 민주화를 제도적으로 이끌어왔다는 칭송을 받고 있는 헌법재판소는 국제사회가 주목하고 있는 이 사안을 심사숙고하여 결정을 내려주실 것을 믿습니다."

그러나 헌법재판소는 1년 6개월 동안 판단을 미루었다. 마침내 2010년 10월 26일, 본안 심사를 하지 않고 각하 결정을 내렸다. 인권위가 헌법에 명시된 기관이 아니기 때문에 당사자 적격이 없다는 이유였다. 나는 헌재의 결정이 지혜롭지 못하다고 생각한다. 헌재 스스로 자신의 영역을 축소해버렸다. 인권위의 주장이 법리에 합당하지 않으면 본안 결정으로 기각해도 무방했을 터이다. 아마도 인권위 문제를 공론화하는 것 자체가 부담스러웠을 것이라는 추측도 있다. 무엇보다도 나는 언론에 불만이 많았다. 내가 인권위에 취임할 당시 한 신문은 나를 일러 '보수, 진보를 가리지 않고 거의 모든 일간지에 칼럼을 쓰는 글쟁이'라고 썼다. 그러나 인권위원장을 그만둔 이후 이날에 이르기까지 내게 관심을 가진 언론사는 지극히 '편향적인' 소수에 한정되어 있다.

"언론에도 고언을 드립니다. '무관의 제왕'이라는 전래의 별칭이 상징하듯이 민주사회에서 언론의 권능은 실로 막강합니다. 그러기에 언론이 짊어져야 할 책임 또한 무겁습니다. 다수의 독자에게 영향을 미치는 거대 언론의 경우는 더욱더 그러합니다. 인권위원회의 생명이 업무의 독립성에 있듯이, 언론의 생명은 정확한 사실의 보도에 있다는 것을 그 누구도 부인하지 못할 것입니다. 특정 언론사의 정치적 입장이나 이해관계가 걸린 사안에서도 보도는 정확한 사실이 전제되어야 한다는 것은 언론의 기본 양식이자 독자에 대한 최소한의 예의일 것입니다. 이른바 '북한 인권'이나 '촛불집회' 사건의 예에서 보듯이 국가인권위원회의 법적 권능에 대한 무지, 오해, 사실 왜곡과 같은 부끄러운 언론 행태는 불식되어야 할 것입니다."

이임사를 쓰면서 나는 언젠가는 인권위의 경험을 기록으로 남겨야겠다고 작정했다. 이 나라 인권사의 사초를 제공해야 한다는 사명감이 들었다.

"…정치적 배경과 철학이 다른 두 분의 대통령의 재직 중에 국제적 관심이 집중된 독립기관의 장의 직을 수행한 행운은 여느 대한민국 국민이 누리지 못한 특권과 축복이었습니다. 다만, 단 한 차례도 이명박 대통령께 업무 보고를 드리지 못하고 자리를 떠난 무능한 인권위원장으로 역사에 남게 된 것은 제 개인의 불운과 치욕으로 삭이겠습니다. …저의 후임자는 정부와 국민의 존중과 사랑을 받아, 지난 8년간 위원회가 범한 약간의 시행착오를 극복하는 한편, 그동안 이룩한 찬란한 업적을 발전적으로 승계하기 바랍니다."

나의 후임자는 대통령의 사랑을 받는 것 같다. 사랑뿐만 아니라 존중도 받는가? 그렇다면 국민의 존중과 사랑은? 내가 간절히 염원했던 인권위의 '발전적 승계'는? 이 대목에서 가슴이 탁 막힌다. 이렇게 될 줄 알았더라면 차라리 온갖 수모를 당하는 식물 위원장으로라도 넉 달을 더 버티었을 것이다. 그러나 정말이지 그때는 몰랐다. 마지막까지 나는 이명박 대통령의 상식과 선의를 믿고 기대했다.

마지막 구절은 맨 먼저 써두었던 바이다. 쓰면서도 이 대목이 가장 가슴에 쓰렸다. 지금도 그렇다.

"흔들리지 않는 신뢰와 사랑으로 저를 지켜주었던 동료들께 감사를 드리고, 위원회의 독립성을 유린하면서 강행한 정부의 폭거로 인해 창졸간에 직장을 잃게 된 동료 직원들에게 깊은 위로와 사죄의 말씀을 드립니다. …우리 모두 잘 알고 있습니다. 인권의 길에는 종착역이 없다는 사실을. 또한 우리는 너무나 잘 알고 있습니다. '정권은 짧고 인권은 영원하다.'는 만고불변의 진리를. 우리들 가슴 깊은 곳에 높은 이상의 불씨를 간직하면서 의연하게 걸어갑시다. 외롭지만 떳떳한 인권의 길을. 오늘 우리를 괴롭히는 이 분노와 아픔은 보다 밝은 내일을 위한 작은 시련에 불과하다는 믿음을 다집시다. 제각기 가슴에 품은 작은 칼을 버리고 버리면서, 창천을 향해 맘껏 검무를 펼칠 대명천지 그날을 기다립시다."

부당한 계약 해지에 항의하며 1인 시위를 벌인 강인영 조사관(2011년 2월)

대다수 언론은 나의 퇴임 사실만 짧게 보도했고, 소수의 언론은 이임사의 몇 구절을 확대하여 보도했다. "날선 비판", "정권은 짧고 인권은 영원하다." 그 누구도 내가 스스로 물러나는 진정한 뜻을 바로 알아주지 않았다. "정권은 짧고 인권은 영원하다."라는 구절이 나의 '어록'으로 남아 있다. 실인즉 내가 그때 처음으로 쓴 말은 아니었다.

취소된 하버드대 강연

2009년 2월, 나는 미국 하버드대 법대 인권센터에서 보낸 강연 초청장을 들고 있었다. 이에 앞서 스탠퍼드 대학에서 열리는 미국 서부지역의 공익인권법학회 연례총회 개막식에서 기조연설을 하기로 결정되어 있었다. 대한민국 현직 인권위원장으로서 의미 있는 일로 생각되어 수락했다. 하버드대의 강연 제목은 초청자 측 의도를 존중하여 '경제 제일 시대의 한국 인권'으로 정했다. 출국 예정일에 충분히 앞서 청와대에 출장 신고서를 제출했다. 다른 정무직과는 달리 인권위원장은 대통령의 '재가' 없이 해외여행을 할 수 있다. 내가 취임하기 전에 이미 확립된 관행이지만 처음부터 순조로웠던 것은 아니다. 김대중 정부 말기의 일이다. 김창국 당시 위원장이 국제회의에 참석하면서 청와대의 허가를 받지 않았던 것이 문제가 되었다. 시말서를 쓰라는 청와대에 대고 인권위가 직격탄을 날렸다. 인권위는 독립기관이다. 위원장의 해외여행은 대통령의 허가 사항이 아니다. 인권위의 독자적인 판단에 따라 결정할 뿐이다. 청와대 참모들이 '오만불손', '안하무인'인 인권위를 비난하고 나섰고 몇몇 국회의원도 동조했다. 임기 말 대통령의 권력에 누수 현상이 생길 것을 우려했던 것이다. 이 문제는 '인권 대통령'의 양해로 결말이 났다. 허가 대신 단순한 신고 사항으로 정리된 것이다. 이 사건에서 나는 청와대와의 전쟁을 선포한 김 위원장을 지원하는 신문 칼럼을 썼다.

인권위원장의 소략한 출장 서류를 접한 청와대가 새삼 시비를 걸어왔다. 상세한 일정과 내용을 첨부하라는 것이다. 담당 행정관이 실로 이례적인 질문을 건네 왔다. 왜 위원장과 여직원, 단둘이서만 해외여행에 나서느냐고. 그리고는 미혼인 해당 직원에게 직접 전화를 걸어 상례에 어긋나는 질문을 했다. 인권위는 업무상 남녀의 구분이 없다. 그 직원은 당초부터 위원장의 국제 업무를 보조하기 위해 채용한 사람이다. 사무총장이 행정관의 성차별적 발언을 공식적으로 인용해도 좋으냐고 따지자 물러섰다. 청와대가 간섭한다는 소식을 접한 위원회의 내부 분위기가 흉흉했다. 당시 조직 축소를 둘러싼 전쟁을 치르는 중이라 모두가 긴장했다. 상임위원들이 조심스럽게 출장을 재고할 것을 권고했다. 무엇보다 위원장의 부재중에 급박한 사정이 생기면 어찌하느냐는 것이다. 고심 끝에 하버드대 강연은 취소하기로 했다. 대신 스탠퍼드의 일정은 예정대로 소화했다. 하버드에는 사실대로 전할 수가 없어 '가족의 신병'을 들었다. 미국인이 쉽게 양해하는 사유다. 너무 급박한 결정이라 취소된 줄 모르고 당일 강연장에 나왔던 사람도 수십 명이나 되었다는 후문이다. 하버드에 진 빚은 꼭 1년 후에 갚았다. 연 이틀에 걸쳐 세 차례나 강연을 했다. 학생, 인권 전문가, 일반 지식인 등 청중이 다양했다. 학구적인 내용이 많고 기대만큼 정부에 대한 비판의 강도가 높지 않았는지 다소 실망한 표정을 짓는 청중도 더러 있었다.

위원장의 해외 나들이에 수행원이 단출한 것은 무엇보나 여비를 절약하기 위해서였다. 나는 통역원이 필요 없다. 짐도 단출한 편이다. 업무를 챙길 최소한의 보조 인력으로 족하다. 인권위원장은 장관급이기에 항공기도 일등석이 기준이다. 그러나 나는 재직 중 한 번도 일등석을 이용한 적이 없다. 비즈니스석으로도 충분했다. 굳이 기관의 체면이나 의전을 따

스탠퍼드대 로스쿨 기조 발제는 예정대로 진행했다(2009년 2월).

지더라도 검약은 인권위원장의 위용에 결코 흠이 되지 않는다. 첫 나들이부터 내가 고집한 약간 '튀는' 결정을 직원들은 환영했으리라 믿는다. 언제나 부족하기 마련인 것이 예산이다. 더구나 나는 국제 활동을 강조했다. 내가 남긴 항공료의 차액으로 직원 몇 사람의 여비가 충당될 수 있다.

'직권 말소'된 여권

나는 내 세대 중에서도 비교적 일찍부터 해외 나들이를 한 편이다. 많은 나라, 무수한 여정에서 예기치 않은 일을 당하기도 했다. 근래 들어 내 나라가 얼마나 예측 가능한지 안도하곤 했다. 그런데 연전에 실로 예기치 않은 일을 당했다. 2010년 6월 28일의 일이다. 파리행 항공기를 타기 위해 인천공항으로 나갔다. 평소 습관대로 충분히 이른 시간에 도착했다. 탑승 수속을 하던 항공사 직원이 내 여권에 문제가 생겼다고 했다. 영문 모를 일이다. 한참 만에 법무부 담당자를 연결해주었다. 내 여권이 실효되었다고 했다. 이유는 모르겠다고 했다. 내 신원을 밝히고 장관에게 즉시 보고하고 납득할 만한 설명을 해주지 않으면 정식으로 문제 삼겠노라고 단호하게 말했다. 다시 법무부 담당자가 연락해 왔다. 40분가량 걸렸다. 자신들로서는 정확한 사유를 모르지만 내가 소지한 관용 여권이 5월 10일자로 외교통상부에 의해 직권 말소되었다는 것이다. 그러면서 공항에서 임시 여권을 발급받도록 조치했으니 번거롭지만 절차를 밟으라며 정중하게 전했다. 나 개인의 문제만은 아닌 듯하여 학장에게 전화로 알렸다. 그리고 외교부에 상황을 전하라고 요구했다.

공무원 신분을 떠난 사람이 관용 여권을 소지했기 때문이라고 한다. 그런데 (2012년 초, 법인으로 전환하기 이전의) 서울대학교 교수는 엄연한 공무원이다. 나는 서울대 재직 시 소지하던 관용 여권을 인권위원장이 된 뒤에도 사용했다. 재직 중 기간이 만료되어 새 여권을 발급받았다. 그리고 서울대에 복귀한 지 1년 가까이 같은 여권을 사용하여 몇 차례나 해외 나들이를 했다. 아무런 제지도 없었다. 그 누구도 별도의 조치가 필요하다고 알려주지 않았다. 그런데 뒤늦게, 느닷없이, 본인도 모르게 직권으로 말소하다니! 후에 들은 이야기는 공무원 신분을 유지하더라도 소속 기관이 바뀌면 새로운 소속 기관 명의로 여권을 발급받도록 하는 외교통상부의 '내규'가 있다고 했다. 만약 그런 규정이 있다면 누군가가 알려주어야 할 것이 아닌가? 적어도 여권을 말소하기 전에 본인에게 통지는 해주어야 할 것이 아

닌가? 외교통상부는 전 소속 기관에서 요구하는 경우에만 조치를 취할 뿐
이라는 말도 있다. 설마하니 인권위가 전임 위원장인 나의 여권을 실효시
키라고 주문했을 리도 없다. 인권위 실무자들은 그런 일이 결코 없었다고
한다. 어쨌든 기막힌 일이다.

아무튼 공항에서 임시 여권을 만들었다. 전 과정을 혼자서 촉박한 시
간 내에 해결해야 했다. 증명사진을 찍자니 무인 사진기가 고장이다. 부스
안에 적힌 안내 번호로 전화를 걸어도 쉽게 연결되지 않는다. 점심시간이
걸쳐 있어 더욱 서비스가 제한되었다. 담당 공무원의 표정조차 냉랭했다.
재직증명서, 출장허가서 사본을 즉시 팩스로 부쳐라, 게다가 나의 신원을
증명할 신분증을 내놓으라는 것이다. 여권 말고 또 달리 무슨 신분증이 필
요한가. 나의 반문에 그녀는 말소된 여권은 유효한 신분증이 될 수 없다
고 했다. 운전면허증 아니면 주민등록증? 해외여행을 떠나면서 누가 지
참하는가. 목소리를 높이지 않으려 애썼지만 나도 모르게 불평이 터져 나
왔다. 또한 그녀는 발급 신청서의 사유란에 나의 '불찰'을 구체적으로 적
으라고 했다. 불찰이라니? 세상에 이렇게 기가 막힌 일이 있는가? 어쨌든
나는 비행기를 타야 한다. '추상적'으로 기재했다. 그 과정에서 느낀 관료
적 태도, 냉담한 표정에서 '당신이 뭔지 몰라도 내가 당신을 불편하게 만
들 수 있다.'라는 메시지를 읽었다. 그나마 항공사 직원이 시종일관 매우
친절하게, 참을성 있게 편의를 봐주었다. 내가 법무부와 통화하는 내용을
듣고 전후 사정을 감지한 듯했다. 그의 고마움을 특별히 기억하는 것도 그
에게 도움보다는 부담이 될 것 같아 애써 잊기로 했다. 그래서 그런지 불
과 2년 남짓인데 그의 이름은 물론 얼굴조차 떠오르지 않는다. 내게 임시

여권을 내준 그 공무원도 마찬가지로. 아직도 나는 그 황당한 사건의 전말을 알지 못한다. 귀국하여 정식으로 경위를 따지려다 귀찮아서 그만두었다. 2월의 하버드대 강연이 영향을 미쳤을 것이라고 추측하는 사람도 있었다. 결코 그렇지 않을 것이라고 믿는다.

어쨌든 나는 임시 여권을 들고 출국했다. 그런데 이상한 일이 여행 중에도 이어졌다. 며칠 후 프랑스 파리에서 지인과 저녁식사를 하고 신용카드로 밥값을 지불했다. 미처 자리에서 일어서기도 전에 내 휴대폰이 울렸다. 서울의 거래 은행인데 프랑스에서 카드로 결제한 사실이 분명히 맞느냐고 물었다. 요즘 여행자를 상대로 하는 사기가 많아서 챙긴다고 했다. 서울 시간으로 새벽 4시쯤일 것이다. 나는 고맙다고 답하고선 불과 30만 원 남짓한 금액인데, 한국의 고객 서비스가 놀랍지 않으냐며 그에게 자랑했다. 그는 순간적으로 뭔가 좀 이상하다고 말했다. 전화를 건 시간도, 남자 목소리인 것도 좀 이상하지 않으냐고 했다. 파리에 오래 산 그는 1979년 10월, 김형욱 실종사건에 관해서도 구구한 뒷이야기를 알고 있었다. 그래서 그런지 그런 문제에 매우 민감하게 반응하는 것처럼 보였다. 요지인즉 "당신이 어디에서 뭘 하고 있는지 알고 있어. 그러니 알아서 처신하라." 누군가가 내게 보내는 경고 메시지일지 모른다는 것이다. 사흘 전의 여권 문제와 연관 지어 추리소설을 쓸 법도 하다. 설마 그럴 리야, 내가 무슨 중요한 인물이라고 하고 넘겨버렸다. 설령 진상을 알아낸다고 한들 내게 무슨 뾰족한 수가 있으랴. 나는 아직까지 이 문제도 정식으로 알아보려고 하지 않았다. 내게 무슨 구체적인 피해가 생긴 것도 아니다. 그저 이따금씩 생각하면 약간 불쾌할 뿐이다. 한동안 소란스럽던 총리실의 '민간인 불법 사찰'

대상자 중에 나는 포함되지 않았을 것이라고 믿을 뿐이다.

'사양'한 훈장

　2011년 봄의 일이다. 인권위의 모 국장이 전화를 걸어왔다. 퇴임 이후 처음 있는 일이다. 관례와 전통에 따라 전직 위원장과 상임위원에게 정부가 훈장을 수여하려고 한다, 주무 부서인 행정안전부에서 당사자 의사를 확인하고 상신하라고 한다며 내 뜻을 물어 왔다. 그러면서 전직 상임위원들도 모두 받기로 했다고 덧붙였다. 한동안 '나라를 말아먹은' 전 정부의 관료들에게는 훈장을 주지 않기로 했다는 등 흉흉한 말까지 나돌았었다. 모든 전직자에게 일괄적으로 훈장을 수여하는 것도 문제이긴 하다. 심지어는 불미스러운 일로 해임된 각료들까지도 훈장을 받았다고 한다. 그렇다고 해서 일괄적으로 보류하는 것은 더욱 이상한 일이다. 나는 이 정부의 출범 당시부터 참여정부의 각료들에게 즉시 훈장을 수여하라고 건의하곤 했다. 이제야 비로소 정부가 안정된 셈이다. 다행한 일이다.

　훈장은 헌법에 따라 국가원수가 수여하는 것이다. 내게는 이명박 대통령이 문제가 아니었다. 그는 엄연한 국가원수다. 대한민국 정부의 훈장을 받는 것은 자랑스러운 일이다. 본인의 의사를 물어보고 준다는 것도 다소 부자연스럽기는 하지만 아주 납득이 가지 않는 바도 아니다. 나의 전임자인 조영황 변호사의 경우도 현직인 내가 직접 실마리를 풀었다. 스스로 떠난 후 인권위 쪽을 쳐다보기도 싫다던 그분을 내가 나서 설득하였고 정식으로 훈장을 전달하는 의식도 치렀다. 문제는 나 자신이다. 나는 며칠 생각할 말미를 달라고 했다. 가족과도 상의했다. 아무리 생각해도 그럴 수가 없었다. 나는 나름대로 열심히 일했지만 결코 성공한 위원장이 아니다. 설령 내게 공적이 있다손 치더라도 부하 직원 40여 명의 일자리를 잃게 한 장본인이 아닌가. 그런 실패한 조직의 장이 무슨 낯짝으로 훈장을 받겠다고 제 입으로 말할 수 있을까 보냐! 며칠 후 뜻을 전했다. 결코 '거부하는' 것이 아니라 '사양하는' 것이라고. 사양의 사유도 밝혔다. 그런데 내 진의가 전달되지 않은 것 같다. '아직도 안 교수가 대통령에 대해 각을 세운다.'라며 섭섭해하거나 안타까워하는 정부 고위층의 반응이 있었다는 뒷말이 들렸다.

10

내가 생각하는
인권위 New Design

2012년 11월 인권위는 설립 11주년을 맞았다. 2011년 10주기 행사는 더없이 초라했다는 평가였다. 인권위가 주관하는 12월 10일, 세계인권선언일 기념 행사도 시민사회는 물론 정부 측에서도 외면했다는 뒷이야기다. 2012년 7월에 열린 현병철 위원장의 연임을 위한 국회 인사청문회는 최종 결과와 무관하게 인권위의 현주소를 국민에게 알리는 데 상당한 기여를 했다. 추락한 인권위의 위상이 곧바로 대한민국의 인권지표를 반영한 것은 아닐 것이다. 그러나 국제인권사회는 그렇게 평가한다. 어쨌든 이명박 정부는 적어도 인권의 관점에서는 실패한 정권이라는 낙인을 면치 못할 것이다. 정권 따라 인권의 기상도도 달라지기 마련이다. 새로 들어설 정권 아래 인권위가 어떤 모습일까? 미리 가늠할 수는 없다. 그러나 한 가지 분명한 것은 역사는 결코 거꾸로 흘러가지는 않는다는 진리다.

인권이란 어쩌면 예술과 비슷한 성격을 가진다. 인권도 예술처럼 소수자의 입장에서 다수가 지배하는 세상에 대해 강한 의문을 제기하는 것이다. 소수의 신념이 다수의 윤리로 변하는 것을 우리는 역사의 발전으로 부른다. 1970년대에 널리 인용되던 「소설은 왜 읽는가」라는 김현의 유명한 에세이가 있었다. "이 세상이 과연 살 만한 세상인가, 강한 의문을 제기하기 위해 우리는 소설을 읽는다."라고 그는 자문자답했다. 예술의 역할은 인간성의 이름으로 공동체가 나아갈 방향을 제시하는 데 있다. 1970년대 미국 법학계에 강하게 일었던 '법과 문학' 운동도 당시를 지배하던 '법경제학'에 대한 지적 항거의 성격이 강했다. 인권은 다수주의의 한계를 극복하려는 시도이다. 언제나 현실은 규범을 앞선다. 인권의 의미를 법전 속에

현병철 위원장 연임 반대 인권활동가 1인 시위 (2012년 7월)

서나 구하는 사람들은 살아 움직이는 현실에 둔감하기 십상이다. 아직도 판검사들은 자신들이 인권의 수호자임을 자처한다. 그러나 많은 국민은 이들을 오히려 인권의 탄압자로 부르기를 즐긴다.

우리 사회에서 인권은 전통적으로 '좌파' 세력의 정치철학과 담론을 대변한다는 정서가 있다. 나는 그동안 이러한 고정관념을 불식시키기 위해

노력했다. 거듭 강조하거니와 인권은 '좌'도 '우'도 아니고, '진보'도 '보수'도 아니며, 인류 보편의 상식이다. '좌파'란 무엇을 의미하는가? 믿을 만한 정의도 없다. 만약 소수자의 입장에 서서 주류 사회의 문제를 제기하는 것이 좌파라면 예술가나 지식인은 응당 좌파라야만 한다. 인권위는 좌파 정부의 유산이 아니다. '우파'라고 해서 인권을 경시할 이유도 없다. 문제는 인권을 좌파의 이데올로기라고 매도하는 우파 쪽에서는 스스로의 인권 항목을 제대로 제시하지 못하고 있는 것이다. "과도한 인권은 사회의 발전에 부담이 된다."라는 등속의 소극적, 방어적 담론밖에 보여주지 못했다. 그래서 여태껏 시대에 끌려다녔던 것이다. 한때는 복지도 좌파의 선동적 구호라며 냉소하던 한나라당도 새누리당으로 간판을 바꾸어 달면서 입장을 달리하여 복지를 시대의 화두로 수용했다. 그렇게 할 수밖에 없었다.

세속의 편리한 평가대로라면 나는 3년 남짓 재임 기간을 '좌파' 정부와 '우파' 정부에 나누어 근무했다. 그래서 인권과 인권위에 대한 두 정부의 대조되는 태도를 몸으로 느꼈다. 이 특별한 체험을 국민과 나누겠다는 생각으로 회고록 집필을 시작했다. 이제 글을 마감하면서 국민에게 제언을 드리고자 한다. 지난 10년간의 성과와 시행착오를 성찰하여 새로운 10년의 청사진과 로드맵을 제시해야 한다고. 대한민국의 인권 문제는 인권위만의 문제가 아니다. 그 누구도 인권 탄압을 원하지 않을 것이다. 그러니 인권위에게 어떤 역할을 맡길 것인가, 국민적 합의가 절실하게 필요한 시점이다.

인권위, 헌법기관으로 만들어야

첫째, 무엇보다 먼저 인권위가 어떻게 독립기관의 지위를 유지해야 하는가, 이 근본 문제부터 진지하게 논의해야 한다. 만약 국제적 기준이 요구하듯이 독립기관으로서의 인권위가 우리 형편에 맞지 않는다고 판단하면 문제는 간단하다. 이명박 정부의 기본 입장이기도 했다. 그러면 국무총리 산하에 설치된 국민권익위원회처럼 인권위법을 개정하여 독립성을 부정하면 된다. 그러나 그것은 국제사회의 기대와 지난 10여 년의 인권위 업적을 전면적으로 훼손하는 결과가 된다. 새 정부와 국민이 분명히 알고 결정할 일이다. 당초 인권위는 국가에 대해 '쓴소리'를 하는 기관으로 탄생한 것이다. 그래서 기존의 정부 권력구조 바깥에 설치한 것이다. 설립 당시 우리 헌법에는 직접 반영할 기회가 없었지만, 헌법 개정이 용이한 나라에서는 헌법기관으로 설치하는 경우가 많다. 우리나라에서도 오래전부터 헌법 개정의 필요성이 제기되어왔다. 초점은 5년 단임제 대통령제 대신 4년 중임제 또는 권력 분점형 대통령제로 전환해야 한다는 것이다. 개헌 논의에 앞서 보다 근본적인 물음을 던져보자. 왜 헌법을 개정해야 하는가? 현재의 대통령제로는 국정을 효과적으로 수행할 수 없다고 생각하기 때문이 아닌가? 그러면 국정의 목적은 어디에 있는가? 나라의 주인인 국민을 제대로 섬기기 위해서, 다시 말하자면 국민의 기본권을 효과적으로 보장하는 데 있는 것이 아닌가? 이렇듯 자명한 원리가 우리 헌법의 근간이 되는 조항에 천명되어 있다.

"모든 국민은 인간으로서의 존엄과 가치를 가지며, 행복을 추구할 권리를 가진다. 국가는 개인이 가지는 불가침의 기본적 인권을 확인하고 이를 보장할 의무를 진다(헌법 제10조)."

인권위를 헌법기관으로 승격하고, '인권기본법' 제정을 통한 자유로운 인권 국가의 토대를 구축하는 것이 매우 바람직하다. 이러한 인식의 바탕 위에 현재의 국가인권위원회법에 대한 대대적인 손질이 필요하다. 위원회가 스스로 규칙을 제정할 권리를 보장해야 한다. 조직 및 인사에 관한 사항을 위원회 규칙으로 명시하고 위원장에게 소속 직원의 임면권을 부여하여야 한다. 예산 편성에 최대한의 자율을 보장하고 삭감할 경우에도 의견제출권을 보장해야 한다. 정부로서도 인권위의 기능을 키워주면 국제적 신인도를 끌어올리는 데 큰 도움이 된다. 준국가기구로서의 인권위의 역할도 챙겨주어야 한다. 인권위가 각종 국제인권조약의 국내 이행을 주도해야 하는 것은 너무나 자연스러운 이치다. 그럼에도 다른 국가기관들의 견제로 인해 여태껏 제 역할을 공인받지 못하고 있다.

시민사회와 협력관계, 지역사무소 역할 증대

인권위가 여느 국가기관과 다른 점은 시민사회와 폭넓은 협력 내지는 협치의 관계를 정립해야 한다는 점이다. 유엔의 인권 메커니즘이 그러하다. 모든 정부기구의 회의에 비정부기구(NGO)의 참여가 보장된다. 그러나 이명박 정부는 비판적인 시민사회를 탄압하고 적으로 돌렸다. 반면 정부에 우호적인 관변 단체를 지원하고 이들로 하여금 비판적인 시민단체를 견제해주기를 기대했다. 그러나 그 효과는 미미했다. 이 정부는 출범 당시부터 인권위의 '시민단체적 성격을' 불식해야 한다고 믿고 시민단체 출신 직원을 표적으로 삼아 박해를 가했다. 인권위가 제 기능을 수행하려면 인권 상황에 대한 국민평가단을 운영하고, 인권 관련 민간기구와 교류를 활성화해야만 한다. 근래에 들어와 유명무실하게 변질된 정책자문위원회, 전문위원회, 정책협의회의 기능을 정상화해야 할 것이다.

모든 국민은 거주하는 지역에 무관하게 균질의 공적 서비스를 받을 권리가 있다. 우리나라는 수도권과 지방 사이에 인권의식 격차가 매우 크다. 그렇기 때문에 지역사무소 위상이 매우 중요하다. 현재 인권위는 부산, 광주, 대구, 세 곳에 지역사무소를 두고 있다. 나는 재직 중 지역사무소 역량 강화를 위해 나름대로 노력했으나 큰 성과를 거두지 못했다. 본부와 지역 인권사무소 사이의 수평적 협력관계 구축, 조사 권한 확대, 현장성 강화, 지역 사회와 협력체제 구축 등 풀뿌리 민주주의와 인권의 정착을 위해 해야 할 일이 많다. 그러나 이명박 정부의 방침은 정반대였다. 2009년 3월, 인권위 조직 축소를 강행할 때 정부의 당초 안에는 지역사무소를 전면적으로 폐지하는 것으로 나와 있었다. 가까스로 폐지를 막아낸 것으로 위안을 삼아야 했다.

인권위원 자격 심사제도

인권위는 11명의 인권위원으로 구성된다. 대통령이 4인, 국회가 4인,

대법원장이 3인을 선출 또는 임명할 권한이 있다. 그런데 대법원장이 인권위원을 지명하는 것은 민주 헌정의 원리상 문제가 있다. 외국에서도 고개를 갸웃한다. 국민에 의해 선출되지 않고, 국민에 대해 책임을 지지 않는 사법기관에다 국민의 인권을 보호할 인권위원의 선임권을 주는 것은 민주적 정당성에 중대한 흠이 있다는 생각이다. 게다가 대법원장이 인권위원 후보자를 지명하는 과정에서 아무런 가시적인 검증 절차가 없다. 이점도 절차의 투명성, 공개성을 강조하는 국제 기준을 충족시키지 못한다. 보다 근본적인 문제는 사법 중심의 인권관의 한계를 극복하기 위해 설립한 인권위를 사법의 기준으로 판단하는 데 훈련된 사람으로 충원하는 것이다. 대법원장 지명에 의해 인권위원이 된 법률가들은 인권위 결정에도 법원의 판결과 동일한 기준을 요구하는 습관이 있다. 강제력이 없는 건설적 제의에 불과한 인권위 결정을 법적 집행력이 부여되는 판결과 동일하게 여긴다면 사법기관과 별도로 인권위가 존재할 이유가 없다. '위원회'라는 이름의 정부기구에 다양한 배경의 구성원을 참여시킨다는 명분이었다. 입법, 행정, 사법, 전통적인 정부의 3부처에 배분하여 구성권을 배분하는 방법을 택한 것이다. 통상의 위원회의 경우에는 나름대로 의미가 있다. 그러나 인권위의 경우에는 배경과 상황이 다르다. 인권은 법 이전의 문제이다. 때때로 법이 인권의 가장 강력한 적이 되기도 한다. 물론 최종적으로 법을 통해 인권이 실현되지만, 법에 구속되어서는 발전하는 시대정신을 반영하지 못하고 미래를 향한 청사진을 제시하지 못한다.

인권위원 개개인의 자격요건에 대한 합의도 없다. 인권위법은 막연하게 '인권 문제에 관하여 전문적인 지식과 경험이 있고 인권의 보장과 향상을 위한 업무를 공정하고 독립적으로 수행할 수 있는 자'로 규정할 뿐이다(제5조 제2항).

2009년 7월, 신임 현병철 위원장은 스스로 인권에 대한 '문외한'임을 인정하여 두고두고 구설수에 올랐다. 이명박 정부가 출범한 지 얼마 되지 않은 시점의 일이다. 대통령이 임명할 인권위원 자리가 하나 비었다. 청와대에서 내정자를 통보해 왔다. 그는 정식으로 임명받기도 전에 인권위 사무실에 나타나 거드름을 피운다는 소식을 접했다. 위원장인 나를 만나겠다는 요청은 없었다. 설사 그가 요청했더라도 내가 거부했을 것이다. 그는 지방의 언론사와도 연관이 있는 목사라고 했는데 2007년 대통령 선거 당시 이명박 후보의 선거 캠프 주위를 얼쩡거린 인물이었다. 그의 내정 소식이 알려지자 각종 비리로 얼룩진 추문이 드러났고 마침내 청와대는 내정을 통보한 사실이 없는 것으로 해달라고 요청했다. 세세한 이유를 댈 필요도 없이 함량 미달의 부적격자였다.

며칠 뒤 한 '거물급' 목사의 이름이 통보되었다. 뜻밖이었다. 새 정부 출범과 동시에 내가 사임하는 것을 전제로 위원장 후보로 거론되던 분이다. 그가 위원장도 아닌 비상임위원으로 인권위에 합류하는 것은 인권위의 위상을 크게 높이는 결과가 될 것이다. 나는 속으로 환영했다. 그런데 그 목사는 자신의 의사와는 무관한 일이라며 몹시 불쾌해했다고 한다. 또다시 청와대는 없던 이야기로 해달라는 통보를 해왔다. 정권 초기 인사의 난맥상을 단적으로 보여주는 웃지 못할 해프닝이다.

마침내 경기도의 한 목사가 청와대의 임명장을 받고 출근했다. 그 또한 비리와 인권 유린의 전력을 거론하는 사람들이 많았다. 그의 임명 소식에 분노한 장애인 단체가 출근을 저지하기 위해 인권위를 항의 방문했다. 나는 그의 출퇴근을 보호하기 위해 특별한 조치를 취했다. 어쨌든 정식으로 임명된 사람이기에 그래야만 했다. 그런데 그는 회의석상에서 자신이 청와대에서 '파송되었다'라는 말을 했다. 기가 막혀서 정색을 하면서 공개적으로 주의를 주었다. "당신은 독립기관의 위원임을 명심하라."고. 나의 경고에 당황한 그는 즉시 사과했지만, 그 후로도 근본적인 태도가 달라진 것 같지 않았다. 수시로 청와대와 소통한다는 말을 자기 입으로 자랑하고 다녔다. 속말로 도대체 '개념이 없는' 인권위원이었다.

인권위원의 임명 시스템에 근본적인 개선이 있어야 한다. 외국의 경우 의회가 주도하는 것이 일반적이다. 의회 내에 후보추천위원회가 설치되어 후보자의 공개 모집과 검증 절차를 거친다. 우리의 경우, 차관급인 상임위원도 인사청문회 대상으로 해야 한다. 그리고 위원 정원을 축소하더라도 임기를 늘리고 위원 전원을 상임으로 전환하는 방안도 고려해야 할 것이다.

교육, 홍보의 중요성

민주시민은 태어나는 것이 아니라 끊임없는 교육을 통해 만들어지는 것이다. 인권의식의 증진은 교육과 홍보를 통해 점진적으로 이루어지는 것이다. 새삼 김구 선생의 『백범일지』의 구절들이 되살아난다.

"좋은 민주주의의 정치는 좋은 교육에서 시작된다. …나는 우리나라가 세계에 가장 아름다운 나라가 되기를 원한다. 가장 부강한 나라가 되기를 원하지 아니한다. …우리의 부력은 우리의 생활을 풍족히 할 만하고 우리의 강력은 남의 침략을 막을 만하면 족하다. 오로지 한없이 가지고 싶은 것은 문화의 힘이다. …인류가 현재에 불행한 근본 이유는 인의가 부족하고 자비가 부족하고 사랑이 부족하기 때문이다."

1947년, 그 곤궁하던 시절에 이런 정치철학을 폈던 지도자였기에 더욱 그의 죽음을 애도하는 것이다. 대저 문화란 무엇인가? 명망 높은 미국의 인문학자, 앤드류 델방코(Andrew Delbanco)는 문화를 일러 집단적 심리학으로 정의하기도 한다.

"일상생활 속에서 벌어지는 고통, 욕망, 불안, 공포와 같은 단편적이고 불완전한 감각들을 하나의 스토리로 조직해야 할 필요가 있다. 그 스토리가 어디엔가 연결되고 그럼으로써 인생의 최종 정착점인 죽음으로까지 항해하게 해줄 때, 그 스토리는 우리에게 희망을 준다. 삶을 지탱해주는 이런 이야기들이 오랜 시일에 걸쳐 많은 사람들의 마음속에 정착되면 그것을 문화라고 부른다."

백범이 '한없이 가지고 싶어' 하던 문화도 이런 것이 아닐까? 다시 『백범일지』의 구절을 옮긴다.

"나는 우리나라가 독재의 나라가 되기를 원치 아니한다. 독재의 나라에서는 정권에 참여하는 계급 하나를 제하고는 다른 국민은 노예가 되고마는 것이다. 독재 중에서도 가장 무서운 독재는 어떤 주의, 철학을 기초를 하는 계급 독재다."

오늘날 대한민국 사회에서 가장 강력한 계급은 돈이다. 바야흐로 경제 제일의 시대가 도래한 것이다. 주기적인 선거가 정착되면서 정치권력도 부침을 거듭할 수밖에 없다. 그러나 자본의 힘은 난공불락이다. 지난 8월, 서울 서부지방법원이 한화그룹 김승연 회장에게 4년 징역 선고와 동시에 법정구속을 함으로써 정치권과 세인의 찬

누가 대한민국의 장래를 묻거든
눈높이어 그늘진 구석을 보고
그게 들어 인권위원회를 보라고 하라

더불어 행복

안 경 환

인권위 설립 당시 인권위 게시판에 남긴 메모(2001년 11월)

사를 받았다. 그동안 무소불위로 여겼던 '자본'의 힘으로도 안 되는 것이 있다는 것을 보여주었기 때문이다. 한국 영화계의 '열등감을 먹고 자란 야생의 괴물', 김기덕 감독의 작품「피에타」가 베니스 영화제에서 최고상을 받은 것도 자본주의와 돈의 비극을 너무나도 적확하게 두드렸기 때문이다. 필자의 생각으로 셰익스피어의 수많은 경구 중에서도 오늘날의 현실에서 가장 가슴에 와 닿은 경구는 다름 아닌 자본의 본질을 꿰뚫는 구절이다.

"금전은 최고의 군인이다. 결코 패배를 모르니까."(『윈저의 아낙네들』 2.2. 166)

기독교 성경을 비롯한 모든 종교 경전의 가르침이기도 하다.

"돈을 사랑함이 만 가지 악의 근원이니…."(『디모데 전서』 6.10.)

'인권은 경제의 적이다!' 이런 관념이야말로 오늘날 한국 사회가 당면하고 있는 가장 큰 적이다.

인권위가 설립 초기부터 교육, 홍보의 일환으로 역점을 두었던 사업 중에 특기할 것은 영상물 제작이었다. 우리나라 영화계에서 인권위는 특별한 '제작자'였다. 그동안 인권위는 50편이 넘는 영화를 만들었다. 국가기

관이 만드는 영상물은 모두 정부 홍보물에 불과하다는 기존의 통념을 깬 중대한 성과다. 「별별 이야기」 애니메이션 시리즈, 그리고 「시선 시리즈」로 통용되는 단편 영화들을 만들었다. 국제인권영화제에서 주목을 받은 작품도 많다. 비정규직, 입시 지옥, 미혼모 학습권, 장애인, 탈북자, 체벌, 급식, 다문화 등 우리 사회의 그늘진 인생에 주목하였다. 장편 「날아라 펭귄」(2009)은 자녀의 외국어 교육과 조기 유학에 가히 집단 '멘붕' 상태에 빠진 한국 사회를 풍자하는 영화다. 이렇듯 새 시대에 걸맞은 참신한 아이디어와 세련된 영상기법으로 찬사를 받았다. 인권위 영화에 데뷔한 경력을 활용하여 상업 영화에 성공적으로 진출한 배우도 있다. 인권위 영화 사업에 참여한 감독들과 배우도 자부심을 키웠다. 젊은 감독들 사이에서는 인권위 영화에 참여한 사람과 참여하지 못한 사람으로 구분하기도 한다고 한다.

영상물의 위력은 인권 감수성의 저변 확대로 나타났다. 초중등학교 학생과 교사들 중에 인권위 영화를 기억하는 사람이 많고, 대부분이 세상 문제에 눈을 뜨는 데 큰 도움이 되었다고 고백한다. 그러나 2009년, 조직 축소 여파로 인해 인권위의 교육, 홍보 기능이 크게 축소되었다. 인권 감수성이 높은 많은 직원들이 쫓겨나거나 떠났다. 남은 직원들도 사기가 크게 위축되었다. 막연히 새 대통령의 취임을 기다리고 있었다.

인권이 주목받지 못한
제18대 대통령 선거

제18대 대통령 선거가 끝났다. 일찌감치 전열을 정비한 여당의 박근혜 후보가 접전 끝에 당선됐다. 이번 대통령 선거에서 인권 문제는 정면으로 거론되지 않았다. 그나마 문재인 후보만이 12월 10일, 세계인권선언기념일을 기해 '10대 인권 공약'을 밝혔다. 감성이 중요한 선거판에서 득표보다는 감표 요인이 될 수 있다는 각 캠프의 판단일 수도 있었을 것이다.

여하튼 인권은 유권자의 주된 관심사가 되지 못했다. 넓게 보면 인권 문제에 속하지 않은 주제가 어디 있겠냐만, 국민의 뇌리 속에 각인된 인권 관념은 몹시 좁다. 밀실에서 벌어진 고문이나 영장 없는 체포와 같은 과거의 전형적인 국가 폭력에 한정된다. 또한 오늘날 인권 문제는 다른 쟁점 속에 흡수되어 독자적인 주목을 받기 어렵다. 이를테면 '복지'는 사회권의 문제이지만 그렇게 이해하는 정치인도 유권자도 거의 없다. 1997년 선거에서 김대중 후보가 '국가인권기구의 설립'을 100대 선거 공약 속에 포함시킨 것은 실로 이례적인 일이었다.

나는 박근혜 당선자의 종합적인 인권 철학을 알지 못한다. 그가 전남 나주 아동 성폭력 사건을 계기로 사형제가 필요하다는 의견을 냈다는 언론 기사 정도를 접했을 뿐이다. 물론 선거를 앞둔 시점에 국민의 공분을 십분 표심으로 전환하겠다는 정치적 계산일지도 모른다. 그러나 문명국가의 세계적인 추세는 사형제 폐지다. 유럽연합은 사형제 폐지가 가입의 전제조건이다. 우리나라도 지난 15년 동안 사형을 한 건도 집행하지 않아 2007년 말부터 '사실상의 사형 폐지 국가'로 분류되어 있다. 비록 법전 속에는 남아 있지만 실제로는 적용되지 않는, 죽은 법이나 마찬가지다. 이 시점에 사형제가 필요하다고 말하는 것은 자신이 대통령이 되면 실제로 사형을 집행하겠다는 뜻일까? 같은 철학을 공유한 것으로 추정되는 이명박 대통령도 감히 엄두 내지 못한 일이었는데도 말이다. 이제 박근혜 당선자 정도의 대한민국 지도자는 국제사회의 흐름을 유념하면서 언행을 챙겨야 할 것이다. 어떤 세력의 주도였는지는 모르지만 선거를 앞두고 인권이 곧 무질서라는 그릇된 관념을 부추긴 듯하다. 우리 사회에서 오래전부터 성폭력과 음주 난동은 새삼스러운 일이 아니다. 그런데 근래 들어 모든 방송은 성폭력 문제를 나라 제일의 의제로 끌어올렸다. 한 언론사의 주도 아래 탄생한 '주폭(酒暴)'이란 단어 속에 단순히 그릇된 음주 문화의 개선을 위한 국민 계몽 운동이나 건설적인 제언보다는 강력한 처벌을 통한 질서 유지를 촉구하는 메시지가 담겨 있는 듯하다. 이런 선정적인 의제에 가려, 보다 중요한 선거 쟁점은 희석됐다.

당초 필자가 회고록을 집필한 동기도 대통령 선거를 앞두고 '중립적인 입장에서' 한국의 인권 상황과 인권위 문제를 바로 알리고 싶은 충정 때문이었다. 글을 연재하는 동안 몇 분의 독자가 반응을 보여 왔다. 어떤 분은 여전히 사실보다는 입장이나 진영 논리에 입각하여 강한 비난을 퍼부었고, 또 어떤 분은 중립적인 관점에서 진상을 알려주어 고맙다고 했다. 침묵으로 일관한 다수 독자들의 반응이 궁금하다. 『동물농장』의 저자 조지 오웰의 에세이, 『작가와 리바이어든』(1948) 구절이 떠올랐다.

"대결의 시대에는 자신의 충동을 왜곡시키지 말고 침묵을 지키는 것이 최선의 방법이다."

"정당이라는 기계나 집단 이데올로기에 굴복하는 것은 작가로서 스스로를 파멸시키는 행위다."

정치는 두 개의 악 가운데 어느 쪽이 덜 악한 것인지를 결정하는 행위일 뿐이라는 자조 속에 인간세상의 원리와 함께 우리가 서 있는 자리가 보인다. 인권을 내세워 정치를 흔드는 것도 악이고, 정치를 내세워 인권을 탄압하는 것도 악일지 모른다. 두 개의 악 중에 하나를 선택해야 한다면 그래도 전자를 택해야 하는 것이 아닐까?

덧붙이는 글

한때 국제사회의 모범이었던 국가인권위원회가 추락하게 된 결정적 이유는 독립성 훼손이다. 여기에 함께 싣는 3건의 문건은 독립성을 지키기 위한 필사의 노력의 결과다. 2건의 문건은 국제사회가 존중하는 아름다운 약속이다.

❶ 미국산 쇠고기 전면 수입 반대 촛불집회시위 관련 직권 및 진정 사건 결정문(2008년 10월)

❷ 북한 인권에 대한 국가인권위원회의 입장(2006년 12월)

❸ 권한쟁의심판청구서(2009년 3월)

❹ 세계인권선언(1948년 12월)

❺ 국가인권기구의 지위에 관한 원칙(파리 원칙, 1993년 12월)

1

미국산 쇠고기 전면 수입 반대 촛불집회시위 관련 직권 및 진정 사건 결정문

주 문

국가인권위원회는 미국산 쇠고기 전면 수입 반대 촛불집회시위 관련 직권 및 진정 사건 조사의 결과를 종합하여 아래와 같이 권고한다.

1. 행정안전부 장관에게

촛불집회시위 과정에서 경찰이 일부 과도한 공격적인 진압을 하여 일부의 집회시위 참여자들에게 부상을 입히는 등 인권 침해를 한 사실이 인정되므로 이에 대한 지휘 책임을 물어 당시 경찰청장에게 경고할 것을 권고한다.

2. 경찰청장에게

가. 집회시위 현장에서의 인권 침해 행위의 재발 방지를 위해 국민의 생명신체의 안전을 우선으로 하는 방어 위주의 경비 원칙을 엄수할 것.

나. 2008년 6월 28일 자정경 태평로와 종로 및 2008년 6월 1일 아침 안국 로터리 등에서 진행된 진압작전으로 인해 발생한 인권 침해 행위에 대한 지휘 책임을 물어 당시 서울지방경찰청 소속 기동본부장과 4기동단장에 대해 징계 조치할 것.

다. 시위 진압경찰들의 투척 행위로 인해 비무장 집회시위 참여자들에 대한 신체적 위험 발생이 크므로 이를 방지할 수 있는 대책을 마련할 것.

라. 시위 진압용으로 살수차를 사용할 경우 이로 인하여 인체에 대한 심각한 위해를 가할 수 있으므로 최고 압력이나 최근 거리 등 그 구체적 사용기준에 대해 부령 이상의 법적 근거를 마련할 것.

마. 소화기를 인체를 향하여 분사하는 것은 그 통상적 용법에 해당하지 아니하고 분말 가스가 인체에 위해를 끼칠 가능성이 있으므로 소화기를 사람에 대해 직접 분사하여서는 아니 되고 원래 용도인 소화용으로만 사용할 것.

바. 집회시위 현장에서 경찰의 광범위한 통행 차단 조치로 인하여 집회시위 참여자들뿐 아니라 인근 지역에 거주하는 주민과 시위 현장을 통행하는 다수의 시민이 통행에 어려움을 겪게 되므로 시위와 관련되는 것으로 확인되지 않는 한 시민들의 통행을 제한하지 말 것.

사. 집회 및 시위에 관한 법률 위반 혐의로 조사를 받는 피체포자에게 반성문이라는 내용과 형식의 자술서를 받는 관행을 중단할 것.

아. 집회시위 진압 등 경비 업무 시 전·의경 대원들이 착용하는 의복에 상대방이 쉽게 알아볼 수 있는 식별 표시를 부착하고 당해 업무를 담당하게 할 것을 권고한다.

2008년 촛불집회

이 유

Ⅰ. 조사의 개요

1. 조사의 배경과 목적

국가인권위원회는 정부의 미국산 쇠고기 수입 결정과 관련하여 2008년 5월 초경부터 같은 해 8월 말경까지 진행된 촛불집회시위(이하 '촛불집회시위'라고 함) 과정에서 진압경찰의 폭행으로 수많은 사람들이 부상을 입는 등 인권 침해를 당하였다는 진정사건을 접수받고 이와 관련된 언론 보도를 접하였다. 이에 대해 정부는 2008년 7월 21일 법무부 보도자료 「국제앰네스티 조사원의 기자회견 내용에 대하여」에서 "촛불집회시위와 관련된 공권력 행사는 일부 과격한 폭력 행사 등을 저지하기 위한 필요최소한의 정당한 조치였으며, 인권 침해 주장에 대하여는 수사 등 신중하고 철저한 사실관계 확인이 선행될 필요가 있다."고 주장하였다. 이러한 상황에서 촛불집회시위 현장에서 진압경찰의 촛불집회시위 참여자에 대한 가해 행위가 있었는지, 그리고 가해 행위가 있었다면 그러한 행위가 불가피한 최소한의 공권력 행사였는지 아니면 과도한 공권력 행사였는지에 관하여 사회적인 논의가 대두되었다. 또한 촛불집회시위 과정에서 인권 침해 행위가 발생하였다면 그러한 행위의 재발 방지를 위해 어떠한 대책이 마련되어야 하는가를 밝히는 것은 이후 유사 사태가 반복되는 것을 방지하기 위하여 필요할 것이다. 이와 같은 배경에서 국가인권위원회는 촛불집회시위 과정에서 경찰이 부당하게 공권력을 행사하여 시민의 인권을 침해하였는지를 규명하기 위하여 이 사건 조사에 이르게 되었다.

2. 촛불집회시위의 진행과정

촛불집회시위는 2008년 5월 초부터 2008년 8월 말까지 진행되었으나 국가인권위원회의 조사와 그에 따른 권고는 5월 초부터 7월 초까지 일어난 촛불집회시위를 기초로 하고 있다. 지난 4월부터 8월까지 진행된 촛불집회시위의 월별 상황의 개요는 [붙임자료 1]에서 정리하였다.

[붙임자료 1]에서 정리된 바와 같이 지난 5월부터 지난 7월 사이에 진행된 촛불집회시위와 관련된 참가 연인원, 출동 경력 연인원, 연행자 수와 연행자 처리 현황, 부상

자 수 현황 등을 살펴보면 다음과 같다.

가. 참가 연인원(2008. 5. 2~2008. 7. 10)

경찰 제출 자료에 의하면, 서울에서는 70일 동안 매일 촛불시위가 열렸고 연인원 553,720명이 참가하였으며 전국적으로는 1,959회, 882,010명이 참가하였다. 관련 시민 단체에서는 참가 연인원에 대한 구체적인 통계자료를 갖고 있지 못하지만 5월 초부터 8월 말까지 진행된 촛불집회시위 전 과정에 수백만 명이 참가한 정도로 추산하였다.

나. 출동 경력 연인원(2008. 5. 2~2008. 7. 10)

경찰 제출 자료에 의하면, 이 기간 동안의 출동 경력 연인원 수는 전국적으로 6,031 중대 542,790명, 서울에서는 4,938중대 444,420명이 출동하였다.

다. 연행자 수와 연행 후 처리 현황

1) 대검찰청이 제출한 자료에 의하면, 2008년 5월 2일부터 2008년 8월 25일까지 촛불시위와 관련하여 경찰에서 총 1,503명을 수사하여(시위 현장에서의 체포자 1,416명 포함), 그중 28명을 구속하였고, 1,335명을 불구속 입건하여 2008년 8월 25일 현재 수사 중에 있다. 위 사건 가운데 검찰에 송치된 사건은 약 200여 명으로 15명 구속기소, 9명 불구속기소, 1명을 약식기소 하였다.

일자별 연행자 수의 변화 추이를 살펴보면 특정일(2008년 5월 31일 저녁~2008년 6월 1일 아침, 2008년 6월 25일 저녁~2008년 6월 26일 아침, 2008년 6월 28일 저녁~2008년 6월 29일 아침)에 집중되어 있음을 알 수 있다. 즉 촛불집회시위가 진행된 약 3달여의 기간 동안 연행자가 균등하게 발생한 것이 아니고 특정일자 집회시위의 경우에 연행자가 많이 발생하였음을 알 수 있다.

2) 시기별 연행자 수(경찰청 통계)

2008년 5월 2일~2008년 8월 25일까지 촛불집회 일자별 연행자 수 및 처리 결과는 〈표 1〉 및 〈그래프 1〉과 같다.

<표 1> 시기별 연행자 수

연번	구분	계	구속	불구속	즉심	훈방
	누 계	1,388	9	1,275	56	48
1	2008. 5. 24	37		36		1
2	5. 25	32		32		
3	5. 26	29		23	4	2
4	5. 27	113		88	17	8
5	5. 29	6		6		
6	5. 30	22		22		
7	5. 31	228		202	21	5
8	6. 1	77		61	14	2
9	6. 6	5		5		
10	6. 7	11	2	8		1
11	6. 10	24		23		1
12	6. 20	5	1	4		
13	6. 21	12	2	10		
14	6. 22	4		4		
15	6. 25	139	3	132		4
16	6. 26	11		11		
17	6. 27	24		24		
18	6. 28	55	1	54		
19	6. 29	131		130		1
20	7. 10	6		6		
21	7. 12	3		3		
22	7. 17	7		7		
23	7. 19	17		16		1
24	7. 26	42		37		5
25	8. 2	13		11		2
26	8. 5	155		150		5
27	8. 9	6		6		
28	8. 15	155		148		7
29	8. 23	19		16		3

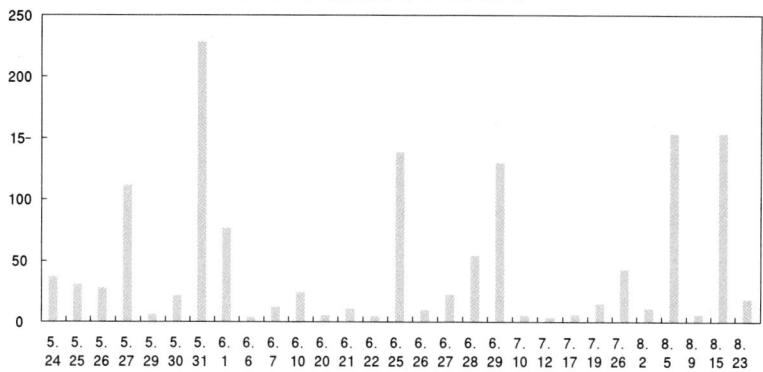

〈그래프 1〉 경찰 연행자 수의 일자별 분포

라. 부상자 수 현황

1) 시위대 측 부상자

가) 119 구급차 명단으로 본 시위대 부상자 발생 추이는, 〈표 2〉 및 〈그래프 2〉와 같다.

〈표 2〉 119 구급차로 후송된 시위대 부상자 수

일자	2008. 5. 31~6.1	6. 2	6. 5 ~6	6. 6 ~7	6. 7 ~8	6. 10 ~11	6. 21 ~22	6. 25 ~26	6. 26 ~27	6. 28 ~29
구호자 수	65	2	13	13	12	6	17	36	10	85

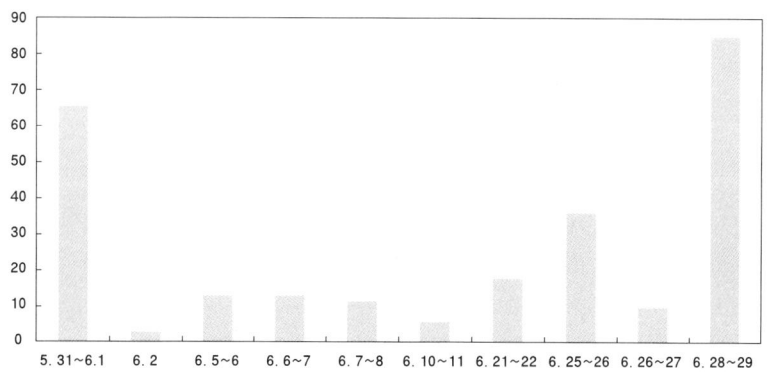

〈그래프 2〉 119 후송 부상자 수의 일자별 분포

119 구급차 명단을 통해 부상자 수를 확인하는 방법으로는 부상자들 중 다수가 구급차를 이용하지 않고 대체로 부상의 정도가 심한 부상자들만 구급차를 이용하기 때문에 부상자 전체 숫자를 파악하는 데 어려움이 있다. 119 명단으로 본 시기별 부상자 발생 추이를 살펴보면 부상자가 특정일자(2008. 5. 31~6. 1, 6. 25~6. 26, 6. 28~6. 29)에 집중되어 있음을 알 수 있다. 즉 촛불집회시위가 진행된 약 2달여 기간 동안 부상자가 균등하게 발생한 것이 아니고 특정일의 경우에 부상자가 많이 발생하였음을 알 수 있다.

나) 언론 보도와 광우병 대책회의 추정치

한겨레신문 보도에 의하면, 2008년 6월 23일 기준으로 시위대 부상자 수가 1,000여 명(병원 후송자 400여 명, 중상자 40여 명)이고, 광우병 대책회의는 2008년 9월 3일 현재 시위대 부상자 수를 2,500여 명으로 파악하고 있다.

2) 경찰 측 부상자

가) 서울지방청이 제출한 자료에 의하면, 2008년 5월 2일부터 8월 6일까지 발생한 경찰 부상자 수는 〈표 3〉과 같다.

〈표 3〉 경찰 측 부상자 수

총계			경찰관			전·의경		
총	중상	경상	총	중상	경상	총	중상	경상
489	95	394	55	7	48	434	88	346

나) 일자별 경찰 부상자 수는 〈표 4〉와 같다.

〈표 4〉 일자별 경찰 부상자 발생 수

월/일	2008. 5.24	5.25	5.26	5.28	5.29	5.31	6.1	6.6	6.7	6.20	6.21	6.22	6.25	6.26	6.28	7.5	7.19	7.26	8.5
부상자 수	11	4	7	2	25	75	5	34	44	1	6	3	84	19	165	1	1	23	1

진압경찰 부상자 발생도 특정일(2008년 5월 31일, 6월 25일, 6월 28일)에 집중되어 있음

을 알 수 있으며, 위 일자도 시위대 부상자 수가 많이 발생한 날짜와 일치함을 알 수 있다. 이는 시위대와 경찰의 부상자 발생이 동시에 증감하는 것을 보여주며 위 특정 일자의 집회시위 현장에서 양측이 충돌하였음을 보여준다.

마. 평가

위 각종 통계자료를 보면, 촛불집회시위의 진행과정에서 연행자 수, 시민 내지 시위대 측 부상자 수, 경찰의 부상자 수가 특정일(2008년 5월 31일, 6월 25일, 6월 28일)에 집중되어 있음을 알 수 있다. 이러한 점은 시위대와 경찰의 부상자 발생이 서로 연계되어 있으며 위 특정일에 양측이 서로 간에 충돌하였음을 보여준다.

3. 조사 대상과 범위

위 제2항의 통계자료에서 본 바와 같이 지난 5월부터 7월까지의 상황을 기준으로 하더라도 서울에서만 경찰 추산 연인원 55만여 명 이상이라는 다수의 시민들이 3달 이상의 장기간 동안 거의 매일 촛불집회시위에 참여하였다. 또한 위에서 본 바와 같이 촛불집회시위에 참여한 시민들 가운데 부상을 당하거나 연행을 당한 시민들이 상당히 많고 진압경찰관 역시 수백 명이 크고 작은 부상을 당하였다. 또한 광화문 주변 상인들은 장기간의 촛불집회시위 때문에 매출액이 급감하여 손해를 보았다는 이유로 광우병 대책회의를 상대로 손해배상 소송을 제기하여 현재 민사소송이 진행 중이다.

이렇듯 우리 사회의 다양한 구성원들(집회시위 참여자, 진압경찰, 주변 시민, 집회 지역의 주변 상인 등)에게 많은 영향을 준 촛불집회시위는 크게 세 가지 양상으로 구분될 수 있다. 즉, ① 촛불집회 참가자들과 경찰 간에 어떠한 물리적 충돌도 없이 평화롭게 진행되었던 경우, ② 촛불집회시위 참가자들과 진압경찰 간의 충돌로 인하여, 진압 중이던 경찰대원들이 일부 과격 시위대들로부터 폭행을 당하여 부상을 입고 경찰 장비가 손괴되는 등 시위대의 물리력 행사가 있었던 경우, ③ 촛불집회시위를 진압하던 경찰들이 ②의 경우와 같은 시위대의 물리력 행사가 없었음에도 불구하고 과도한 공권력 행사를 하였거나, 시위대의 물리력 행사가 있었더라도 그에 대응한 공권력 행사가 과도하여 다수의 부상자가 발생한 경우 등이다.

위에서 검토한 조사 배경과 목적 및 촛불집회시위의 세 가지 양상을 기준으로, 국가인권위원회는 조사의 대상과 범위를 확정함에 있어서 다음의 두 가지 점을 고려하였다.

첫째, 국가인권위원회의 조사 권한의 법적인 한계이다. 국가인권위원회는 위에서 검토한 수많은 구성원들의 피해 가운데 오직 국가, 지방자치단체 등의 공권력이 업무 수행과 관련해 일반 시민에 대하여 「헌법」 제10조 내지 제22조가 보장하는 인권(여기에는 재산권, 교육권, 노동권 등이 포함되지 않는다)의 침해가 있을 경우에만 조사하여 그에 대한 구제 조치를 취할 수 있다. 즉 「국가인권위원회법」 제30조 제1항 제1호는 국가인권위원회는 "국가기관, 지방자치단체 또는 구금보호시설의 업무 수행과 관련하여 헌법 제10조 내지 제22조에 보장된 인권을 침해당하거나 차별 행위를 당한 경우"에만 조사할 수 있다고 명시적으로 규정하고 있다. 이와 같이 국가인권위원회의 조사권이 제한된 이유는 크게 두 가지이다.

우선, 인류의 역사 및 우리 사회의 지난 역사 속에서 공권력이 인권을 침해하는 경우가 지속적이고 심각하였다는 판단 때문에 이러한 공권력에 의한 인권 침해를 방지, 예방하기 위하여 기존의 사법 절차를 보충하는 기관으로서 국가인권위원회를 설립하였다. 그 다음으로 국가인권위원회가 일반 사인에 의해 발생된 일반 사인 및 업무 수행 중인 공무원에 대한 인권 침해를 조사할 경우에는 기존의 사법기관(경찰, 검찰, 사법부 등)의 기능과 중복이 되고 기존의 사법기관의 기능을 약화시킬 가능성이 있게 된다. 이러한 이유로 국가인권위원회에 대하여는 일반 시민에 의해 발생된 일반 시민 및 업무 수행 중인 공무원(예를 들면, 시위 진압 중인 전·의경 대원)에 대한 인권 침해를 조사할 권한을 아예 부여하고 있지 않다. 우리의 헌법과 법제는 이러한 유형의 인권 침해는 민사소송이나 형사사법 절차에 따라 해결할 것을 요구하고 있다. 이러한 법제와 그에 따른 권한의 배분으로 인하여 촛불집회시위 현장 인근의 상인들이 입은 재산권 등에 대한 손해에 대하여는 민사소송에 의하여 그 재산권이 보장되고, 집회시위 현장에서 업무를 수행하던 공무원 및 일반 시민이 입은 인권 침해 문제는 폭력행위를 한 시민에 대한 사법기관의 수사 및 재판 등의 통상적인 형사사법 절차에 따라 그 인권이 보장되고 있는 것이다. 현재 그러한 절차가 실제로 진행되고 있음은 위에서 언급한 바와 같다.

둘째, 위와 같은 촛불집회시위는 야간에 이루어진 것으로서, 현행 「집회 및 시위에 관한 법률(이하 '집시법'이라 함)」에서 요구하고 있는 '신고'를 하지 않고 진행되었기 때문에 이에 대한 경찰의 진압은 적법 절차를 준수하는 한에 있어서는 정당한 공권력 행사에 해당된다는 점이다(현행 집시법 규정이 「헌법」 제21조 제1항에서 규정하고 있는 집회 및 시위의 자유의 정신에 따라 규정되고 집행되고 있는지의 여부에 관하여는 국가인권위원회가 여러 차례에 걸쳐서 권고를 하였던 관계로 여기에서는 논외로 한다). 그러므로 국가인권위원회가 조사하고자 하는 사항은 '경찰이 촛불집회시위를 해산, 진압하기 위하여 공권력을 행사하는 행위 그 자체가 적법, 타당한지의 여부'가 아니라 경찰이 촛불집회시위를 해산, 진압하기 위하여 공권력을 행사하는 과정에서 사용한 구체적인 행위가 인권 보장을 위한 '적법 절차를 지켰는지 또는 정당한 범위 내의 공권력 행사인지 여부'이다.

위와 같은 두 가지 기본적인 원칙에 의하여 국가인권위원회의 조사 대상과 범위가 확정될 수 있다.

우선, 위에서 검토한 촛불집회시위의 세 가지 양상 중 ①의 경우는 인권 침해의 문제가 제기될 여지가 없어 국가인권위원회의 조사가 필요하지 아니한 경우이다.

②의 경우는, 일부 과격 시위대의 불법행위 등이 문제가 될 수 있으나, 이는 위에서 검토한 '국가인권위원회의 조사 권한의 법적인 한계'에 의하여 국가인권위원회가 그 조사권을 발동할 수 없는 경우에 해당한다. 즉, 위에서 언급한 「국가인권위원회법」 제30조 제1항 제1호의 명문 규정상 국가인권위원회는 일반 시민이 업무 수행 중인 공무원에 대해 행한 인권 침해를 조사할 수 없게 되어 있으며, 이에 대한 조사가 이루어질 경우에는 「국가인권위원회법」의 규정에 반하는 조사권의 발동이 되는 것이므로 허용될 수 없는 것이다. 일반 시민의 공무원에 대한 인권 침해가 인정되는 일부 사건에 대해서는 개별적으로 민사소송이나 형사사법 절차에 따라 해결될 수 있음은 위에서 본 바와 같다.

마지막으로 ③의 경우는 위에서 언급한 「국가인권위원회법」 제30조 제1항 제1호에 해당하는 전형적인 경우로서 국가인권위원회가 조사할 수 있는 대상 범위 내의 사안이다. 이러한 ③의 경우에는 다음 두 가지의 상황이 포함되는바, 우선, 경찰이 집회를 해산 및 진압하는 과정에서 ②의 경우와 같은 촛불집회시위 참가자들의 물리력 행사가 없었음에도 경찰이 이들에게 폭행을 행사하거나 가격 행위 등을 하여 그 공권력 행사가 인권 침해적이라는 것이 명백한 경우가 이에 해당한다. 다음, 설령 일부 과격 시위대의 물리력 행사가 있었다 하더라도 그것을 진압함에 필요한 공권력 행사의 최소 범위를 벗어난 경우, 즉, 진압경찰의 정당방위 내지 정당행위 상황이 인정되기 어려운 과도한 유형력 행사가 이루어져 위법한 공권력 행사로 인정되는 경우 역시 ③의

인권위원들이 직접 참여한 현장 조사

경우에 포함된다. 따라서 국가인권위원회는 「국가인권위원회법」상의 조사 대상 범위에 해당하는 위 ③의 경우만을 조사 대상으로 한정하여 조사 및 심리를 진행하였다.

국가인권위원회는 이와 같은 사항들을 조사하여 인권 침해 여부를 판단함에 있어서 아래 'Ⅱ. 판단기준'에서 보는 바와 같은 국내법상의 기준과 국제법상의 기준을 적용하였다. 아울러 국가인권위원회는 이와 같은 조사를 하면서 촛불집회시위가 적법하게 신고되지는 아니하였다는 점, 촛불집회시위가 진행되었던 과정에서 일부 시위대가 경찰에 대하여 물리력을 행사하였다는 점 등은 공권력 행사의 적법성을 판단하기 위한 중요한 요소로 고려하였다. 그리하여 촛불집회시위의 과정에서 진압경찰이 어떠한 과정과 방법으로 일부 시위대로부터 공격을 당하여 부상을 입었는지, 그리고 이러한 부상으로부터 진압경찰관 자신의 생명과 신체를 구하기 위한 정당방위의 일환 내지 정당한 공권력의 행사를 거부하거나 방해하는 실력 행사를 제압하기 위한 수단으로서 유형력을 행사하거나 진압 장비를 사용하였는지의 여부 등에 관하여도 조사하였다.

4. 직권조사 결정과 조사방법

국가인권위원회는 2008년 5월 21일부터 2008년 7월 9일까지 촛불집회시위에 대한 경찰의 대응이 인권 침해적이라는 내용의 다수의 진정 사건을 접수하였다. 그러나 당시 국가인권위원회에 진정이 제기되지는 않았지만 언론 보도 등에서 중대한 인권 침해 사례로 언급되고 있는 것이 적지 않았으므로 접수된 사건만으로 집회에 대한 경찰의 대응 전반을 조사하는 것에 어려움이 있었다. 이런 점을 고려하여 국가인권위원회는 2008년 7월 11일 상임위원회의 결정에 따라 경찰의 촛불집회시위에 대한 대응 조치 전반을 직권으로 조사하기로 하였다.

국가인권위원회는 위와 같이 직권조사 결정을 한 후 2008년 7월 11일부터 9월 중순경까지 약 2달여 동안 6명의 조사관들이 피해자, 목격자 등 참고인, 경찰지휘관, 전·의경 대원, 기타 관계자 등 최소 256명 이상의 대상자(대면 조사 148명, 전화 및 서면 조사 108명 등)를 조사하였다. 이를 통하여 문답서 154개, 진단서, 동영상, 사진 등 관련 증거 자료 수백 점을 확보하였다. 또한 국가인권위원회는 전·의경 대원 중상 피해자 대부분에 대해 이들이 입은 피해 사실에 대한 대면 조사 및 관련 증거 자료 조사를 실시하고, 경상 피해자 일부에 대한 서면 조사 및 관련 증거 자료 조사를 실시할 계획이었으나, 촛불집회시위가 계속 진행되는 등의 당시 상황 때문에 이들 모두를 조사하는 데 어려움이 있었다. 따라서 진압경찰 중상 피해자 27명 등 총 28명에 대해 서면 및 면접의 방법으로 구체적인 상황에 대하여 조사를 하였고 서울지방경찰청으로부터 피해 상황 정리 자료(피해자 이름, 일시, 장소, 상처 부위, 치료 기간, 피해 경위를 간략히 요약)를 제출받아 검토하였다.

II. 인권 침해성에 관한 판단

일반적으로 경찰이 행사한 공권력이 적법한 것인지 여부 및 적정 범위를 벗어났는지 여부를 판단하는 기준은 헌법상 원칙인 '적법 절차 원칙', '과잉금지 원칙' 및 이로부터 파생된 '경찰 비례의 원칙'이다. '적법 절차의 원칙'은 모든 국가 작용에 적용되는 원칙으로서 특히, 범죄를 저지른 피의자에 대한 것을 포함한 모든 공권력 행사는 법률에 따른 공권력의 행사라고 할지라도 신체의 자유의 본질적인 내용을 침해하지 않아야 할 뿐 아니라 비례의 원칙 등에 반하지 않아야 한다는 것이다. 이 원칙은 우리 헌법학계와 헌법재판소의 확립된 견해이다. 또한, '과잉 금지 원칙' 및 '경찰 비례의 원칙'은 경찰 작용을 통해 이루려고 하는 공익과 제한되는 사익 사이에는 적절한 비례 관계가 있어야 한다는 것으로서 당해 경찰권의 발동 내지 그에 따른 조치는 그 목적 달성을 위한 필요 최소한도의 것이어야 함을 내용으로 한다. 이는 현행 「경찰관직무집행법」 제1조 제2항에서도 명시적으로 규정하고 있으며, 일반적으로 진압경찰이 정당방위적 상황 등이 아님에도 집회시위 참여자들에게 폭력을 행사하여 상해를 입힌 경우 그러한 행위는 위 원칙에 반한다고 볼 수 있다.

위와 같은 판단 기준 이외에, 경찰이 촛불집회시위를 해산, 진압하기 위하여 공권력을 행사하는 과정에서 인권을 침해하는 물리력을 행사하였는지의 여부를 판단하는 데에 있어 아래와 같은 다수의 국내 기준과 국제 기준을 적용하였다. 그리고, 이하에서는 이와 같은 기준을 적용하여 경찰이 촛불집회시위를 해산, 진압함에 있어서 공권력을 부당하게 행사하여 피해자들의 인권을 침해하였는지 여부를 살펴본다.

1. 판단 기준

경찰 비례의 원칙을 구체화시킨 국내법상의 법 규정 및 집회 진압, 경찰 장구 사용과 관련된 규정 등은 공권력 행사의 남용을 금지하고 있는 것을 확인할 수 있다. 이 가운데 훈령과 지침은 경찰청이 자체적으로 정한 규정으로 법적인 구속력은 없지만 공권력 행사의 필요 최소한도를 판단하는 데 참고가 될 수 있다. 또한 국제 규범도 현재 법적인 구속력은 없지만 다수 국가들 간의 합의이므로 역시 공권력 행사의 필요 최소한도를 판단하는 데 참고가 될 수 있다.

가. 국내 규범

국가인권위원회가 판단 기준으로 적용한 국내 규범은 다음과 같다.

1) 법률

가) 「경찰법」 제4조(권한 남용의 금지) 국가경찰은 그 의무를 수행함에 있어서 헌법과 법률에 따라 국민의 자유와 권리를 존중하고 국민 전체에 대한 봉사자로서 공정 중립을 지켜야 하며, 부여된 권한을 남용하여서는 아니 된다.

나)「경찰관직무집행법」

제1조(목적) ② 이 법에 규정된 경찰관의 직권은 그 직무 수행에 필요한 최소한도 내에서 행사되어야 하며 이를 남용하여서는 아니 된다.

제10조(경찰 장비의 사용 등) ① 경찰관은 직무 수행 중 경찰 장비를 사용할 수 있다. 다만, 인명 또는 신체에 위해를 가할 수 있는 경찰 장비에 대하여는 필요한 안전 교육과 안전 검사를 실시하여야 한다.

④ 제1항 단서의 경찰 장비의 종류 및 그 사용 기준, 안전 교육·안전 검사의 기준 등에 대하여는 대통령령으로 정한다.

2) 대통령령「경찰 장비의 사용 기준 등에 관한 규정」

제2조 (경찰 장비의 종류) 인명 또는 신체에 위해를 가할 수 있는 경찰 장비(이하 "경찰 장비"라 한다)의 종류는 다음 각호와 같다.

　1. 경찰 장구: 경찰봉·방패(그 외 생략)

　4. 기타 장비: 살수차(그 외 생략)

제3조 (경찰 장비의 일반적 사용 기준) 경찰 장비는 통상의 용법에 따라 필요한 최소한의 범위 안에서 이를 사용하여야 한다.

제6조 (불법 집회 등에서의 경찰봉·호신용경봉의 사용 기준) 경찰관은 불법집회·시위로 인하여 발생할 수 있는 타인 또는 경찰관의 생명·신체의 위해와 재산·공공시설의 위험을 방지하기 위하여 필요한 때에는 최소한의 범위 안에서 경찰봉 또는 호신용경봉을 사용할 수 있다.

제7조 (경찰봉·호신용경봉의 사용 시 주의사항) 경찰관이 경찰봉 또는 호신용경봉을 사용하는 때에는 인명 또는 신체에 대한 위해를 최소화하도록 주의하여야 한다.

제13조 (가스차·살수차·특수진압차·물포의 사용 기준) ① 경찰관은 불법 집회·시위 또는 소요사태로 인하여 발생할 수 있는 타인 또는 경찰관의 생명·신체의 위해와 재산·공공시설의 위험을 억제하기 위하여 부득이한 경우에는 현장 책임자의 판단에 의하여 필요한 최소한의 범위 안에서 가스차 또는 살수차를 사용할 수 있다.

제21조 (부상자에 대한 긴급조치) 경찰관이 경찰 장비를 사용하여 부상자가 발생한 경우에는 즉시 구호 기타 필요한 긴급조치를 취하여야 한다.

3) 훈령과 지침

가)「경찰장비관리규칙」제82조(특별관리) ⑤ 직무 수행을 위하여 제1항의 장비를 사용할 때에는 다음 안전 수칙을 준수하여야 한다.

1. 방패

    나. 가장자리로 상대의 머리 등 중요 부위를 찍지 않도록 주의하여야 한다.

3. 진압봉

    다. 시위대의 머리·얼굴을 직접 가격하지 않도록 한다.

7. 살수차

    나. 20m 이내의 근거리 시위대를 향하여 직접 살수포를 쏘아서는 안 된다.

나)「물포 운용 지침」

〈08. 물포의 운용 방법〉

2. 살수 방법 (덧붙임 '물포 운용 대형' 참조)

다. 직사 살수

(1) 살수 요령 : 물살 세기 1,000 내지 3,000rpm을 사용하여, 물줄기가 일직선으로 시위대에 도달되도록 하는 운용 방법

    ※ 예시) 불법 시위 시 전면의 폭력 시위대에는 직사, 후면의 시위대에는 고공 살수(곡사)하여 안전한 해산을 도모하며, 3,000rpm 이상 사용은 안전을 위하여 삼갈 것

(2) 사용 요건

    (가) 곡사 살수를 하여도 해산치 않는 경우

    (나) 쇠파이프·죽봉·화염병·돌 등 폭력 시위 용품을 소지하거나 경찰관 폭행 또는 경찰 병력과 몸싸움 하는 경우

    ※ 직포 운용 시, 적정 안전 수압을 유지하고 몸의 중심 부위를 목표로 살수하여 안전사고를 예방

    (다) 차벽의 전도·훼손·방화를 기도하는 경우

    ※ 붐대 또는 호스를 이용, 차벽 위에서 시위대를 향해 살수

나. 국제 규범

이하의 국제적 기준들은 현재 그 자체로서 법적인 구속력은 없다. 그러나 국제 조약인 '시민적·정치적 권리에 관한 국제규약(ICCPR)'의 조항들은 법률 제정과 실제 법집행 과정에서 최상으로 실행될 수 있는 방법에 대한 국제적 합의로서 중요한 참고 기준이 된다. 일반적으로 무력의 사용에 관한 핵심적인 인권 원칙은 비례성, 합법성, 책무성, 불가피성이다(UN High Commissioner for Human Rights Professional Training Series No. 5, 『Human Rights and Law Enforcement: A Manual on Human Rights Training for the Police』. 유엔 인권최고대표실 발간, 『인권과 법집행: 경찰 인권교육을 위한 매뉴얼』, 1997, pp.84~86).

1) 법집행관을 위한 행동 준칙(Code of Conduct for Law Enforcement Officials, 1979. 12. 17. 유엔 총회 채택)

- 법집행관은 업무를 수행함에 있어서 인간의 존엄성을 존중하고 보호해야 하며, 모든 개인의 인권을 존중해야 한다(제2조).
- 법집행관은 엄격히 필요한 경우에만 그리고 그들의 의무를 수행하는 범주에서 요구되는 정도로만 유형력을 사용해야 한다(제3조).

〈제3조 주석(commentary)〉

(a) 본 조항은 법집행관에 의해 사용되는 유형력은 반드시 예외적이어야 함을 강조한다. 법집행관들이 유형력을 사용하도록 법적으로 승인되어 있다 하더라도, 그 사용은 범죄의 예방을 위해 또는 범죄인의 체포를 위한 합법적인 행동이어야 하며, 필요한 이상을 넘어서는 안 된다.

(b) 국내법은 일반적으로 비례의 원칙에 근거하여 법집행관의 유형력 사용을 엄격하게 규정하고 있다. 본 조항을 해석함에 있어 이러한 비례의 원칙에 대한 국내 조항들이 존중되어야 한다. 어떠한 경우에도 이 조항은, 정당한 목표 달성을 위해 비례의 원칙을 준수하지 않은 유형력 사용을 승인하도록 해석되어서는 안 된다.

(c) 무기의 사용은 극단적인 조치로 간주된다. 무기의 사용(특히 아동을 상대로 한)을 자제하기 위한 최대한의 노력이 필요하다. 일반적으로 무기는 범인이 무장하여 항거하거나, 무기를 사용하지 않고는 다른 사람들의 생명이 위태로울 경우, 그리고 무기

사용 이외의 방법이 범인을 제압하거나 체포하는 데 충분하지 않을 경우 이외의 무기사용은 금지된다. 무기가 발사된 모든 경우에는 그에 대한 보고가 주무 당국에 즉시 이루어져야 한다.

2) 법집행관들의 무력 및 무기사용에 관한 기본원칙(Basic Principles on the Use of Force and Firearms by Law Enforcement Officials, 1990. 9. 7. 제8차 범죄 예방과 범죄자 처우에 관한 유엔 회의 채택)

〈일반 규정〉

- 제1원칙 정부와 법집행기관은 법집행관들에 의한 개인에게 가해지는 무기와 유형력의 사용에 관한 규칙과 규제를 채택하고 실행해야 한다. 이러한 규칙과 규제를 만듦에 있어 정부와 법집행기관들은 무기와 유형력 사용과 관련된 윤리적 문제들을 지속적으로 검토해야 한다.
- 제4원칙 법집행관들은 임무 수행 시 유형력과 무기를 사용하기 전에 가능한 한 비폭력적인 방법을 사용해야 한다. 법집행관들은 다른 방법들이 비효율적이거나, 의도한 결과를 달성할 수 없을 때에 한하여 무기 및 유형력을 사용할 수 있다.
- 제5원칙 합법적인 무기 및 유형력 사용을 피할 수 없는 경우에 법집행관은
  (a) 범죄의 심각성과 합법적인 목표 달성에 비례하여 무기 및 유형력 사용을 자제하고,
  (b) 위해와 상해를 최소화하고, 인간 생명을 존중하고 보호해야 한다.
  (c) 상처를 입거나 영향을 입은 사람에게 의료적 도움과 조치가 가능한 빠른 시간에 취해질 것을 확실히 하고,
  (d) 상처를 입거나 위해한 영향을 입은 사람의 친한 친구나 친지에게 가능한 시속하게 연락이 취해지도록 한다.
- 제7원칙 정부는 유형력과 무기의 자의적인 사용과 남용을 법에 의해 범죄로서 처벌하도록 확실히 한다.
- 제8원칙 국내의 정치적 불안정, 또는 기타 공공의 비상사태 등과 같은 예외적인 환경은 이러한 원칙의 위반을 정당화하지 못한다.

- 제9원칙 생명에 위협을 주는 특별히 심각한 범죄의 실행을 예방하기 위하여, 위험을 내보이며 법집행관들에 대해 항거하는 사람을 체포 또는 도주의 방지를 위하여, 법집행관들은 자기 자신에 대한 방어 또는 다른 사람들에 대한 사망 또는 심각한 상해에 이르는 임박한 위협에 대한 방어의 경우, 그보다 덜 극단적인 방법이 목적 달성을 위해 효과적이지 못한 경우를 제외하고는 무기를 사용하지 않는다. 어떤 경우라도 의도적인 치명적 무기의 사용은 엄격한 의미에서 생명의 보호를 위하여 불가피한 경우에만 가능하다.

〈불법 시위 경비〉

- 제12원칙 세계인권선언, 시민적·정치적 권리에 관한 규약이 규정하듯이 모든 사람은 합법적이고 평화적인 시위에 참석할 수 있으므로, 정부와 법집행기관, 법집행관들은 유형력과 무기의 사용은 제13원칙과 제14원칙에 따라서만 용인된다는 것을 숙지해야 한다.
- 제13원칙 법집행관들은, 불법이지만 비폭력의 시위를 해산함에 있어, 유형력 사용을 피하거나 또는 그것이 실질적으로 가능하지 않은 경우 필요한 최소한의 범위로 유형력 사용을 제한해야 한다.
- 제14원칙 폭력 시위의 해산에 있어서, 법집행관들은 무기사용보다 덜 위험한 방법이 실행 가능하지 않을 경우 필요한 최소한의 범위 내에서 무기를 사용할 수 있다. 법집행관들은 제9원칙에서 제시된 경우가 아니라면 무기를 사용해서는 안 된다.
- 제24원칙 정부와 법집행기관은 상급자가 그 자신의 지휘 아래에 있는 법집행 공무원이 유형력과 무기를 불법하게 사용하거나 사용하였다는 점을 인지하거나 충분히 인지할 수 있었을 때 그러한 상급자가 그러한 행위를 예방, 중지, 또는 보고하도록 모든 조치를 취하지 아니한 때에는 그러한 상급자가 이에 관하여 책임을 지도록 하여야 한다.

이상의 국내 및 국제 규범들은 모두 동일하게, 경찰력의 행사는 필요한 경우에 최소한도로 행사되어야 한다는 '경찰 비례의 원칙'을 명시하고 있다. 특히 위에서 본 '법집행관들의 무력 및 무기사용에 관한 기본원칙'은 평화적이거나 비폭력적인 시위 또는 폭력적인 시위를 진압함에 있어서 유형력과 무기의 사용이 최소한도 내로 제한되어야 하며(제13원칙 및 제14원칙), 법집행관이 불법하게 유형력과 무기를 사용한 경우에 대한 제재와 이에 대한 상급자의 책임을 명시하고 있다(제7원칙 및 제24원칙).

2. 구체적인 사례에 대한 판단

이하에서는 개별 사례들을 조사한 결과 확인된 사실과 인권 침해 여부에 대한 판단을, 과잉 진압 부분과 과도한 통행 제한 부분, 반성문 작성 강요 부분, 식별 표식 미부착 부분으로 유형화하여 정리한다. 과잉 진압 부분은 그 내용이 방대하여 다시 (i) 과도한 공격 행위, (ii) 과도한 장비 사용, (iii) 투척 행위에 대한 통제 미비, (iv) 공격적인 진압작전 부분으로 나누어 정리한다.

결정문 구성 편의상 대표적인 일부 사례만 결정문 본문에서 예시하고 국가인권위원회가 조사한 모든 사례(일부 사례는 증거 불충분 등으로 인권 침해가 인정되지 아니하거나 피해자가 조사를 원하지 아니하여 기각 또는 각하하였다. 또한 전원위원회에서 침해구제제1위원회에 결정을 위임한 사건 25건 및 2008년 7월 11일 이후 국가인권위원회에 접수된 진정 사건은 이번 결정에서 제외하여 검토 대상으로 삼지 아니하였다)는 [붙임자료 2]에서 정리한다.

가. 과잉 진압 부분

1) 과도한 공격 행위

진압경찰의 과도한 공격 행위는 행위가 발생한 상황과 피해자의 특성에 따라, 가) 후퇴하는 사람에 대한 공격, 나) 지켜보는 사람 및 사진 촬영하는 사람에 대한 공격, 다) 폭행을 만류하는 사람에 대한 공격, 라) 넘어진 사람에 대한 공격, 마) 여성과 이동에 대한 공격, 바) 의료 지원 활동하는 사람에 대한 공격으로 분류할 수 있다.

가) 후퇴하는 사람에 대한 공격

이러한 유형에 해당되는 대표적인 사례로는 ○○○ 사건(08직인11)을 들 수 있다.

(1) 피해 주장 요지

① 기초 사실 관련

피해자는 2008년 6년 28일 자정경 서울시의회 앞쪽에서 프레스센터 쪽의 시위를 지켜보고 있었는데 고립된 진압경찰들이 흥분한 시민들과 부딪히지 않도록 하기 위해 시민들을 막고 있었다. 그때 서울시의회 차벽 앞에서 진압경찰들의 진압이 시작되어 피해자는 시청광장 지하철 5번 출구 인도 쪽으로 피하기 위해 가고 있었으나 시위대가 많아 지체되고 있었다.

② 피해 사실 관련

성명 불상의 진압경찰은 위의 상황에서 인도 쪽으로 피하려고 하는 피해자를 방패를 수직으로 세워 오른쪽 옆구리를 가격하고 다른 성명 불상의 진압경찰은 가슴 부분을 가격한 뒤 다시 왼쪽 관자놀이 쪽을 가격하여 뇌진탕과 두피 하혈종 및 코뼈가 부러지는 상해를 가하였다.

(2) 경찰 측 답변(40, 302, 306, 41, 805, 809중대 각 중대장)

시위대에게 위해를 가한 사실이 없고 그런 사실을 목격한 적도 없다.

(3) 인정 사실 및 판단

피해자 ○○○의 진술, 인제대학교 서울백병원 의사 ○○○가 작성한 진단서의 기재 내용, 한겨레신문사에서 촬영한 동영상 재생 화면 등을 종합하면, 성명 불상의 진압경찰이 위의 상황에서 피해자를 방패로 가격하여 전치 2주의 치료를 요하는 상해를 가한 사실이 인정된다.

이 사건의 경우 진압경찰이 피해자 ○○○이 포함된 시위대를 밀어붙이기 직전 시위대들에 의해 진압경찰 일부가 포위되어 폭행당하는 상황이 발생하였다. 따라서 가해 진압경찰들의 행위는 이들을 구출하기 위한 불가피한 방어 행위에 해당하는지가 문제된다. 그러나 가해 진압경찰들의 위 피해자에 대한 가격 행위는 일부 시위대가 진압경찰들에게 폭행을 가하는 과정에서 이루어진 것이 아니라, 당시 상황이 종료된 후 시위대가 도주하던 중에 발생한 것이므로 진압경찰들이 피해자를 가격한 행위는 정당방위 상황에 해당한다거나 방어 행위에 해당한다고 볼 수 없고, 비무장 상태로 후퇴하던 피해자의 머리를 뒤에서 방패로 가격한 행위에 대해 달리 진압경찰들의 위와 같은 공격 행위를 정당화할 만한 사유를 발견할 수가 없다. 따라서 이 사건 진압경찰들의 행위는 과격한 폭력 행사 등을 저지하기 위한 필요 최소한의 조치라고 인정될 수 없고 이는 피해자의 신체의 자유 등에 대한 인권 침해 행위라고 판단된다.

이러한 유형에 속하는 사건으로는 ○○○ 사건(08직인11), ○○○ 사건(08직인11), ○○○ 사건(08직인11), ○○○ 사건(08직인11) 등이 있다.

나) 지켜보는 사람, 사진 촬영하는 사람에 대한 공격

이 유형에 해당되는 대표적 사례로는 ○○○ 사건(08진인2506)이 있다.

(1) 피해 주장 요지

① 기초 사실 관련

진압경찰은 2008년 6월 29일 0:00~0:30경 서울시의회 앞 차도에 설치된 차벽을 사이에 두고 시위대를 향해 살수를 하고 있었고 일부 시위대는 경찰버스에 줄을 매어서 잡아당기고 있었다. 당시 피해자는 서울시의회 건물 측 인도 위에서 시위를 지켜보고 있었고 피해자의 주위에는 일반 시민, 여성과 유모차가 많이 있었다.

② 피해 사실 관련

성명 불상의 진압경찰은 위 상황에서 시위대를 진압하던 중, 피해자가 밀려 나오는 시민들과 뒤에 있던 여성들, 유모차들이 엉켜 사고의 위험이 있을 것 같아 "아이가 있다."고 외쳤으나, 경찰봉으로 피해자의 머리를 가격하여 쓰러뜨리고 방패로 쓰러진 피해자의 등, 옆구리, 어깨 부위 등을 찍고 발로 밟아 우측 머리에 3센티 크기의 열상과 온몸에 타박상을 입게 하는 등의 상해를 가하였다.

(2) 경찰 측 답변(40, 302, 306, 41, 805, 809중대 각 중대장)

당시 경비 업무를 맡았던 위 중대장들은 시위대에게 위해를 가한 사실이 없거나 시위대를 폭행한 사실을 목격하지 못하였다고 주장한다.

(3) 인정 사실 및 판단

피해자 및 목격자 ○○○의 각 진술, 서울백병원 진료 기록 등을 종합하면, 성명 불상의 진압경찰이 피해자에 대해 폭력을 행사한 사실이 인정된다. 당시는 진압경찰이 시위대에 대해 진압작전을 시작하였고, 피해자는 시위 대열 속에 있지 아니하였으며, 피해자가 경찰에 대해 폭력을 행사하거나 스스로 넘어져서 다치는 등 진압경찰의 공격 행위가 아닌 다른 행위에 의해 상해를 입었음을 인정할 만한 상황이 확인되지 아니하므로 진압경찰의 정당방위나 정당행위가 인정될 여지가 없다. 기타 진압경찰의 폭행 행위를 정당화할 만한 사유를 발견할 수 없으므로 성명 불상 진압경찰의 피해자에 대한 폭행 행위는 과격한 폭력 행사 등을 저지하기 위한 필요 최소한의 정당한 조치라고 인정될 수 없어 피해자의 신체의 자유 등에 대한 인권 침해 행위라고 판단된다.

이러한 유형에 속하는 사건으로는 ○○○ 사건(08직인11), ○○○ 사건(08직인11), ○○○ 사건(08진인2493), ○○○ 사건(08진인2487, 실명 공개를 원하지 않는다는 의사를 표시함) 등이 있다.

다) 폭행을 만류하는 사람에 대한 공격

이러한 유형의 대표적인 사례로는 ○○○ 사건(여, 08직인11)이 있다.

(1) 피해 주장 요지

① 기초 사실 관련

진압경찰 수백 명은 2008년 6월 28일 자정경 시의회 쪽 차벽 틈새를 통해 나온 후 시청 쪽 방향으로 시위대에 대한 진압을 시작하였다. 성명 불상의 진압경찰들은 위의 상황에서 시위대를 뒤쫓던 중 다른 피해자 ○○○이 인도와 차도 사이에 설치된 장애물 때문에 더 이상 후퇴하지 못하자 피해자 ○○○을 방패와 경찰봉으로 가격하고 이를 맞고 쓰러진 피해자 ○○○을 계속하여 가격하고 있었다.

② 피해 사실 관련

성명 불상의 진압경찰은 위 상황에서 위 ○○○에 대한 폭행을 저지하기 위해 도로 위에 쓰러져 있는 ○○○을 감싸 안으면서 "때리지 마세요."라고 소리치던 피해자 ○○○의 오른손 등을 방패 또는 군홧발로 1회 가격하고, 계속하여 피해자 ○○○의 머리 정수리 오른쪽 부위 및 머리의 다른 부위를 방패로 수회 가격하고, 경찰봉으로 허리와 다리 부위를 수회 가격하였으며, 불상의 물체로 양 어깨를 가격하여 전치 2주의 치료를 요하는 뇌좌상 등 상해를 가하였다.

(2) 경찰 측 답변(4기동단 40, 302, 306, 41중대 각 중대장, 809전경대장)
도로를 불법 점거하고 있던 시위대를 서울시청 방면으로 해산시킨 사실은 있으나 시위대를 향해 방패나 경찰봉을 사용한 사실은 없다.

(3) 인정 사실 및 판단
피해자 ○○○, 다른 피해자 ○○○, 목격자 ○○○의 각 진술, 피해자 ○○○가 작성한 진술서, 한양대병원 의사 ○○○가 작성한 진단서, 중부소방서장이 작성한 119 피구호자 명단의 각 기재 내용을 종합하면, 서울청 4기동대(40중대, 302중대, 306중대, 41중대, 805중대, 809중대) 진압경찰들은 위의 상황에서 피해자 ○○○를 방패와 경찰봉으로 가격하여 전치 2주의 치료를 요하는 뇌좌상 등 상해를 가한 사실이 인정된다.

이 사건의 경우 진압경찰이 시위대를 밀어붙이기 직전 일부 시위대들에 의해 진압경찰 일부가 포위되어 폭행당하는 상황이 발생하였다. 따라서 가해 진압경찰들의 피해자 ○○○에 대한 가격 행위는 이들을 구출하기 위한 불가피한 방어 행위에 해당하는지가 문제된다. 그러나 진압경찰들의 가격 행위는 일부 시위대의 진압경찰들에 대한 폭행이 종료된 후 시위대가 도주하던 상황에서 발생한 점, 피해자가 비무장의 20대 여성인 점, 다른 피해자 ○○○에 대한 진압경찰의 폭행을 막으려는 과정에서 방패와 경찰봉 등으로 가격한 점이 인정된다. 이러한 점을 종합해볼 때, 진압경찰들의 피해자 ○○○에 대한 가격 행위는 방어 행위로 볼 수 없고, 달리 이를 정당화할 만한 사유를 발견할 수 없으므로 과격한 폭력 행사 등을 저지하기 위한 필요 최소한의 정당한 조치라고 인정될 수 없어 피해자의 신체의 자유 등을 침해한 행위라고 판단된다.

이러한 유형에 속하는 사건으로는 ○○○ 사건(08직인11), ○○○ 사건(08직인11), ○○○ 사건(08직인11), ○○○ 사건(08직인11), ○○○ 사건(08진인2503), ○○○ 사건(08진인2505), ○○○ 사건(08직인11) 등이 있다.

라) 넘어진 사람에 대한 공격

이러한 유형의 대표적인 사건으로는 ○○○ 사건(08직인11)이 있다.

(1) 피해 주장 요지

① 기초 사실 관련

진압경찰은 2008년 6월 29일 00:30경 태평로 프레스 센터 부근에 설치되어 있던 차벽 틈으로 뛰어나온 뒤 빠른 걸음으로 시위대를 밀어붙이기 시작했다. 피해자는 이와 같은 상황에서 낙오된 진압경찰 1명을 보호하기 위해 그 진압경찰 옆에 있다가 후퇴하기 위해 후진하던 중 성명 불상자와 부딪혀 넘어졌다.

② 피해 사실 관련

성명 불상의 진압경찰은 위의 상황에서 넘어진 피해자를 둘러싸고 군홧발과 경찰봉으로 피해자의 머리 부위를 집중적으로 가격하고 피해자가 머리를 보호하려고 팔로 감싸자 팔을 가격하여 전치 7주의 치료를 요하는 우측 척골 간부 골절 등 상해를 가하였다.

(2) 경찰 측 답변(4기동단 40중대장, 302중대장, 306중대장, 41중대장, 809전경대장)

도로를 불법 점거하고 있던 시위대를 시청 방면으로 해산시킨 사실은 있으나 시위대를 향해 방패나 경찰봉을 사용한 사실은 없다.

(3) 인정 사실 및 판단

피해자 ○○○의 진술, 녹색병원 의사 ○○○가 작성한 진단서 및 중부소방서장이 작성한 119 피구호자 명단의 각 기재 내용, 노컷뉴스가 촬영한 동영상 재생 화면 등을 종합하면, 서울지방경찰청 4기동대(40, 302, 306, 41, 805, 809중대) 진압경찰들은 위의 상황에서 피해자를 둘러싸고 군홧발과 경찰봉으로 피해자의 머리 및 머리를 감싸 안은 팔 부위를 가격하여 전치 7주의 치료를 요하는 우측 척골 간부 골절 등 상해를 가한 사실이 인정된다.

이 사건의 경우 진압경찰이 시위대를 밀어붙이기 직전 일부 시위대들에 의해 진압경찰 일부가 포위되어 폭행당하는 상황이 발생하였다. 따라서 가해 진압경찰들의 피해자에 대한 가격 행위는 이들을 구출하기 위한 불가피한 방어 행위에 해당하는지가 문제된다. 그러나 가해 진압경찰들의 가격행위는 일부 시위대의 진압경찰들에 대한 폭행이 종료된 후 시위대가 도주하던 상황에서 발생한 점, 피해자가 비무장 상태의 20대 여성인 점, 가해 진압경찰들이 넘어져 있는 피해자를 계속하여 경찰봉 등으로 무차별적으로 가격한 점이 인정된다. 이러한 점을 종합해볼 때, 진압경찰들의 피해자에 대한 폭행 행위는 방어 행위로 볼 수 없고, 달리 이를 정당화할 만한 사유를 발견할 수 없으므로 과격한 폭력 행사 등을 저지하기 위한 필요 최소한의 정당한 조치라고 인정될 수 없어 피해자의 신체의 자유 등을 침해한 인권 침해 행위에 해당된다고 판단된다.

이러한 유형에 속하는 사건으로는 ○○○ 사건(08직인11), ○○○ 사건(08진인1966), ○○○ 사건(08직인11), ○○○ 사건(08진인2522), ○○○ 사건(08진인2527), ○○○ 사건(08진인2513), ○○○ 사건(08진인2521) 등이 있다.

마) 여성과 아동에 대한 공격
이러한 유형에 해당되는 대표적인 사건으로는 ○○○ 사건(08직인11)을 들 수 있다.

(1) 피해 주장 요지
① 기초 사실 관련
피해자는 14세인 자로서, 2008년 6월 8일 05:00경 세종로 사거리 교보빌딩 앞에서 경찰과 시민이 대치하는 상황을 보고 있던 중, 경찰의 강제 진압이 시작되었다.
② 피해 사실 관련
성명 불상의 진압경찰은 위의 상황에서 방패로 피해자의 머리 뒷부분을 가격하여 뇌진탕과 후두부 열상 등의 상해를 가하였다.

(2) 경찰 측 답변
경찰이 조사를 하려 하였으나 피해자의 조사 비협조로 사실관계 조사를 진행하지 못하였다. 따라서 진상 규명을 할 수 없었다.

(3) 인정 사실 및 판단
피해자 ○○○ 및 목격자인 피해자 어머니 ○○○의 각 진술, 2008년 6월 9일 서울

방송 뉴스 보도, 세브란스병원 진단서 등을 종합하면, 피해자 ○○○은 2008년 6월 8일 05:00경 ○○○과 교보문고 쪽 인도 상에서 촛불시위에 참석하고 집으로 돌아갈 즈음 성명 불상 진압경찰이 갑자기 달려들었고, 어머니의 손을 잡고 물러서는 과정에서 방패로 머리를 가격당하여 머리 뒷부분 열상을 입고 연세대학교 세브란스 병원으로 후송된 사실이 인정된다.

당시 상황은 시위가 종료되어가고 있었고, 진압경찰은 시위대를 향하여 진격하고 있었으며 피해자는 어머니의 손을 잡고 인도로 피해 있는 상황이었다. 이러한 상황에서 진압경찰이 신장 150cm 정도의 체구가 작은 피해자의 머리 뒷부분을 방패로 가격하여 상처를 입힌 행위는 과격한 폭력 행사 등을 저지하기 위한 필요 최소한의 정당한 조치라고 인정될 수 없어 피해자의 신체의 자유 등을 침해한 인권 침해 행위에 해당된다고 판단된다.

이러한 유형에 속하는 사건으로는 ○○○ 사건(08직인11), ○○○ 사건(08직인11), ○○○ 사건(08직인2532), ○○○ ○○○ 사건(08진인2484, 08진인2482), ○○○ 사건(08직인11) 등이 있다.

바) 의료진에 대한 공격
이러한 유형에 해당되는 사건으로는 ○○○ 사건(08직인11)이 있다.

(1) 피해 주장 요지
① 기초 사실 관련
피해자는 의사로서 촛불시위 현장에서 의료 지원 활동을 해오고 있었으며, 2008년 6월 29일 01:00경 서울시의회 앞 인도에서 대오를 이탈한 진압경찰 1명을 치료하고 있었다.
② 피해 사실 관련
성명 불상의 진압경찰은 위 상황에서 진압경찰을 치료하고 있던 피해자에 대해 경찰봉으로 헬멧을 쓰고 있던 피해자의 머리 부위를 수회 가격하고 헬멧을 잡아당겨 피해자를 넘어뜨린 뒤 방패와 전투화로 피해자의 온몸을 수회 가격하여 각 전치 2주의

치료를 요하는 뇌진탕, 경추염좌 등의 상해를 가하였다.

(2) 경찰 측 답변(4기동단 40, 302, 306, 41중대 각 중대장, 809전경대장)

도로를 불법 점거하고 있던 시위대를 시청 방면으로 해산시킨 사실은 있으나 시위대를 향해 방패나 경찰봉을 사용한 사실은 없다.

(3) 인정 사실 및 판단

피해자 ○○○, 목격자 ○○○의 각 진술, 인제대학교 서울백병원 의사 ○○○이 작성한 진단서의 기재 내용, 목격자 ○○○이 촬영한 현장 사진 등을 종합하면, 성명 불상의 진압경찰들은 위 상황에서 의료 지원 활동을 하던 피해자를 방패와 경찰봉으로 가격하여 전치 2주의 치료를 요하는 뇌진탕 등의 상해를 가한 사실이 인정된다.

이 사건의 경우 진압경찰이 피해자 ○○○을 폭행하기 직전 일부 시위대들에 의해 진압경찰 일부가 포위되어 폭행당하는 상황이 발생하였다. 따라서 가해 진압경찰들의 행위는 이들을 구출하기 위한 불가피한 방어 행위에 해당하는지가 문제된다. 그러나 가해 진압경찰들의 가격 행위는 일부 시위대의 진압경찰들에 대한 폭행이 종료된 후이고, 피해자 ○○○은 시위대에 합류한 상태에 있었던 것이 아니라, 의료 지원단이 입는 노란색 조끼를 입은 여성 자원봉사자와 함께 부상자를 치료하고 있었기 때문에 가해 진압경찰들의 피해자 ○○○에 대한 가격 행위는 방어 행위에 해당하지 않으며 필요 최소한의 조치라고 볼 수 없다. 달리 이를 정당화할 만한 사유를 발견할 수 없으므로 진압경찰들의 폭행 행위는 피해자의 신체의 자유 등에 대한 인권 침해 행위라고 판단된다.

사) 평가

이상에서 본 바와 같이 경찰은 촛불집회시위를 진압, 해산하는 과정에서, 시위 현장에서 후퇴하는 사람, 지켜보는 사람, 사진 촬영하는 사람, 폭행을 만류하는 사람, 넘어진 사람, 비무장 상태의 여성과 청소년, 의료 지원 활동을 하는 사람들에 대하여 정당한 공무 집행을 위한 범위를 벗어나 일부 과도한 공권력의 행사를 한 사실이 인정된다.

특히 촛불집회 현장에서는 진압경찰관들에게 폭행 등 물리력을 행사하였던 일부 과격한 집회 참여자들이 있었지만, 국가인권위원회가 위에서 인권 침해라고 인정한 사실들의 피해자들은 경찰관에 대하여 행해진 폭행 등과 직접 관련이 없고, 경찰관들의 정당방위 내지 정당행위 상황과 무관한 상황에서 진압경찰관들로부터 일방적인 공격 및 폭행을 당한 경우이다. 또한 당시의 구체적 상황에 비추어 설령 경찰이 위 피해자들에 대해서 일정 정도의 물리력을 행사할 필요성이 있었다 하더라도, 그 행사의 방법과 정도는 필요 최소한의 범위를 벗어난 과도한 공권력의 행사로서 피해자들의 신체의 완전성 등을 내용으로 하는 신체의 자유를 침해한 행위라고 판단된다.

2) 과도한 장비 사용

가) 방패와 경찰봉

진압경찰의 방패 및 경찰봉의 과잉 사용으로 인한 피해를 주장한 사례에 대하여는 그 구체적인 설명을 결정문 구성 편의상 [붙임자료 2]에서 한다. 이하에서는 위 개별 사례들에 대하여 판단한 내용을 종합하여 정리한다.

국가인권위원회는 위 사례들에 대하여 조사한 결과 피해자들 및 목격자 등 참고인들의 각 진술, 경찰 제출 자료, 병·의원 진단서, 현장 사진 및 동영상, 언론 보도 등을 종합하면, 피해자 중 33명(OOO, OOO, OOO, OOO, OOO, OOO, OOO, OOO, OOO, OOO, OOO, OOO, OOO, OOO, OOO, OOO, OOO, OOO, OOO, OOO, OOO, OOO, OOO, OOO, OOO, OOO, OOO, OOO, OOO, OOO, OOO, OOO, OOO 등)이 진압경찰의 방패와 경찰봉에 의해 가격당하여 부상당하였으며 특히 대부분 안면이나 머리 부위를 가격당하였음이 인정되었다.

피해자들이 위와 같은 폭행을 당하게 된 과정을 검토해보면 각 구체적인 사례별로 당시의 상황 및 그 정도의 차이는 있겠으나, 진압경찰이 방패와 경찰봉으로 신체의 중요한 부분인 '얼굴 또는 머리 부위'를 가격할 수밖에 없었던 긴급한 상황은 인정되지 아니하였다. 즉, 위 피해자들은 당시 시위 대열에서 빠져 있거나 후퇴하는 중인 경우 또는 비무장 상태로 경찰과 시위대의 충돌을 저지하는 중에 폭행을 당한 경우가 적지 않았는바, 일부 과격 시위자들이 진압경찰들을 일방적으로 공격함으로써 이를 방어하기 위해 방패와 경찰봉을 사용하였다는 등의 정당방위 상황은, 적어도 위 개별 사건들에서는 인정되지 아니하였다. 따라서 위와 같은 방패와 경찰봉 가격행위는 「경찰법」 제4조(권한 남용의 금지), 「경찰 장비의 사용 기준 등에 관한 규정」 제6조, 제7조 및 제21조, '법집행관들의 무력 및 무기사용에 관한 기본원칙' 제4원칙과 제13원칙 및 '법집행관을 위한 행동 준칙' 제2조에 위반되는 행위이며, 경찰청이 자체적으로 마련한 「경찰장비관리규칙」 제82조 제5항에도 위반되는 행위라고 판단된다.

나) 살수차

진압경찰의 살수차 과잉 사용으로 인해 피해를 입었다고 주장하는 사례들은 6건(○○○, ○○○, ○○○, ○○○, ○○○, ○○○ 사건 등)이 국가인권위원회에 접수되었다. 국가인권위원회는 위 사례들에 대하여 조사한 결과, 피해자들 및 목격자 등 참고인들의 각 진술, 경찰 제출 자료, 현장 사진 및 동영상, 언론 보도 등을 종합하여 경찰이 시위 진압용으로 시위대를 향하여 살수차를 사용하여 부상을 입힌 사실을 인정하였다(다만, 인권 침해 여부에 대하여는 침해구제제1위원회에 그 결정을 위임하였음).

검토하건대, 현재 대통령령인 「경찰 장비의 사용 기준 등에 관한 규정」 제2조(경찰 장비의 종류) 제4호에 '살수차'가 규정되어 있어 그 사용 자체에 대한 법적 근거는 있다고 하더라도, 대외적 구속력을 갖는 부령 이상의 규정 중에는 국민의 생명신체 안전을 위해 살수차를 구체적으로 어떠한 규제하에 사용할 수 있는지에 대한 규정이 전혀 없다. 단지 위 규정 제13조 제1항에서 '부득이한 경우에는 현장 책임자의 판단에 의하여 필요한 최소한의 범위 안에서' 살수차를 사용할 수 있다는 기본적인 원칙만을 제시하고 있을 뿐이다. 살수차 사용과 관련하여 경찰청 훈령과 지침(Ⅱ. 1. 가. 3)항 참조)은 있으나 이는 자체 내부 규정에 불과하고 대외적 규범력이 없으며, 그 구체적인 규정을 만드는 과정에서 외부 통제를 받지 않으므로 법적 근거로 보기에는 부족하다고 판단된다. 「경찰 장비의 사용 기준 등에 관한 규정」 제2조에서도 인정하고 있듯이 '살수차'는 인명 또는 신체에 대해 심각한 위해를 가할 수 있는 장비인바, 그 구체적 사용 기준인 최고 압력이나 최근 거리 등의 요건에 대해 부령 이상의 법적 근거 없이 살수를 하는 것은 경찰의 자의적 운영 및 남용의 우려가 있다.

따라서 살수차 사용 방법에 대해 대외적 구속력 있는 부령 이상의 법적 근거를 마련하는 것이 필요하다고 판단된다.

다) 소화기

국가인권위원회는 이번 직권조사 및 진정 사건 조사를 통해 진압경찰이 이번 촛불집회시위 과정에서 시위 진압용으로 '소화기'를 빈번하게 사용한 사실을 확인하였다. 소화기를 진압 장비로 사용하는 것과 관련된 규정으로는 「경찰 복제에 관한 규칙」(행정자치부령) 제9조가 있으며, 위 규정에는 소화기의 구체적인 사용 기준 및 요건에 대하여는 아무런 규정이 없다. 그러나 대통령령인 「경찰 장비의 사용 기준 등에 관한 규정」 제3조(경찰 장비의 일반적 사용 기준)에 의하면 "경찰 장비는 통상의 용법에 따라" 사용하여야 하는바, 소화기는 화재 진화용으로 사용하는 것이 "통상의 용법에 따라" 사용하는 것이므로, 위 규칙을 '소화기를 인체를 향하여 사용하는 것'에 대한 근거 규정으로 보는 것은 타당하지 않다고 판단된다. 또한 소화기의 분말 가스는 인체에 위해를 끼칠 가능성이 있다.

국가인권위원회가 국립과학수사연구소에 의뢰하여 받은 감정 결과에 의하면 "위원회가 감정 의뢰한 소화기 분말 성분은 주성분이 제1인산암모늄($NH_4H_2PO_4$)이고 이는 분말 소화약제나 비료의 원료로 널리 사용되는 화공약품으로서 많은 양의 분말을 흡입하였을 경우 오심 및 구토 등을 유발할 수 있고, 피부에 접촉 시 발적 및 가려움, 눈에 접촉 시 발적 및 통증 등을 일으킬 수 있다고 보고되어 있다."고 한다. 뿐만 아니라, 시위 현장에 소화기를 분사하고 진압 행위를 할 경우 경찰이나 집회 참가자들의 시야가 흐려져 인체의 사상이 발생할 가능성이 더욱 커지므로 소화기가 시위 현장에서 진압 장비로 널리 쓰이는 것은 재고되어야 한다. 따라서 소화기는 사람에 대하여 직접 사용하여서는 아니 되고 통상의 용법에 따라 원래의 용도인 소화용으로만 사용하여야 한다고 판단된다.

라) 평가

이상에서 본 바와 같이 경찰은 촛불집회시위를 진압, 해산하는 과정에서 경찰봉, 방패, 살수차 및 소화기 등을 사용하였는바, 일부 그 구체적인 사용기준 및 방법에 관한 제반 규정 등을 위반하여 집회 참여자 등 시민들에게 정당한 공무 집행을 위한 범위를 벗어난 공권력 행사를 하였음이 인정된다. 위 장비들을 사용하였던 당시 집회 상황이 경찰과 시위대의 충돌이 있었던 때라는 것을 감안하더라도, 「경찰 장비의 사용 기준 등에 관한 규정」 등 자체가 애초에 '불법 집회·시위'등을 포함하여 각종 장비의 사용 기준 등을 정한 규정이라는 점을 고려할 때(위 규정 제6조 및 제13조 참조) 위 규정을 위반하였음은 명백하고, 비무장 상태이거나 후퇴하는 시민들에게까지 위 장비들을 규정에 위반하여 사용한 것은 필요 최소한의 조치를 넘은 과도한 공권력 행사로서 피해자들의 신체의 완전성 등을 내용으로 하는 신체의 자유를 침해한 인권 침해 행위라고 판단된다.

3) 투척 행위에 대한 통제 미비

경찰의 투척 행위로 인해 인권 침해를 받았다는 주장의 구체적 사례에 대한 설명은 결정문 구성 편의상 [붙임자료 2]에서 한다. 이하에서는 위 개별 사건들에 대하여 판단한 내용을 종합하여 정리한다.

국가인권위원회가 조사한 사건 중 투척물에 의한 피해가 인정된 사건은 8건(○○○, ○○○, ○○○, ○○○, ○○○, ○○○, ○○○, ○○○ 사건 등)으로, '물건 투척 행위'는 촛불집회시위 현장에서의 주요한 피해 발생 요인이다. 이에 대하여는 시위대도 진압경찰에 대해 물건 투척 행위를 하였으므로 진압경찰에 대해서만 투척 행위를 금지하는 것은 타당하지 않다는 주장이 있으며 실제로 일부 과격한 시위 참여자들이 진압경찰을 향하여 투척물을 던진 사실도 확인된다.

그러나 투척물에 의한 부상 등 신체에 가해지는 위해로서 가장 치명적인 것이 머리 부위의 부상인바, 촛불집회 현장에서 거의 대부분의 진압경찰이 방석모 착용 등 안전장치를 갖추었음을 볼 때, 아무런 안전보호장치를 착용하지 않았던 대부분의 집회 참여자들에 비하여 투척물에 의한 경찰들의 치명적 부상의 위험은 상대적으로 낮아 그 신체의 위험성에 대한 정도 차이는 명백하다고 할 수 있다. 뿐만 아니라 진압경찰들의 투척 행위는 그 자체로서 아무런 법적 근거가 없으며, 설령 일부 집회 참가자들이 투척 행위가 먼저 있었다고 하더라도 그것 역시 위법한 행위로서 형사사법 절차에 따라 판단을 받아야 하는 경우가 대부분일 것인바, 이를 이유로 진압경찰들의 투척 행위를 적법한 것이라거나 정당한 것이라고 할 수는 더더욱 없는 것이다. 법원 역시 시위대와 대치하고 있던 전투경찰대원이 시위대를 향하여 투척물을 던진 행위의 위법성을 인정한 바 있다("원고를 포함한 시위대들이 하이닉스 청주공장 북문에서 공장 안으로 진입하기 위하여 이를 저지하던 전투경찰들과 몸싸움을 하면서 대치하고 있는 상황에서 전투경찰이 돌을 시위대에게 던지는 행위는 정당한 직무 집행의 범위를 넘어선 불법행위라고 할 것."-청주지방법원 2006가합3537(손해배상)).

따라서 집회시위 참여자들에 대한 일부 진입 경찰들의 투척 행위는, 그 행위태양의 유형상 대원들이 우발적으로 행할 가능성이 큰 것이기도 하지만, 투척물로 인한 비무장 상태의 집회시위 참여자들의 피해 정도가 대단히 심각한 경우가 있으므로, 현장 지휘관에 의한 대원들의 투척 행위에 대한 통제는 아무리 강조해도 지나침이 없으며 진압경찰들의 투척 행위를 방지할 수 있는 방안을 마련하는 것이 필요하다고 판단된다.

4) 공격적인 진압작전

국가인권위원회가 이번 조사를 통하여 확인한 '과잉 진압에 의한 인권 침해 사례' 58건 중 46건은 특정일자의 촛불집회에 집중되었다(2008년 6월 28일 종로 6건 및 태평로 27건, 2008년 6월 1일 13건 등). 이러한 특징은 119 구조대가 호송한 부상자 수의 일자별 분포와, 경찰이 연행한 사람 수의 일자별 분포 경향과 일치한다. 또한 국가인권위원회는 위 양일의 구체적인 상황을 파악하기 위해 집회 참가자들뿐만 아니라 목격자, 경찰 지휘관, 경찰 측 부상자들의 각 진술, 관련 동영상 및 사진, 경찰 정보 상황 보고서, 언론의 보도 내용 등을 면밀히 검토하였다(I. 2.항 참조).

이러한 조사 결과 국가인권위원회는 집회 참가자 측 부상자 발생이 진압경찰대원들의 개인적이고 우발적인 가해 행위에 기인한 바도 있을 수 있지만, 경찰의 과도하고 공격적인 진압작전에 기인한 바도 크다는 판단을 하였다. 특히 대표적 사례인 2008년 6월 28일 태평로 작전에 대한 구체적인 이해를 위하여 당시 경찰 진압작전을 상세하게 검토할 필요가 있으므로 이를 [붙임자료 3]에서 정리하였다.

가) 2008년 6월 28일 자정경 태평로 집회 및 작전 상황

경찰은 2008년 6월 29일 00:20경 태평로에서 촛불집회시위에 대한 진압작전을 개시하여 약 300여 명의 시위 참가자들이 부상을 당하였다(한겨레신문과 KBS 추산). 이 충돌 과정에서 진압경찰도 약 100여 명 이상이 부상을 당하였다. 국가인권위원회는 당시 태평로 상황에 대하여 제기된 33건의 사건 조사를 통하여 27건에 대해 그 인권 침해 사실을 확인하였다(이에 해당되는 사건으로는 ○○○ 사건(08진인2533), ○○○ 사건(08진인

2487), ○○○ 사건(08진인2493), ○○○ 사건(08진인2522), ○○○ 사건(08진인2521), ○○○ 사건(08직인11), ○○○ 사건(08진인2515), ○○○ 사건(08진인2513), ○○○ 사건(08직인11), ○○○ 사건(08진인2505), ○○○ 사건(08진인2532), ○○○ 사건(08직인11), ○○○ 사건(08직인11), ○○○ 사건(08직인11), ○○○ 사건(08진인2358), ○○○ 사건(08직인11), ○○○/○○○ 사건(08진인2484, 08진인2482), ○○○ 사건(08진인2506), ○○○ 사건(08진인2531), ○○○ 사건(08직인11), ○○○ 사건(08직인11), ○○○ 사건(08직인11), ○○○ 사건(08진인2498), ○○○ 사건(08진인2517), ○○○ 사건(08진인2485), ○○○ 사건(08진인2495), ○○○ 사건(08직인11) 등).

경찰의 진압작전으로 인해 다수의 부상자가 발생하였다고 하더라도 일부 과격 시위대의 부당한 공격 행위를 방어하기 위한 최소한의 불가피한 작전이었다면 이를 부당한 공격적인 진압작전이라고 할 수는 없을 것이며, 실제로 당시 현장에서는 일부의 시위대에 의해 포위, 고립된 전·의경 대원들이 폭행당하였음도 확인하였다. 그러나 국가인권위원회가 조사하여 그 인권 침해 사실을 확인한 사건은, 피해자들이 진압경찰을 공격하는 과정에서 부상당한 것이 아니라 상당수가 진압경찰들이 앞으로 전진하는 중에 피해자들이 뒤로 돌아 후퇴하다가 폭행을 당한 경우이다. 부상당한 집회 참여자들 중 일부는 경찰들의 투척물이나 살수에 의해 부상을 당하였음이 인정되었다. 또한 위와 같이 많은 부상자(경찰 포함)를 발생하게 한 시위대와 경찰의 최초의 충돌(이 충돌로 전·의경 대원 다수가 부상당하였음)은, 당일 자정경에 경찰 약 100여 명이 시위대 약 3,000여 명 중심으로 돌진하여 시작하게 되었다는 점에 비추어 볼 때, 경찰의 진압작전은 필요 최소한도를 넘는 공격적인 진압작전인 것으로 판단된다. 따라서 위 진압작전을 지휘하여 결과적으로 수많은 진압경찰과 시민들이 부상을 입게 된 결과를 초래한 서울지방경찰청 4기동단장 및 이에 대해 직접적인 지휘 책임이 있는 기동본부장에 대해 책임을 묻는 것이 불가피하다고 판단된다('법집행관들의 무력 및 무기사용에 관한 기본원칙' 제7원칙 및 제24원칙 참조).

나) 2008년 6월 28일 자정경 종로 입구 상황

경찰은 2008년 6월 28일 23:55경 차벽이 열린 후 종로 입구 쪽에서 해산 작전을 개시한바, 진압경찰이 앞으로 전진하는 상황에서 당시 후퇴하고 있거나 비폭력적인 방법으로 대치하고 있는 집회 참여자들에 대하여 방패와 경찰봉을 가격하여 다수의 부상자를 발생케 하였다. 국가인권위원회는 위 상황에 대한 11건의 사건을 조사한 결과, 6건(○○○사건 (08직인11), ○○○사건(여, 08직인11), ○○○사건(08진인2519), ○○○사건(08진인2529), ○○○ 사건(08진인2494), ○○○ 사건(08진인2508) 등)에 대하여 인권 침해 사실이 있었음을 확인하였다. 위에서 본 바와 같이 당시 진압경찰들로부터 폭행을 당하여 부상을 당한 피해자들은 경찰관에 대해 직접적인 폭행을 행사한 자들이 아니라, 그 당시 후퇴하고 있거나 비폭력적인 방법으로 대치하고 있는 집회 참여자들 및 시민들이었다고 판단된다. 위 인권 침해 행위가 인정된 사건에 관한한 경찰의 진압작전은 과도한 공권력의 행사로서 필요 최소한도를 넘는 공격적인 것으로 판단되고, 따라서 위 작전을 현장에서 지휘한 기동본부장에 대해 지휘 책임을 묻는 것이 불가피하다고 판단된다('법집행관들의 무력 및 무기사용에 관한 기본원칙' 제7원칙 및 제24원칙 참조).

다) 2008년 6월 1일 오전 안국 로터리 상황 등

경찰은 2008년 5월 31일 밤부터 6월 1일 오전까지 효자로 입구, 동십자각 입구, 안국 로터리 등 광화문 일대에서 시위대를 해산시키는 일련의 진압작전을 진행하였다. 국가인권위원회는 위 상황과 관련된 사건을 조사한 결과, 경찰이 위 진압작전 과정에서 일부 과도한 물리력을 사용하고 가까운 거리에서 직사하는 방식으로 살수 행위를 하였으며, 기습적인 진격 명령이 있었음을 확인할 수 있었다(구체적으로는, 13건의 사건(○○○ 사건(08직인11), ○○○ 사건(08직인11), ○○○ 사건(08직인11), ○○○ 사건(08직인11), ○○○사건(08직인11), ○○○ 사건(08직인11), ○○○ 사건(08직인11), ○○○사건(08직인11), ○○○사건(08직인11), ○○○ 사건(08진인1966), ○○○사건(08직인11), ○○○사건(08직인11), ○○○사건(08직인11))에 대하여 경찰의 과도한 물리력 행사 등을 이유로 한 인권 침해 행위를 확인하였고, 살수차의 사용에 의한 2건의 부상 사실(피해자 ○○○, ○○○)을 확인하였음).

피해자 및 목격자들의 각 진술, 당시 상황을 촬영한 동영상 및 언론 보도 등을 종합하면, 위 진압작전은 비록 집회 해산의 필요성을 인정한다고 하더라도, 경찰이 위 진압작전 과정에서 기습적인 진격 명령을 하고, 쓰러진 여성 시위대를 폭행하는 등의 과도한 물리력을 사용, 신체에 위해를 끼칠 수 있는 방식으로 살수 행위를 한 것 등은 공권력 행사의 적정 범위의 한계를 벗어나는 것으로서 필요 최소한도를 넘는 공격적인 점이 있었다고 판단된다. 따라서 위 작전을 지휘한 기동본부장에 대해 지휘 책임 및 불상사를 예방하기 위한 주의 의무를 다하지 아니한 점에 대한 책임을 묻는 것이 불가피하다고 판단된다('법집행관들의 무력 및 무기사용에 관한 기본원칙' 제7원칙 및 제24원칙 참조).

5) 소결

경찰관의 업무는 사회의 공공질서를 유지하는 매우 중요한 서비스를 제공하고 있으므로 이들의 안전과 생명에 대한 위협은 사회 전체의 안전에 대한 위협으로 작용할 수 있다. 경찰관은 이러한 중요한 업무를 수행하면서 필요에 따라 유형력을 행사하고 장비 및 무기를 사용할 수 있음은 물론이다('법집행관들의 무력 및 무기사용에 관한 기본원칙' 전문(前文) 참조). 그러나 이러한 유형력의 행사 및 장비 등의 사용은 인권에 대한 존중의 원칙 위에서 필요한 최소한의 범위 내에서 이루어져야 한다는 것 또한 현재 일반적으로 인정되고 있는 대원칙이다.

위와 같은 대원칙에 따른 기대와는 반대로, 이번 촛불집회시위를 해산, 진압하는 과정에서 경찰이 행한 일부 과잉 진압 행위(과도한 공격 행위, 과도한 장비 사용, 투척 행위에 대한 통제 미비, 공격적인 진압작전 등)는 위 각 항목에서 검토한 바와 같이, 경찰의 공무 수행을 위한 필요한 최소한도의 범위를 벗어나 피해자들의 신체의 자유 등을 침해한 행위라고 판단된다. 물론 위 I. 2항에서 본 바와 같이 촛불집회시위 기간 도중에 다수의 경찰관 및 전·의경 대원이 부상을 입고 일부 시위대로부터 물리적인 폭행을 당한 사실은 인정된다. 그럼에도 불구하고 국가인권위원회가 인정한 경찰의 일부 과잉 진압 행위는, [붙임자료 2]에 열거된 구체적인 사례의 사실 관계에서 알 수 있듯이, 비무장 상태로 후퇴하거나 이미 신체 방어 능력을 상실한 상태임이 인정되는 집회 참여자 또는 집회에 직접적으로 참여하지 않은 자 및 여성과 아동 등에 대하여 행해진 과도한 진압·공격 행위임을 부인할 수 없다. 즉, 이 인권 침해 사례들은 진압경찰관에 대한 폭행 및 기타의 물리적인 공격 행위로부터 진압경찰관의 안전을 방어하거나 정당한 공무 수행에 대한 방해를 제압하기 위하여 필요한 수준에서 이루어진 것이라고 인정되기 어렵다고 판단된다.

나. 과도한 통행 제한 부분

1) 개별 사건별 피해 주장 요지

피해자들은 다음과 같이 경찰이 이동의 자유를 침해하였다고 주장하고 있다.

가) 2008년 5월 28일 새벽 종로에서 촛불문화제 종료 후 거리 시위하던 참가자들이 해산한 후에도 청계광장 주변 및 광화문 일대의 인도와 차도를 봉쇄하여 종로 1가의 시민들이 귀가하지 못하도록 함(08진인2395, 08진인2290).

나) 2008년 5월 28일~2008년 5월 29일 촛불문화제 참가자들이 청계광장에서 문화제를 마친 후 거리로 진출하는 시점에 청계천으로부터 사방에 이르는 도로와 인도 등에서 시민들의 통행을 가로막아 귀가하려는 시민과 장시간 실랑이를 벌임 (08진인2395, 08진인2290).

다) 2008년 5월 29일 22:50경 광화문 우체국 근처에서 시위대 해산 후에도 전경들이 인도를 막아 시민들의 보행권, 통행권을 침해함(08진인2395, 08진인2290).

라) 2008년 5월 31일 21:00경 교보문고 앞에서 참가자들이 촛불문화제를 마친 후 거리로 진출하는 과정에서 교보문고 앞 인도를 봉쇄하여 ○○○ 등 일반 통행인들의 통행을 가로막음(08진인2395, 08진인2290).

마) 2008년 6월 10일 23:30~2008년 6월 11일 00:30 사이 정보통신부 뒷길 근처 골목길을 전경 버스로 막아놓아 ○○○, ○○○, ○○○ 등 인근 주민들의 귀가를 방해하였고 항의하는 주민들에게 무시하거나 '여관에서 자라'고 말함(08진인2395).

2) 인정 사실 및 판단

진정인들 및 목격자 ○○○, ○○○, ○○○, ○○○의 각 진술, 관련 동영상 자료 및 사진 등을 종합하면, 위 피해 주장 요지 가), 나), 다), 라), 마)에 나열된 일시·장소에서 경찰이 경찰 버스 또는 경찰 병력을 이용하여 불특정 다수인의 통행을 전면적으로 제한하였던 사실이 인정된다.

우선 경찰이 시위대의 중요 시설(청와대, 미국대사관 등)에 대한 접근을 차단하기 위해 불특정 다수가 인근 도로 및 인도로 통행하는 것을 제한한 것이 필요한 조치였음이 인정되고, 일반적으로도 경찰이 집회시위 현장에서 통행 차단 조치를 하는 것은 어느 정도 그 필요성이 인정된다고 본다.

그러나 적정한 범위를 벗어나 어떠한 예외 없이 전면적으로 시민들의 통행을 차단하는 것은, 집회 참여자들뿐 아니라 인근 지역에 거주하는 주민과 시위 현장을 통행하는 다수의 시민들의 통행을 부당하게 방해하는 것이라고 판단된다. 따라서 집회시위 현장에서 집회시위와 관련되는 것으로 확인되지 않는 한, 통행하는 모든 시민을 시위대로 가정하고 전면적으로 그 접근을 완전 차단한 것은 과잉 금지의 원칙에 위배된다고 할 것이다. 이와 같이 경찰의 과도한 통행 제한 조치로 말미암아 시위대뿐 아니라 인근 지역에 거주하는 주민과 시위 현장을 통행하는 다수의 시민이 통행에 어려움을 겪은 사실이 인정되므로, 이는 「헌법」 제10조에서 파생되는 '일반적 행동자유권'에 대한 인권 침해 행위이며, 경찰은 향후 경비 업무 시 집회시위와 관련되는 것으로 확인되지 않는 한 통행 제한을 자제하는 것이 타당하다고 판단된다.

다. 반성문 작성 강요 부분

관련 개별 사건에 대한 상세한 내용은 결정문 구성 편의상 [붙임자료 4]에서 정리한다. 이하에서는 개별 사건 조사를 통해 드러난 관행 개선의 필요성에 대해 검토하고자 한다.

우선, 국가인권위원회가 관련 사건을 조사한 결과에 의하면, 피해자들은 경찰관에 의해 반성문 작성을 강요당하였다고 주장하고 있지만, 당해 경찰관이 피해자의 의사에 반하여 반성문을 작성하도록 강요한 사실은 이를 인정할 증거가 없어 인정되지 아니하였다. 그러나 피해자에게 반성문을 쓰도록 권유한 사실은 인정되었다.

집회시위 현장에서 현행범으로 체포된 후 경찰서로 연행된 피체포자는 심리적으로 위축되어 있고 불안한 상태인 경우가 일반적이다. 이러한 상황에서 경찰관이 피체포자에게 "반성문을 작성하는 것이 좋겠다."는 취지의 권유를 하는 것은 그 내용과 형식이 비록 '권유'라고 하더라도 피체포자에 대해 강한 심리적 압박으로 작용할 개연성이 커서 양심의 자유를 침해할 소지가 있다. 따라서 피연행자, 특히 미성년자(피해자들은 미성년자임)에게 반성문 또는 그에 상응하는 내용의 자술서를 받는 관행을 개선하는 것이 타당하다고 판단된다.

라. 식별 표시 미부착 부분

1) 피해 주장 요지

가) 불상의 부대 소속 진압경찰은 2008년 6월 1일 새벽에 집회시위 경비 업무(시위 진압)를 할 때 그 착용 중이던 명찰을 검은색 테이프로 가려 신원을 확인할 수 없게 하였다.

나) 불상의 부대 소속 진압경찰은 2008년 6월 29일 01:30경 태평로에서 전투모와 방패 등에 표시되어 있던 부대 번호를 가리거나 명찰이 부착되어 있지 않은 의복을 착용하는 등 아무런 식별 표시가 없는 상태로 진압하였다.

2) 인정 사실 및 판단

가) 인정 사실

진정인 및 목격자들의 각 진술, 2008년 6월 4일 23:30 'MBC 마감 뉴스' 및 2008년 6월 29일자 오마이뉴스(사진 포함)의 각 기사 내용 등을 종합하면, 2008년 6월 1일 및 2008년 6월 28일 촛불집회 당시 진압작전에 참여한 일부 진압경찰들은 명찰을 검은색 테이프로 가리거나 부대 표시 없는 헬멧과 방패를 사용, 또는 명찰이 아예 없는 의복을 입은 채 집회시위 진압 등 경비 업무에 임한 사실이 인정된다.

나) 판단

일부 진압경찰의 위 인정 사실과 같은 행위는, 경찰청이 자체적으로 마련한 훈령인 「전투경찰순경 등 관리규칙」 제149조(표지장 및 부속품의 부착위치) "기동복 상의에는 명찰, 기동복 표지장, 기동복용 계급장을 각각 봉합 부착하여야 한다."는 규정을 직접적으로 위반하거나 그 취지에 반한 행위이다. 이에 대하여 당시 현장에 있었던 진압경찰대원들은 명찰을 달거나 공개할 경우 시위대가 이름을 부르면서 조롱하고 모욕을 주기 때문에 대원들의 인권 보호도 고려해야 한다고 주장한다. 그러나 이런 점을 고려하여 이름이 아니라 추후 문제가 발생했을 때 누구인지 식별할 수 있는 표시이면 이름이 아니어도 무방할 것으로 판단된다. 또한 식별 표시를 가리거나 미부착하는 행위는 진압경찰이 시위대에 대하여 과잉 행동을 하는 경우에도 시위대의 정당한 문제

제기를 근원적으로 차단할 우려가 있다. 이는 안전과 인권을 중시하며 최소한의 범위에서 물리력을 사용해야 하는 경찰력 행사의 근본 취지에 어긋난다. 따라서 집회시위 진압 등 경비 업무 시에 상대방이 알아볼 수 있는 식별 표시를 부착하고 경비 업무를 담당하는 것이 필요하다고 판단된다.

3. 인권적 측면에서 본 전반적 평가

국가인권위원회의 이상과 같은 조사 결과를 종합하여 촛불집회시위에 대한 경찰의 전반적인 대응 태도를 보면, 다음과 같이 긍정적인 측면과 부정적인 측면이 혼재되어 있음을 알 수 있다.

가. 긍정적인 측면

1) 충돌이 있었던 특정일을 제외하고는 시위대와 직접 충돌을 피하기 위해 노력한 점

〈표 1〉과 〈표 2〉는 부상자와 연행자 발생이 특정일(연행자의 경우 2008년 6월 1일 오전 및 6월 25일, 부상자의 경우 2008년 6월 1일 오전 및 6월 28일 밤)에 집중되어 있음을 보여준다. 촛불집회시위는 2008년 5월 2일부터 7월 10일까지 하루도 거르지 않고 연속 진행되었음에도 그중 60여 일간 별다른 충돌 없이 진행되었던 것은 경찰이 방어적 개입을 하였다는 것에서 기인하는 바가 크다. 이번 촛불집회시위의 특징 중 하나는 집회시위가 야간에 시작하여 새벽까지 자연적으로 해산되지 않고 일부 시위대는 아침까지 도로 점거 상태를 지속하였다는 점인데, 경찰이 성급하게 진압작전을 펼치지 않고 인내심 있게 대처한 점은 공권력 행사를 자제하는 모습을 보여준 것이다. 이에 대해 위법한 집회시위를 방관했다고 하는 비판적인 견해도 있으나, 성급한 진압이 시위대를 포함한 다수의 평화적 집회 참여자 및 시민들의 생명신체에 위해를 가져올 위험성이 크고 집회·시위의 자유의 헌법적 중요성을 고려할 때 집회·시위에 대한 공격적 개입을 자제하고 신축적으로 대처한 점은 높이 평가된다.

2) 2008년 6월 10일 촛불집회와 같이 대규모 시위가 있었던 날 시위자 검거보다는 해산 위주의 대응을 하고 이로 인해 부상자 발생을 최소화한 점

대규모 시위가 있었던 2008년 6월 10일과 2008년 7월 5일은 오히려 연행자와 부상자가 소수 발생하였으며 이는 경찰이 대규모 시위의 경우 공세적 대응보다는 방어적 대응을, 검거보다는 해산 위주의 대응을 한 것에 기인한 것으로 인정된다. 이러한 대응은 '법집행관들의 무력 및 무기사용에 관한 기본원칙(제13원칙)'과 합치하는 법집행이라고 평가할 수 있다. 아울러 경찰은 2008년 5월 2일 촛불집회시위가 시작된 후 2008년 6월 28일까지 집회가 열리는 것을 원천 봉쇄하지는 않았다. 2008년 6월 29일 시청 앞 광장을 원천 봉쇄한 이후 7월에 들어서는 빈번하게 시청 앞 광장 등을 원천 봉쇄하여 집회·시위의 자유, 이동의 자유 침해라고 하는 논란거리를 제공하였지만, 2008년 6월 28일까지 경비에 대한 부담이 컸음에도 불구하고 집회와 시위에 관한 자유의 헌법적인 중요성 및 시민들의 안전을 위하여 집회시위 자체를 원천적으로 봉쇄하지 아니하고 신축적으로 대처한 점 역시 높이 평가할 수 있다.

나. 부정적인 측면

이상의 조사에서 본 바와 같이 경찰은 장기간 진행된 촛불집회시위 기간 동안 대부분 방어 위주의 경비 업무를 행하였으나, 몇몇 특정일의 경우 경찰과 시민들 다수가 부상을 당하는 인권 침해적인 과잉 진압을 하였다고 판단된다. 위에서 검토한 인권 침해 사례는 전·의경 대원들이 현장에서 감정을 자제하지 못하고 우발적으로 행동한 것에서 기인하는 바도 일부 있을 수 있다. 그러나 과반수의 인권 침해 사례가 특정일에 집중되었고 그 특정일의 진압작전은 과도한 공권력의 남용으로서 위에서 검토한 제반 규정들을 위반한 것이라고 판단된다. 즉, 이러한 시위 진압 과정에서의 인권 침해 행위는 집회시위에 대한 과도한 공격작전과 밀접하게 결합되어 있다고 판단되며, 이러한 조사 결과는 대규모 집회시위에 대한 경비 업무에서 방어 위주의 작전 유지가 대단히 중요하다는 점을 잘 보여준다.

또한 위와 같은 유형력 행사 및 진압 장비의 부당 사용에 관한 견해 및 여론 등이 있을 때에는, 경찰 간부 및 지휘부는 과연 그러한 견해 등이 사실인지의 여부와, 그 지휘 아래에 있는 경찰공무원이 유형력과 진압 장비를 불법하게 사용하거나 사용하였다는 점을 알았거나 충분히 알 수 있었음에도 불구하고 그러한 행위를 예방, 중지, 보고하도록 하는 모든 조치를 취하였는지의 여부에 관하여 충실히 조사를 하여야 할 것이다. 그리하여 경찰은 이상과 같은 의무를 소홀히 한 경찰 간부에 대하여 이에 관한 책임을 지도록 하여야 할 것이다('법집행관들의 무력 및 무기사용에 관한 기본원칙' 제7원칙 및 제24원칙 참조). 그럼에도 불구하고 현재 경찰이 이번 촛불집회시위와 관련하여, 이와 같은 점에 관하여 조사를 하여 시정 조치를 취하였음을 나타내는 충분한 자료가 없다. 인권 침해를 근절시키기 위한 사회의 노력을 방해하는 가장 큰 요소 가운데 하나는 공권력에 의한 인권 침해 행위를 묵인하고 처벌하지 아니한 것(impunity)임은 그동안의 역사 및 수많은 식자가 지적하고 있는 바이다.

III. 결론

사회 공공의 안녕과 질서 유지를 목적으로 국민들에 대해 강제적 · 권력적 작용을 하는 것을 본질적 내용으로 하는 '경찰'은, 그러한 공권력을 행사하는 방법이 어떠하냐에 따라 개인뿐만 아니라 우리 사회 전체의 삶의 질에 심대한 영향을 미친다. 따라서 '경찰'은 인권 존중의 이념하에 공권력을 적법 절차에 따라, 적정한 범위 내에서, 매우 신중하고 품위 있게 행사하여야 할 막중한 책무를 가지고 있다. 그럼에도 불구하고 그러한 공권력이 행사됨에 있어서 남용될 소지는 항상 존재한다('법집행관을 위한 행동 준칙' 전문(前文) 참조). 이것은 우리 사회의 지난 역사에서 뿐만 아니라 이 사건 촛불집회시위 조사의 결과에서도 여실히 드러나고 있다. 이와 같은 점을 다시 반복하지 않기 위해서는 과도한 공권력 행사의 남용으로 인한 인권 침해 행위에 대하여 체계적으로 조사를 하여 그에 대한 책임을 추궁함과 아울러 시정 조치를 취하는 것이 필요하다고 하겠다. 이러한 차원에서 국가인권위원회는 주문 기재와 같은 권고를 하기로 결정하였는바, 이와 같은 권고에 대하여 결론적으로 간단히 살펴보기로 한다.

1. 촛불집회시위 과정에서 나타난 공권력 행사는 긍정적인 측면과 아울러 부정적인 측면도 노정하고 있다. 이러한 부정적인 측면으로는 공권력이 부당하게 남용되어 행사되는 것과 이에 대한 상응한 조치가 취하여지지 않고 있는 것이다. 따라서, 이에 대하여 행정안전부 장관에게 촛불집회시위 과정에서 경찰이 일부 과도한 공격 진압을 하여 일부의 시위대에게 부상을 입히는 등 인권 침해를 한 사실이 인정되므로 이에 대한 지휘 책임을 물어 경찰청장에게 경고할 것을 권고한다.

2. 위에서 본 바와 같이 특정일자의 집회에 다수의 시민과 경찰관이 부상을 당하였다. 이러한 점은 특정일에 경찰이 공격적인 진압작전을 펼친 것에 관련되어 있다고 판단된다. 따라서, 경찰청장에게 집회시위 현장에서의 인권 침해 행위의 재발 방지를 위해 국민(진압경찰관 및 시위대, 주변의 시민)의 생명신체의 안전을 우선으로 하는 방어 위주의 경비 원칙(경찰에서는 이를 "안전 진압," "인내 진압"이라고 부르고 있다)을 엄수할 것을 권고한다.

3. 2008년 6월 28일 자정경 태평로와 종로 및 2008년 6월 1일 안국동 로터리 등에서 진행된 공격적인 진압작전으로 인해 진압경찰과 집회 참여자들 및 주변의 시민들 다수가 부상을 입었다. 더구나 이러한 부상은 일부 시위자들로부터 동료가 폭행당한 것을 본 전·의경 대원들의 우발적인 행태에 기인한 바도 있지만, 경찰이 공격적인 진압작전을 실시한 데도 그 원인이 있다고 판단된다. 따라서, 경찰청장에게 이러한 작전에 대한 지휘 책임 및 불상사를 방지하여야 할 주의 의무를 다하지 아니한 것에 대한 책임을 물어 당시 서울지방경찰청 소속 기동본부장과 4기동단장에 대해 징계 조치할 것을 권고한다.

4. 집회 참가자가 진압경찰에 대하여 위험한 물건을 투척하는 것이 불법인 것과 같이, 진압경찰이 무장을 하지 아니하고 집회에 참가한 시민들 및 인근 시민에 대하여 위험한 물건을 투척하는 것은 명백히 불법일 뿐만 아니라 생명·신체에 위해를 가할 여지가 매우 크다. 따라서, 경찰청장에게 진압경찰들의 투척 행위를 방지할 수 있는 대책을 마련할 것을 권고한다.

5. '살수차'의 사용은 인체에 대한 심각한 위해를 가할 수 있고 실제 이러한 살수차의 사용으로 많은 시민들이 부상을 당하였음이 인정되므로 살수차의 사용에 있어서 매우 신중을 기하여야 할 것으로 판단된다. 따라서, 경찰청장에게 살수차 사용의 구체적 요건, 즉 최고 압력이나 최근 거리 등의 사용 기준에 대해 부령 이상의 법적 규정을 마련할 것을 권고한다.

6. 소화기의 원래 용도는 화재 진화를 위한 것으로서 화염 등을 향하여 사용하는

것이 통상적인 용법인바, 소화기를 인체를 향하여 분사하는 것은 소화기의 통상적 용법에 해당하지 아니하고 분말 가스가 인체에 위해를 끼칠 가능성이 있다. 따라서, 경찰청장에게 소화기를 사람에 대해 직접 분사하여서는 아니 되고 원래 용도인 소화용으로만 사용할 것을 권고한다.

7. 경찰의 집회시위 현장에서의 통행 차단 조치는 어느 정도 그 필요성이 인정되지만, 적정한 범위를 벗어나 어떠한 예외 없이 전면적으로 통행을 차단하는 것은 집회 참여자들뿐 아니라 인근 지역에 거주하는 주민과 시위 현장을 통행하는 다수의 시민들의 통행을 부당하게 방해하는 것이라고 판단된다. 따라서, 경찰청장에게 집회시위 현장에서 집회시위와 관련되는 것으로 확인되지 않는 한 통행을 제한하지 말 것을 권고한다.

8. 경찰청장에게 집회 및 시위에 관한 법률 위반 혐의로 조사를 받는 피체포자에게 반성문이라는 내용과 형식의 자술서를 받는 관행을 중단할 것을 권고한다.

9. 경찰청장에게 집회시위 진압 등 경비 업무 시 전·의경 대원들이 착용하는 의복에 상대방이 쉽게 알아볼 수 있는 식별 표시를 부착하고 당해 업무를 담당하게 할 것을 권고한다. 이 점은 공권력의 행사 과정에서 발생할 수 있는 인권 침해 행위를 방지하는 데에 기여할 것으로 판단된다.

위와 같은 이유로 국가인권위원회는 「국가인권위원회법」 제30조 및 제44조 제1항에 의하여 주문과 같이 권고하기로 결정한다. 이 결정은 국가인권위원회 재적 위원 11인 중 위원 황덕남, 위원 최윤희, 위원 김태훈의 아래와 같은 반대 의견이 있는 외에 나머지 관여 위원 8인 전원의 의견 일치에 의한 것이다.

IV. 반대 의견

1. 위원 황덕남, 위원 최윤희의 반대 의견

우리는 이 사건에서 다수 의견의 결정 주문 중 제1항 '행정안전부 장관에 대한 권고' 부분과, 제2의 나항 '경찰청장에 대한 권고 부분'에 대하여 동의할 수 없어 다음과 같은 반대 의견을 밝힌다.

가. 다수 의견 결정문 주문 1. 행정안전부 장관에 대한 권고 부분에 대하여

2008년 5월 초부터 6월 말까지 진행된 촛불시위는 실정법 위반의 집회·시위로서 이러한 시위 행위에 대하여 법질서를 유지하기 위하여 이뤄진 경찰의 진압 행위는 전체로 보아 정당한 공무집행 행위라고 판단된다. 다만, 시위 진압 과정에서 일부 시위대의 위법한 폭력 행위에 대응하여 일부 전경들의 과도한 공격적 진압 행위가 있었고, 이러한 과정에서 일부 시위대가 부상을 입는 등 인권 침해 행위가 인정된다.

따라서, 결정문 주문 1항에서 행정안전부 장관에게 촛불시위 과정에서 경찰이 일부 과도한 공격 진압을 하여 일부의 시위대에게 부상을 입히는 등 인권 침해 행위를 한 사실에 대한 지휘 책임을 물어 경찰청장에게 경고할 것을 권고한다는 다수 의견은 위와 같은 정황에 비추어 경고보다는 주의를 촉구하는 정도에 그치는 것이 타당하다고 판단된다.

나. 다수 의견 결정문 주문 2. 나. 경찰청장에 대한 권고 부분에 대하여

2008년 6월 1일 오전 안국동 로터리 부근의 진압작전과 2008년 6월 28일 자정경 태평로와 종로에서 진행된 진압작전으로 인하여 시위대와 경찰이 모두 다른 날에 비하여 많이 다치는 결과가 발생하였으나, 이는 경찰의 작전 중 예기치 않은 시위대의 행위로 인한 진압계획 실패로 인하여 우발적 상호 폭력 사태가 일어난 것이다. 이러한 우발적 상호 폭력 행위가 많이 일어난 원인이 경찰의 진압작전계획 실패로 인한 것이라는 이유만으로 이러한 작전을 세운 기동본부장과 4기동단장이 처음부터 이를 예견하였거나 예견할 수 있었던 상황으로 볼 수는 없다.

따라서, 결정문 주문 2. 나항에서 경찰청장에게 6월 1일 오전 안국동 로터리 부근에서 진행된 진압작전과 6월 28일 자정경 태평로와 종로에서 진행된 진압작전으로 인해 발생한 인권 침해 행위에 대한 지휘 책임을 물어 기동본부장과 4기동단장에 대하여 징계 조치할 것을 권고한다는 다수 의견은, 위와 같은 우발적 폭력 사태까지 작전 지휘관들에게 책임을 묻는다는 점에서 합리성과 상당성을 결하였다고 보이므로 결정문에서 삭제되는 것이 타당하다고 판단된다.

2. 위원 김태훈의 반대 의견

나는 다음과 같은 이유로 다수 의견에 전부 반대한다.

가. 국가인권위원회법(이하 '위원회법') 제32조 제1항 제5호에 의하면, 진정이 제기될 당시 진정의 원인이 된 사실에 관하여 수사기관의 수사 또는 그 밖의 법률에 따른 권리구제 절차가 진행 중이거나 종결된 경우에는 그 진정을 각하한다고 규정하고 있는바, 이 법리는 국가인권위원회(이하 '위원회')가 위원회법 제30조 제3항에 의하여 직권조사할 경우에도 마찬가지로 적용되어 직권조사의 원인된 사실에 관하여 수사기관의 수사가 진행 중이거나 종결된 경우에는 그 사안은 직권조사의 대상에서 제외되어야 할 것이다.

그런데 언론 보도에 의하면 일부 단체(민주사회를 위한 변호사 모임)가 2008년 6월경 과잉 진압을 당했다는 피해자들을 모집해 전·의경들과 경찰 간부들을 서울중앙지방검찰청에 고소·고발하여 현재 서울 종로경찰서에 의하여 23건에 대한 수사가 진행 중이라는 것이다. 심지어 ○○○ 사건(여, 08직인11)의 경우에는 이미 수사가 종결되어 공소 제기 후 개판까지 마친 사실이 조사부 고서 자체에 의하여 명백하다. 그렇다면 위원회로서는 마땅히 위 사건을 비롯하여 이 사건 직권조사 대상에서 이미 수사가 진행 중이거나 종결된 사건들이 있는지 여부를 가려 그러한 사건들은 이를 직권조사 대상에서 제외하였어야 함에도 불구하고 이에 이르지 아니하고 만연히 모든 사건을 조사하여 판단을 내린 것은 우선 잘못이라 하지 않을 수 없다. 위원회의 조사는 국가기관의 기능 수행에 지장을 초래하지 않도록 유의하여야 한다(위원회법 제35조 제1항 참조). 위원회법을 외면한 이러한 위원회의 무리한 조사권 발동은 다른 수사기관인 경찰이나 검찰 등 국가기관과의 충돌을 초래하여 국법 질서의 혼란을 야기했다는 비난을 면키 어렵다 할 것이다.

나. 이 사건에 대한 위원회의 조사 및 심의 방식에 근본적인 의문을 제기하지 않을 수 없다. 위원회는 2008년 5월 21일부터 7월 9일까지 촛불집회시위에 대한 경찰의 집회 대응이 인권 침해적이라는 내용의 36건의 진정 사건을 접수하였다. 그러자 위원회 상임위원회는 2008년 7월 11일 경찰의 촛불집회시위 대응 전반을 조사하기 위해 직권조사 결정을 한 후 같은 해 7월 11일부터 9월경까지 약 2달여 동안 6명의 조사관들이 피해자, 목격자 등 참고인, 경찰지휘관, 전·의경 대원, 기타 관계자 등 최소 214명 이상의 대상자를 조사하였다고 한다. 그 후 침해구제제1위원회는 같은 해 9월 10일 제14차 회의에서 이 사건을 전원위원회에 상정하기로 결정하여 같은 달 22일, 같은 달 30일, 같은 해 10월 13일, 같은 달 27일 등 4차에 걸친 전원위원회를 개최한 끝에 위원회는 같은 달 27일 이 사건 결정을 하였다. 그러나 위 심의기간 중 위원회는 여러 의문점에도 불구하고 조사관들이 경찰의 과잉진압에 의한 인권 침해를 확인하고 조사의 대상으로 삼았다는 수많은 참고인 중 어느 한 사람도 불러서 구체적인 피해 사례에 관한 그들의 진술을 청취하거나 그 신빙성 유무를 검토한 적이 없다. 결국 다수 의견은 너무나도 가볍게 조사관들의 조사 내용을 모두 진실하다고 전제하였고, 이를 기초로 조사관들의 제시 의견에 따라 이 사건 피해 사례들에 대하여 인권 침해가 있었다고 단정하고 있는 것이다. 그러나 이는 위원회가 그 고유의 업무와 권한에 속하는 인권 침해 행위에 대한 조사와 구제업무를 수행함에 있어 그 심의를 제대로 한 것이라 할 수 없고, 따라서 다수 의견의 이 사건 판단은 잘못된 것이어서 도저히 수긍할 수 없다 할 것이다.

다. 헌법 제21조 제1항에 의하여 보호되는 집회·시위의 자유는 민주사회의 필수불가결한 기본권이지만 이 자유가 모든 기본권에 우선하는 것은 아니고, 이 자유도 헌법상의 다른 기본권 즉 인간의 존엄, 행복추구권, 재산권, 사생활 보호 등과 조화를 이루어야 한다. 이것은 헌법이 추구하는 중요한 원리로서, 세계인권선언도 모든 인권의 불가분성, 상호 연관성 그리고 모든 인권은 동등한 중요성을 지님을 명시하고 있다. 따라서, 보호되는 집회·시위의 자유는 '평화적' 또는 '비폭력적' 집회여야 한다.

집회·시위의 자유는 민주국가에서 정신적 대립과 논의의 수단으로서, 평화적 수단을 이용한 의견의 표명은 헌법적으로 보호되지만, 폭력을 사용한 의견의 강요는 헌법적으로 보호되지 않는다(헌법재판소 2003. 10. 30. 2000헌바67·83 참조). 세계인권선언 제20조 제1항과 시민적 및 정치적 권리에 관한 국제규약 제21조도 이 이치를 명문으로 선언하고 있다.

그런데 다수 의견이 인권 침해라고 단정하고 있는 이 사건들, 특히 피해가 집중적으로 발생한 2008년 6월 1일 및 같은 달 28일 사안들의 원인 및 배경이 된 이른바 촛불시위는 집회 및 시위에 관한 법률에 의하여 신고되거나 허용되지 않은 채 야간에 장기간 도로를 무단 점거하고 교통을 방해한 불법·폭력 시위였고, 이 사건 피해들은 경찰의 위 불법 시위의 해산·진압 과정에서 발생한 것임은 이 사건 조사보고서 자체에 의하여 인정되고 있다. 그렇다면 다수 의견이 인정하는 이 사건 피해들의 구체적인 배경과 원인은 따지지 않고 결과만 보고 경찰이 책임을 져야 한다는 법리는 있을 수 없다. 또 이 사건 피해는 진압경찰과 시위대의 충돌에 의한 것이지만 경찰의 물리력 행사를 불법적인 시위대의 물리력 행사와 같은 기준에서 비교하여 과잉 여부를 평가할 수도 없다. 법집행자로서의 경찰은 물리력으로 대항하는 시위대에 그 이상의 물리력을 확보·행사하여야만 시위 진압이 가능하기 때문이다.

이 사건 조사보고서의 기재와 위원회에 참고인으로 나온 경찰청 경비부장 ○○○, 기동본부장 ○○○, 4기동단장 ○○○의 각 진술, 2008년 6월 2일자 및 같은 달 30일자 언론 보도 등에 의하면 다음과 같은 사실이 인정된다.

이 사건 촛불시위는 2008년 5월 2일부터 같은 해 7월 10일까지 하루도 거르지 않고 70회 연속 진행되었고, 시위가 야간에 시작하여 새벽까지 자연 해산되지 않고 일부 시위대는 아침까지 도로 점거 상태를 지속하였음에도 경찰은 진압작전을 펼치지 않고 방어적으로 대처하여 그중 60여 일은 별다른 충돌 없이 진행되었다. 그런데 2008년 6월 1일 아침 시위대들은 도심 교통을 완전히 마비시키면서 정권 퇴진을 요구하며 청와대 진출을 시도하여 안국동 로터리 부근 등 청와대 입구 1km까지 육박하였고, 이에 경찰은 부득이 전경 버스로 차단벽을 설치하고, 살수차를 동원하여 물대포를 쏘고 소화분말기를 뿌리며 저지하였으나 시위대는 전경 버스를 타고 넘거나 버스에 밧줄을 걸어 넘어뜨리는 등의 폭력을 행사하여 이 과정에서 이 사건 피해가 발생하였다. 또 2008년 6월 28일 시위대들 수천 명은 서울 파이낸스센터 지하 1층의 소방

전에 소방 호스를 연결한 뒤 차벽 너머 경찰을 향해 물대포를 쏘는 '살수 맞대응'을 하였다. 서울 세종로에서는 장도리와 쇠끌로 전경 버스의 방호철망을 뜯어내 유리창을 깨고 까나리액젓 등을 경찰에 뿌리며 창틀에 200m짜리 쇠줄과 밧줄을 걸고 끌어당겨 넘어뜨림으로써 폐차 지경에까지 이른 11대를 포함하여 35대를 파손하였다. 시위대 앞줄에선 마스크로 얼굴을 가린 자들이 돌을 던지고 새총을 쏘면서 철근 절단기로 전경 버스를 분해하기도 하였다. 또 시위대 100여 명은 현장에 배치된 살수차 바퀴의 바람을 뺀 뒤 호스를 꺼내 물을 모두 빼고, 백미러에 검은 스프레이를 뿌려 사용치 못하게 했으며 살수차의 방수구를 막고 유리창을 부순 뒤 운전석에 오물을 투척하며 손괴하였다. 나아가 자정경 태평로와 종로에서 수백 명의 시위대는 고립된 경찰 기동대 50중대와 306중대 소속 중 150명을 둘러싸고 10분 이상 쇠파이프와 각목, 장도리와 낫 등을 무차별 휘둘러 전·의경 70여 명이 두개골 함몰 등의 중경상을 입었다. 마침 고립된 위 경찰대원들을 따라가던 후속 경찰부대원들은 위기에 처한 위 대원들을 구출하기 위해 강제력을 행사하여 시위대를 해산하였고, 이 과정에서 다수의 이 사건 피해가 발생하였다.

이상의 사실관계에 의하면 경찰은 촛불시위대가 장기간 도심을 점거하며 불법 시위를 하여왔음에도 불구하고 진압하지 아니하고 시종 인내하며 방어적인 대응을 해왔으나, 2008년 6월 1일에는 시위대가 시위 목적을 벗어나 청와대까지 진입하려는 폭력시위로 변질되었고, 나아가 2008년 6월 28일에는 인명 살상용 쇠파이프 등을 휘두르며 적극적으로 고립된 경찰을 공격하여 중경상을 입히는 등 과격한 폭력 행사로 나오자 경찰은 부득이 강제해산을 통한 시위 진압을 하게 되었고, 그 과정에서 이 사건의 주요 피해가 발생한 것으로 보인다. 다수 의견은 경찰이 후퇴하는 사람에 대한 공격(○○○, ○○○, ○○○, ○○○, ○○○의 경우), 지켜보거나 사진 촬영하는 사람에 대한 공격(○○○, ○○○, ○○○, ○○○, ○○○의 경우), 폭행을 만류하는 사람에 대한 공격(○○○, ○○○, ○○○, ○○○, ○○○, ○○○, ○○○, ○○○의 경우), 넘어진 사람에 대한 공격(○○○, ○○○, ○○○, ○○○, ○○○, ○○○, ○○○, ○○○의 경우), 여성과 청소년에 대한 공격(○○○, ○○○, ○○○, ○○○, ○○○, ○○○, ○○○의 경우), 의료진에 대한 공격(○○○의 경우) 등을 하였다는 이유로 과도한 공격 행위에 의한 과잉 진압을 한 것이라고 주장한다. 그러나 이 사건 피해 사례들의 발생 경위나 불법 폭력 시위와의 시간적 근접성, 장소 등에 비추어 볼 때 ○○○, ○○○ 등의 경우를 제외한 이 사건 대부분의 피해는 시위대가 시위 목적을 넘어서 폭력을 행사하며 경찰 저지선(폴리스 라인)을 침범하거나 고립된 경찰을 둘러싸고 쇠파이프 등으로 일방적인 폭행을 가하므로 경찰이 이를 긴급히 제지하기 위하여 이격 거리 없이 시위대와 대치하는 과정에서 불가피하게 발생한 것으로 보는 것이 상당하다. 비록 경찰의 강제 진압 과정에서 쌍방의 물리력이 충돌하여 시위대에게 이 사건 피해 결과가 발생하였다 하더라도 경찰의 공권력 행사는 시위대의 과격한 불법 폭력 행사를 저지하기 위한 필요 최소한의 정당한 조치이거나, 급박한 진압 상황에서 나온 우발적이거나 불가피한 물리력의 행사로서 이를 공격적인 과잉 진압으로 단정할 것은 아니라 할 것이다.

그럼에도 불구하고 다수 의견이 가해자도 전혀 특정되지 아니하고, 피진정인 측에서 극구 그 가해 사실을 부인하고 있는 이 사건에서 피해자 측의 일방적인 진술 또는 신빙성이 없거나 단편적인 일부 목격자의 진술에만 의존하여 이 사건 경찰의 진압 행위를 전체적으로 과도한 공격 진압이라거나 과잉 진압 내지 인권 침해라고 단정한 것은 '나무만을 보고 숲을 보지 못한' 단견이고, 편향적 시각을 드러낸 오판이라 할 것이다(인권 침해가 인정될 수 있는 극히 일부의 사건에 대해서 피해자가 민형사상 구제 조치를 취할 수 있음은 별론이다). 따라서, 행정안전부 장관에게 경찰청장의 지휘 책임을 물어 경찰청장에게 경고할 것과, 경찰청장에게 인권 침해 재발 방지를 위해 방어 위주의 경비 원칙을 엄수할 것을 권고한 것은 부당하다 할 것이다. 이는 이 사건 보고서 자체가 이 사건 촛불시위 전 과정에서 경찰은 대체적으로 방어 위주의 작전을 수행하여 부상자 발생을 최소화하려고 노력한 사실을 인정하고 있는 점에 비추어 이유 모순의 위법까지 저지르고 있는 것이다. 나아가 다수 의견은 2008년 6월 1일 아침 안국동 로터리 부근의 진압작전과 2008년 6월 28일 자정경 태평로와 종로의 진압작전으로 인한 인권 침해에 대한 지휘 책임을 물어 서울경찰청 기동본부장과 4기동단장에 대해 징계 조치할 것을 권고하고 있다. 그러나 앞서 본 바와 같이 쇠파이프 등으로 무장한 시위대에 포위돼 집단 구타를 당하는 전·의경을 구출하기 위한 위 각 진압작전에 인권 침해를 인정하기 어려울 뿐만 아니라, 위 기동본부장과 4기동단장은 돌발적인 폭력 시위대와 경찰의 위 충돌을 예견하였다고 볼 수 없고, 이어서 전개된 위 각 진압작전에 관여한 흔적을 찾아보기 어려운데도 불구하고 다수 의견이 경찰청장에게 위 기동본부장과 4기동단장에 대해 징계 조치할 것을 권고한 것은 더더욱 부당하다 할 것이다.

라. 다수 의견은 경찰의 시위대에 대한 투척 행위의 금지 방안을 마련할 것을 권고하고 있다. 그러나 경찰은 평소 투척 행위의 엄단을 강력하게 지시해왔음에도 불구하고 이 사건 투척 행위는 과격한 불법 폭력 시위대의 투척에 맞서고자 순간적으로 흥분한 일부 전·의경에 의하여 이루어진 극히 우발적이고 예외적인 사건이므로 특별히 투척 행위를 방지할 보완 대책 마련을 권고할 필요는 없다 할 것이다.

마. 다수 의견은 경찰청장에게 살수차 사용으로 인하여 인체에 대한 심각한 위해를 가할 수 있는 요소인 최고 압력이나 최근 거리 등에 대해 부령 이상의 법적 규정을 마련할 것을 권고하고 있다. 그러나 이미 경찰장비관리규칙(경찰청 훈령), 물포 운용지침(경찰청 지침) 등에 의하여 살수차의 물대포 사용 규정이 안전시험을 거쳐 자세하게 되어 있으므로 구태여 이를 부령 이상의 법적 규정으로 마련할 필요는 없다 할 것이다.

바. 다수 의견은 소화기 사용의 불법성을 거론하고 있다. 그러나 경찰이 평화적 시위를 정착하기 위해 일방적으로 1999년 세계에서도 드물게 무최루탄 원칙을 선언한 이래 최루탄 사용을 규제하다 보니 극렬한 폭력 시위를 진압하기 위하여 소화기를 사용하는 것은 불가피한 측면이 있다 하지 않을 수 없다. 오히려 이 사건과 같이 극렬한 폭력 시위의 경우 시위대와 경찰 간에 직접 충돌을 방지할 완충 지대의 형성을 위하여 최루탄 대신에 그보다 훨씬 부작용이 적은 소화기를 사용하는 것은 부득이한 조처로 보아야 할 것이다.

사. 다수 의견은 경찰청장에게 경찰의 집회시위 현장에서 광범위한 통행 차단 조치로 인하여 거주민과 통행 시민에게 불편을 끼친 사실이 인정되므로 시위와 관련되는 것으로 확인되지 않는 한 통행을 제한하지 말 것을 권고하고 있다. 그러나 다수의견은 이 사건에서 거주민과 통행 시민이 불편을 겪었던 것은 주로 시위대의 불법적인 도로 점거로 인한 것이었고, 수만 명이 참여하는 대규모의 집회시위 현장에서 불법 시위대와 일반 시민을 구별하는 것은 거의 불가능했던 현장 상황을 외면한 것으로서 부당하다 할 것이다.

아. 다수 의견은 경찰청장에게 집회 및 시위에 관한 법률 위반 혐의로 조사를 받는

피체포자에게 반성문이라는 형식의 자술서를 받는 관행을 중단할 것을 권고하고 있다. 그러나 이 사건에서 경찰은 반성문 제출을 강요한 것이 아니라 권유한 것에 불과하다는 점은 이 사건 보고서 자체가 인정하고 있다. 또 범죄의 예방을 사명으로 하는 경찰로서는 경미사범을 조사하여 훈계 방면하면서 그들의 자율 의지를 침해하지 않는 범위 내에서 재발 방지를 다짐하는 의미의 반성문을 받는 것이 효과적일 수도 있다. 그럼에도 불구하고 유독 집회 및 시위에 관한 법률 위반 혐의로 조사받는 피체포자에게 자술서를 받는 관행을 중단할 것을 권고하는 다수 의견은 타당치 않다 할 것이다.

자. 다수 의견은 경찰청장에게 전·의경 대원 근무복에 대원이 누구인지 식별할 수 있는 표시를 부착할 뿐만 아니라 현재 명찰이 부착되어 있지 않은 진압복에도 상대방이 쉽게 알아볼 수 있는 식별 표식을 부착하고 경비 업무를 담당하게 할 것을 권고하고 있다. 식별 표시 미부착 행위는 진압경찰이 시위대에 대하여 과잉 행동을 하는 경우에도 시위대로 하여금 정당한 문제 제기를 근원적으로 차단하게 할 우려가 있다는 것이다. 그러나 이 사건 보고서 자체도 인정하는 바와 같이 이 사건 촛불시위는 불법 집회였음에도 불구하고 경찰은 집회·시위의 자유를 최대한 존중하는 모습을 보여주었고, 오히려 시위대가 마스크 등으로 얼굴을 가린 채 경찰을 향하여 돌을 던지고 새총을 쏘는가 하면 쇠파이프 등으로 무장한 채 진압경찰을 포위·공격하는 극렬한 불법 폭력성이 문제되고 있는 사건이다. 그럼에도 불구하고 장차 있을지도 모르는 진압경찰의 인권 침해를 우려하여 신상 정보가 노출될 경우에 대한 대비책도 없이 근무복 등에 식별 표시를 부착하도록 요구하는 것은 균형을 잃은 처사로서 적절하지 않다고 할 것이다.

차. 끝으로, 인권이 보장되는 민주주의는 법과 원칙이 지켜지는 법치주의에 의할 때 비로소 진정한 발전이 가능한 것이다. 자유와 방종은 구별되어야 한다. 공공의 안녕질서에 직접적인 위험을 가할 것이 명백한 불법 시위를 진압하는 것이 과잉 진압이 될 수 없다. 다수 의견은 전제적으로 균형감각을 상실하고 '나무만을 보고 숲을 보지 못한' 채 불법과 폭력이 난무한 이 사건 촛불시위를 진압한 경찰의 공권력 행사를 오히려 인권 침해로 규정하였다. 이로써 위원회는 인권 개념을 폄훼하고 우리 사회의

시위 문화를 후퇴시켰으며 '떼법' 만능의 법질서 경시 풍조를 만연케 하였다는 비난
을 면할 수 없게 되었다 할 것이다.

2008년 10월 27일

위원장 안경환

위원 최경숙

위원 유남영

위원 문경란

위원 김태훈

위원 윤기원

위원 정재근

위원 황덕남

위원 조 국

위원 최윤희

위원 김양원

2

북한 인권에 대한
국가인권위원회의 입장

국가인권위원회(위원장 안경환)는 2006년 12월 11일 전원위원회의 의결을 거쳐 '북한 인권에 대한 국가인권위원회의 입장'을 결정하였습니다.

국가인권위는 이번 '북한 인권에 대한 국가인권위원회의 입장'에서 인권의 보편성 존중과 한반도의 평화 실현을 전제로, 정부에 대하여 북한 인권 문제의 접근 원칙과 정책 방향을 제시하고, 북한 인권의 개선을 위한 향후 위원회의 역할에 대한 입장을 표명하였습니다.

국가인권위원회의 입장 표명의 배경

국가인권위는 2003년부터 북한 인권 상황을 파악하기 위하여 실태 조사와 해외 현지 조사 등 일련의 조사·연구와 학계 및 단체 관계자, 관계 당국, 10여 개 국가의 대사를 비롯한 관련 전문가들의 의견 수렴 등 다양한 노력을 기울여왔습니다. 또한 위원회는 북한 인권에 대한 위원회의 입장 표명을 위해 작년 12월 제26차 전원위원회의 결정에 의거하여 인권위원 5명을 위원으로 북한인권특위(위원장 최영애 상임위원)를 구성하였습니다. 21차례에 걸친 북한인권특위 검토 결과를 전원위원회에서 심의·의결하여 12월 11일 '북한 인권에 대한 국가인권위원회의 입장'을 표명하게 되었습니다.

북한 인권 입장 표명의 구성 및 주요 내용

'북한 인권에 대한 위원회의 입장표명'은 1) 입장 표명의 배경, 2) 입장 표명의 근거 및 범위, 3) 북한 인권에 대한 접근 원칙과 정책 제안 등으로 구성되었습니다.

먼저, 위원회는 '북한 인권'의 범주를 북한지역 내 북한 주민의 인권(이하 '북한 내 인권'), 재외 탈북자·새터민 등 북한 이탈 주민의 인권 및 이산가족·납북자·국군 포로 등 남북 간 인도주의적 사안과 관련된 인권이 포함되는 것으로 보았습니다. 또한 위원회는 북한 인권 문제는 한반도 현실에 대한 냉철한 인식하에 북한 사회와 인권에 대한 올바른 이해에 기초하여 평화적이고 체계적으로 접근해야 한다는 점을 확인하였습니다.

위원회는 북한 인권 문제, 특히 '북한 내 인권' 문제를 다루는 것과 관련하여, 인권의 보편성 원칙 존중, 남북관계의 특수성 및 북한 인권 문제 접근에 대한 정부의 책임 등에 관하여 검토하였습니다. 국제사회는 인권의 보편성 원칙에 따라 보편적인 인권 보호 의무를 이행하지 않은 국가에 대해서 인권 상황의 개선을 요구할 수 있으나, 남북관계의 특수성을 고려하는 가운데 북한 인권의 개선을 위한 노력이 경주되어야 하며, 국제법과 헌법에 비추어 한국 정부는 북한 인권을 개선하기 위한 다양한 노력을 하여야 할 의무와 근거를 갖고 있다고 보았습니다.

그러나 위원회는 북한 인권과 관련하여 위원회가 할 수 있는 역할의 법적 근거 및 범위가 제한되어 있는 엄연한 현실로 인해, 헌법 제3조의 규정에도 불구하고 「국가인권위원회법」 제4조 및 제30조의 해석상 대한민국 정부가 실효적 관할권을 행사하기 어려운 북한지역에서의 인권 침해 행위는 위원회의 조사 대상에 포함될 수 없다고 보았습니다. 다만, 국군 포로, 납북 피해자, 이산가족, 새터민 등의 문제는 대한민국 국민이 직접적 피해 당사자이므로 위원회가 이들의 개별적 인권 사항을 다룰 수 있다고 보았습니다.

북한 인권에 대한 접근 원칙과 정책 제안

위원회는 북한 인권의 개선을 위해서는 다음의 원칙하에 북한 인권 문제에 접근하여야 할 것을 확인하였습니다.

(1) 북한 인권의 개선과 관련하여 국제사회가 다양한 노력을 통해 발전시켜온 인

권의 보편성을 존중해야 함.

(2) 한반도 평화는 남북한 주민들의 평화롭게 살 권리와 직접적으로 관련되므로 북한 인권의 개선은 평화적인 방법을 통해 이루어져야 함.

(3) 북한 인권 문제에 대한 논의와 접근은 북한의 인권 상황을 실질적으로 개선시키는 데 목표를 두어야 함.

(4) 북한 인권 문제는 정부 차원의 활동과 시민사회 차원의 활동이 비판적 조언과 협력 속에서 상호 보완적으로 다루어져야 함.

이러한 원칙을 바탕으로, 위원회는 북한 인권 문제에 대한 다음과 같은 정책 방향을 제시하였습니다.

첫째, 정부는 국제사회와의 연대 · 협력 관계를 구축하고 활성화하여 북한 인권이 실질적으로 개선되도록 노력하여야 한다. 정부는 인권의 보편성 원칙, 분단의 현실과 남북관계의 특수성을 고려하여 북한 인권 문제가 보다 슬기롭게 다뤄져야 함을 국제사회에 인식시키기 위한 적극적인 노력도 경주하여야 한다.

둘째, 정부는 북한 주민에 대한 인도적 지원 사업은 정치적 사안과 분리하여 생존권 보장 차원에서 지속적으로 추진해야 한다. 이를 위해 정부는 인도적 지원 사업과 관련하여 분배 과정의 투명성을 확보하기 위한 모니터링 프로그램 등 적절한 조치를 강구하고, 북한의 식량난을 해결하기 위한 보다 근본적인 대책을 마련하도록 노력하여야 한다.

셋째, 정부는 재외 탈북자들이 처한 심각한 인권 침해의 현실을 개선하기 위해 적극적인 외교적 노력과 함께 업무 담당자를 확충하는 등 이들의 인권을 보호할 수 있는 제도적 장치를 마련하여야 한다. 나아가 국내에 정착한 새터민에 대한 체계적이고 적극적인 인권 보호 대책을 마련해야 한다.

넷째, 정부는 이산가족, 국군 포로, 납북자 문제 등과 같은 인도주의적 사안을 해결하기 위해 보다 적극적이고 구체적인 조치를 취해야 한다. 정부는 이 사안들에 대하여 북한과 조건 없이 협의하여 이 사안들과 관련된 모든 사람들의 고통과 상처를 치유하는 데 노력하고, 이들이 입은 물질적 · 정신적 피해에 대한 보상과 명예 회복 등을 위한 관련 부서의 전담 인력 확충 등 제도적이고 실질적인 조치를 취하여야 한다.

다섯째, 북한 인권의 개선은 정확한 사실에 기초할 때 그 실효성이 담보되고, 또

북한 인권 문제는 자칫 불확실한 정보로 인해 왜곡될 우려도 없지 않으므로, 정부는 객관적이고 철저한 정보 수집, 조사 및 평가 등을 통해서 북한 인권의 실상을 정확하게 파악하여야 한다.

위원회는 북한 인권의 개선과 관련하여, 정부의 북한 인권 관련 정책을 검토하고 그에 관한 권고 또는 의견 표명 등의 정책적 활동을 행하고, 국제인권기구 및 국내외 NGO 등과의 교류 · 협력을 강화할 것입니다. 또한 위원회는 북한 내 인권 상황, 재외 탈북자의 인권 실태, 국군 포로 · 납북자 · 이산가족의 인권 문제, 새터민의 인권 증진 등에 관한 실태 조사 또는 정책 연구 등을 적극적으로 수행하는 등 북한 인권을 개선하기 위한 다양한 활동을 지속적으로 하고자 합니다.

권한쟁의심판청구서

청구인 국가인권위원회
　　　　서울특별시 중구 을지로 1가 16번지 금세기빌딩
　　　　위원장 안경환
　　　　대리인 별지 제1목록 기재와 같음

피청구인 대통령

청 구 취 지

1. 2009. 3. 30. 국무회의에서 의결되는 '국가인권위원회와 그 소속기관 직제 전부 개정령'은 헌법 및 국가인권위원회법에 의하여 부여된 청구인의 독립적 업무 수행 권한을 침해한 것임을 확인한다.
2. 위 직제령은 무효임을 확인한다.
라는 결정을 구합니다.

청 구 이 유

1. 들어가는 말

피청구인 소속 행정안전부(이하 '행안부'라 함)는 국가인권위원회법(이하 '인권위법'이라 함) 제18조에 따라 그 권한을 가지고 있다는 이유로 '국가인권위원회와 그 소속기관 직제 전부 개정령(이하 '이 사건 직제개정령'이라 함)'을 성안하고 이를 2009년 3월 31일자 국무회의 의결 안건으로 상정, 동 안은 그 사전 단계로 같은 달 26일 차관회의를 통과하였습니다.

청구인은 이 사건 직제개정령이 인권위법에 의해 부여받은 청구인의 권한을 침해하는 것이기에 그 권한의 존부와 범위를 다투는 권한쟁의심판청구를 제기하기에 이르렀습니다.

2. 국가인권위원회의 설립 경위

2001년 4월 30일 국회는 인권위법을 제정하여 청구인 '국가인권위원회(이하 '인권위' 라고 함)'를 설립하였습니다. 인권위의 설립은 1987년 이래 우리 사회가 성취해온 민주화 성과 중의 하나로, 국가 공권력에 의한 인권 침해에 대한 반성을 바탕으로, 끊임없이 문제 제기하고 실천해온 수많은 국민들의 열망과 노력에 의하여 이루어진 것이었습니다.

인권 기준에 따라 권력을 감시하고 견제하면서 인권 상황을 상시적으로 점검하는 국가기구의 설립은 비단 한국 사회 내부의 요구로만 이루어진 것이 아닙니다. 1993년 유엔 총회에서 「국가인권기구의 지위에 관한 원칙(Principles Relating to the Status of National Institutions, 일명 '파리 원칙(Paris Principles)')」을 채택·승인한 이후로 계속된 국가인권기구 설립에 대한 국제사회의 요구에 근거한 것이었습니다(갑 제1호증 참조). 유엔은 국가기구가 인권의 수호자이면서 동시에 가장 심각한 인권의 침해자가 될 수 있음을 고려하여 세계 각국에게 국가권력을 감시하고 인권을 옹호하는 독립적 인권옹호기구를 설치할 것을 권고한 것입니다.

당시 우리 사회 역시 시민사회단체들을 중심으로 이러한 국가기구의 필요성을 절감하여 유엔이 제시한 설립 원칙에 따른 인권옹호기구를 설립하자는 목소리가 높았고, 이와 같은 사회적 요구에 부응하여 국가인권기구의 설립이 1997년 대통령 선거 당시의 각 당 대통령 후보자들의 대표적인 선거 공약으로 제시되었던 것입니다.

다만 그 실제적인 설립과정은 순탄한 것은 아니었습니다. 설립과정에서 국가인권기구의 권한과 범위, 법적 형태, 조직을 어떻게 할 것인가를 두고서 많은 논의와 때로는 격렬한 논쟁이 오고 갔습니다. 특히 시민사회단체와 정치권 및 정부 내부에서 국가인권기구의 권한, 즉 인권기구의 독립성에 관해 의견이 대립되었고, 법적 성격을 법무부 산하 특수법인체로 할 것인가, 독립된 국가기구로 할 것인가에 대하여, 여야 국회의원 3인의 각 국가인권위원회법안, 법제사법위원회의 대안 및 이 대안에 대한 야당

의원의 수정안 등 다양한 의견들이 나왔습니다. 법무부는 인권옹호기구를 자신의 소속으로 두기를 원하였으나 이는 독립성을 근본적으로 침해하게 된다는 지적에 따라 채택되지 못하였습니다. 즉, 인권위 설립과정에서 가장 첨예한 논점이었던 것은 인권기구의 독립성을 어떻게 보존하고 지켜나갈 것인가 하는 문제였습니다.

결국, 그러한 논의 끝에 국회는 법무부안을 배척하고 현재의 인권위법을 제정하게 되었는데 그와 같은 결론에 이르게 된 이유는, 국가기관에 의한 인권 침해를 판단해야 하는 인권기구 본연의 설립 취지상 권력으로부터 독립한 지위를 가져야 하는 것이 필수적이라는 인식에서였습니다. 즉 입법, 사법, 행정부로부터 자유로운 인권옹호기구의 설치라는 국민적 합의에 의해 인권위가 탄생한 것입니다.

3. 인권위의 법적 지위-'독립'된 '국가기구'

가. 독립성의 요청과 그 근거

1) 독립성은 인권옹호기구의 본질적 속성입니다

인권위는 다양한 방식으로 인권옹호 업무를 수행하는 것을 기관의 본질적인 속성으로 하고 있습니다. 이는 동일하게 국민의 기본권을 정해놓은 헌법에 연원을 두면서도 이를 구체화하는 법률에 의해 창설되는 국민의 권리와 의무를 주로 판단하는 법원의 기능과 다른 점입니다. 즉 인권위는 헌법에 정해놓은 기본권 침해를 감시하면서 동시에 기본권의 개념과 범위를 확장하기 위해 우리 사회의 주요 인권정책을 점검하고 연구, 발전시키며, 국민들을 교육시키는 다양한 활동을 수행하도록 되어 있습니다. 따라서 인권옹호기구들은 각 나라마다[1] 업무의 범위가 조금씩 다르기는 하지만 어느 나라를 막론하고 주요한 기능으로 국가권력에 의해 벌어지는 인권 침해의 가능성을 방지하고 국가정책 및 집행을 감시, 견제하는 업무를 부여받고 있습니다.

즉 인류 역사를 보더라도 국가권력이 인권의 주요 옹호자이자 주요 침해자였기

---

[1] 유엔의 권고에 따라 전 세계 각국에 설치된 국가인권기구는 모두 120개국가량이며, 이 중 유엔으로부터 국가인권기구 자격심사를 받는 국가는 80개국에 이르고 있습니다. 이 국가인권기구들의 협의체가 국가인권기구 국제조정위원회(ICC)입니다.

에, 고전적인 인권의 개념은 국가권력에 대항하여 발전되어왔고 국가권력의 의지와 상관없이 국민들의 끊임없는 요구와 저항으로 이루어져왔습니다. 따라서 인권을 옹호한다는 것은 국가권력에 대한 선호될 수 없는 발언과 제안을 그 본질적인 기능으로 갖게 되는 것입니다.

이러한 기능이 원활하게 이루어지기 위해서는 결국 국가권력으로부터 독립적인 지위와 권한이 필연적으로 요청되게 됩니다. 이는 그 본질적 속성에서 나오는 당연한 요청입니다. 따라서 인권옹호기구의 법적 권능과 지위의 핵심은 '독립성'에 있게 되는바, 유엔이 정한 '파리 원칙'에서는 각국에 국가인권기구의 설립을 권고하면서, 그 기구는 효과적인 업무 수행을 위해 그 구성과 권한의 범위를 명확하게 규정하고 가능한 한 광범위한 역할을 부여받아야 한다는 점과, 국가인권기구의 구성에 있어서의 독립성 및 다원성 확보를 위하여 그 운영, 재정 및 조직 구성에 관한 독립성을 요구하였습니다. 우리나라 역시 독립성의 문제가 법제정 당시 가장 뜨거운 쟁점이었음은 위에 말씀드린 바와 같습니다.

그와 같은 경위로 제정된 인권위법은 인권위에 정책감시권고 기능, 기본권 침해 및 차별 행위의 진정조사 기능, 교육 및 홍보 기능 등 다양한 권한을 부여하였습니다. 인권위법 제19조에서, "인권에 관한 법령·제도·정책·관행의 조사와 연구 및 그 개선이 필요한 사항에 권고 또는 의견 표명, 인권 침해 행위에 대한 조사와 구제, 차별 행위에 대한 조사와 구제, 인권 상황에 대한 실태 조사, 인권에 관한 교육 및 홍보, 인권 침해의 유형·판단 기준 및 그 예방 조치 등에 관한 지침의 제시 및 권고 등"을 인권위의 기본적 업무로 규정하고 있고, 그 조사 대상(제30조)은 "국가기관, 지방자치단체 또는 구금·보호 시설 및 법인·단체 또는 사인"으로 하고 있음에 비추어, '국가기관'에 대해 그 법령, 제도, 정책, 관행을 개선하라는 권고 또는 의견 표명을 하거나 '국가기관'에 의한 인권 침해 및 차별 행위 여부를 조사하도록 하고 있는 것입니다.

위 규정들에서 나타나듯, 인권위의 업무는 태반이 국가기관과 관련되어 그들의 정책을 비판적으로 그리고 성찰적으로 검토하는 일들입니다. 때로는 국가권력에 대하여 긍정적인 평가를 내릴 수도 있겠지만, 세계적 인권 기준에 맞추어 한국 사회의 인권 현실을 증진시킨다는 업무의 속성상 인권위는 국가권력의 행사에 비판적일 수밖에 없는 것입니다.[2] 그럼에도 불구하고 그러한 인권옹호기구가 필요하다는 우리 사회의 합의가 이루어졌던 것이고, 따라서 당연히 인권위가 그 업무를 수행하기 위해서는 국가권력으로부터의 독립성이 그 본질로부터 요청되는 것입니다.

2) 인권위법 또한 인권위의 독립성을 명시하였습니다

그러면 이러한 독립성이 어떻게 법에 의해 뒷받침되는가를 살펴보도록 하겠습니다. 먼저 인권위법 제3조에는 "이 법이 정하는 인권의 보호와 향상을 위한 업무를 수행하기 위하여 국가인권위원회를 둔다. 위원회는 그 권한에 속하는 업무를 독립하여 수행한다."라고 하여 그 업무의 독립성을 규정하고 있습니다. 제5조에는 "위원은 인권 문제에 관하여 전문적인 지식과 경험이 있고 인권의 보장과 향상을 위한 업무를 공정하고 독립적으로 수행할 수 있다고 인정되는 자 중에서 국회가 선출하는 4인, 대통령이 지명하는 4인, 대법원장이 지명하는 3인"을 대통령이 임명토록 하고, 제8조에서 "위원은 금고 이상의 형의 선고에 의하지 아니하고는 그 의사에 반하여 면직되지 아니한다."고 하여 그 인적 구성에 있어서의 독립성 및 신분 보장을 부여하였습니다.

이는 그 업무의 특성상 독립적이고 공정한 판단이 필수적으로 요청되는 기관인 법원, 헌법재판소, 선거관리위원회가 그 관련 법률에 소속기관을 명시하는 규정이 없는 것과 같으며, 대표적 인권보호기관인 헌법재판소의 헌법재판관의 구성, 즉 헌법 제111조 "헌법재판소는 법관의 자격을 가진 9인의 재판관으로 구성하며, 재판관은 대통령이 임명한다. 재판관 중 3인은 국회에서 선출하는 자를, 3인은 대법원장이 지명하는 자를 임명한다."의 규정과 그 취지가 같습니다.

다만 위에서 열거한 기관들은 헌법에 직접 명시되어 있는 헌법기관들이어서, 법률에 의하여 설립된 인권위와 그 법적 지위가 같지는 않으나, 그 본연의 업무를 충실히 수행하기 위하여 각 기관들에게 요구되는 업무 수행상의 독립성의 정도는 다를 바가 전혀 없습니다. 즉, 국가기관으로부터의 인권 침해를 조사하는 인권보호기구의 정치적 중립성과, 그러한 성질에 필연적으로 요구되는 독립성이 인권보호기구의 생명임은 이미 그 기관의 속성상 예정되어 있는 것입니다.

이러한 독립성에 대해서는 헌법재판소 역시 "국가인권위원회는 국가인권위원회법에 따라서 설립된 인권보호기구이자 독립된 국가기관으로서 공권력을 행사하는 주

---

2) 이는 우리나라 인권위만 그러한 것이 아닙니다. 모든 국가인권옹호기구의 숙명으로서 뉴질랜드 국가인권위원회는 국가인권보고서 첫머리를 다음과 같이 시작하고 있습니다. "이는 뉴질랜드 정부가 원하지 않는 것이다."

체에 해당"한다고 하여 인권위가 '독립'된 '국가기관'임을 확인하였습니다(헌법재판소 2009. 2. 26. 선고 2008헌마275 결정).

3) 국가기관들 역시 인권위의 독립성을 존중해왔습니다

또한 인권위의 위와 같은 지위를 고려하여 정부 부처의 업무 수행상 이루어지는 각종 지침이나 통계 등에서 인권위는 행정부서에 속하지 않는, 무소속의 별도로 독립된 기구로 다루어져왔습니다(갑 제2호증 내지 4호증 참조) 특히 2008년 대통령직 인수위원회의 인권위 대통령 직속기구화 검토에 있어서 인권위가 정부조직법 제2조와 제6조에서 열거하고 있는 어떠한 조직에도 해당되지 않는, 무소속 독립기구임이 확인되었습니다.

나. 조직 구성에 있어서의 독립성에 대하여

독립성은 인적 구성과 업무 수행뿐만 아니라 조직을 구성하고 그 조직을 운영하는 데 있어서도 다른 외부의 개입이나 권력으로부터 자유로울 것을 요구합니다. 만약 업무 수행상의 독립성만을 표명하고, 조직의 독립성을 보장해주지 않는다면 결국은 외부 권력이 조직 구성을 좌우함으로써 업무 수행의 독립성을 훼손시킬 수 있기 때문에, 업무 수행의 독립성은 자연스레 조직상의 독립성을 요구하는 것입니다. 조직 구성에 있어서 독립성이 보장되지 않는다면 업무 수행이나 인적 구성의 독립성 역시 보장될 수 없는 것입니다.

그런데 이에 관해 인권위법은 제18조에서 "이 법에 규정된 사항 외에 위원회의 조직에 관하여 필요한 사항은 대통령령으로 정하고 위원회의 운영에 관하여 필요한 사항은 위원회의 규칙으로 정한다."라고 하여 조직에 관한 사항을 대통령령으로 정할 수 있게 하고 있습니다.

이 규정의 해석은 행안부에 인권위의 조직을 구성할 실질적인 권한이 있는가 하는 문제로 직결되는바, 즉 인권위의 합의 없이 행정부의 조직과 정원을 관장하는 부처인 행안부가 독자적인 안을 상정할 수 있느냐의 문제이기도 합니다.

행안부가 조직과 직제를 다루는 근거는 정부조직법 제29조에 기한 것입니다. 그러나 인권위는 정부조직법상의 정부조직도 아니고 행정위원회도 아닙니다. 무소속 독립기관으로서 정부조직법상의 적용을 받지 않습니다. 따라서 인권위법에 의한 '조직은 대통령령으로 정한다.'는 조항은 실제로 정부조직법 제29조에 기한 행안부의 권한과는 아무런 관련이 없는 것이며, 단지 그 형식을 대통령령으로 하는 것만 규정하고 있는 것입니다.

즉, 형식적으로는 대통령령으로 위원회의 조직에 관한 구성이 이루어지되, 실질적으로 인권위의 독립성을 침해하지 않는 내용과 절차로 직제령이 발의되고 제정되어야 한다는 것이며, 이는 다음과 같은 세 가지 원칙으로 구체화될 수 있습니다.

첫째, 조직 개편에 있어서 독립기구인 인권위가 제안을 하게 되면 행정부 내에서 조직과 정원에 관한 사항을 담당하는 부처인 행안부가 이를 받아들여 직제령 개정 절차를 개시하는, 즉 직제령 발의 절차는 인권위의 권한에 속한다는 것입니다. 이는 인권위가 행정부가 관할하는 중앙행정기관들의 하나가 아니라는 사실에서 도출되는 원칙이기도 합니다.

사실, 여느 행정부처라 하더라도 직제 개편은 보통 해당 기관의 요구 및 협의에 의하여 이루어지고, 행안부가 정부조직에 관하여 심의할 수 있는 권한이 있다 하더라도 해당 기관의 자율성을 최대한 존중되는 범위 안에서 이루어지고 있습니다. 정부 소속 기관 또는 국가행정기관의 '조직과 정원에 관한 사항을 관장하는 업무를 담당하는 부처'라 해도 '조직 관리'나 '조직 개편'에 관한 지침은 강제성을 부여하고 있지는 않으며, 해당 기준에 따른 직제 개정 등 조직 정비 작업의 시행은 각 부처의 자율적인 결정에 맡겨진 부분입니다(갑 제5호증 참조). 또한 '조직과 정원에 관한 사항을 담당하는 부처'는, 그 절차에 있어서도, 조직 정비의 대상이 되는 부처가 자율적으로 조직 개편을 위한 직제 등의 개정을 먼저 요구할 경우에, 이를 심의하여 해당 직제령 등을 개정하여 주는 권한만을 갖고 있을 뿐이지, 일방적이고 전면적인 조직의 정비를 강제할 권한까지 부여받았다고 볼 법률적, 이론적, 정책적 근거는 전혀 없습니다.

하물며 행정부 소속 일반 부처가 아닌 독립기관인 인권위의 경우에는 더 말할 필요가 없습니다. 인권위 고유의 업무와 요청에 따라 조직의 정비와 직제의 개정이 이루어져야 하는 것입니다.

둘째, 인권위가 자신의 조직 개편의 실질적인 내용에 대한 결정권을 가져야 한다는 것입니다. 인권위의 직제를 정하고 업무를 분장하는 것은 업무의 수행 방식과 밀접한 관련이 있습니다. 이에 대해서는 그 업무의 성격을 가장 잘 이해하고 가장 잘 예측하고 있는 당사자인 인권위가 그 직제에 대한 내용을 최종적으로 결정할 수 있도록 하여야 하는 것이며, 이는 곧바로 업무 수행의 독립성과 연관되는 것입니다.

셋째, 백보를 양보하여 인권위가 모든 것을 결정하거나 주도하지 않는다 할지라도 행안부로서는 직제령 개정의 필요가 있을 시 인권위로부터 합의에 가까운 수준의 협의 절차를 통해서 인권위의 업무 수행에 지장을 주지 않는 범위 내에서(즉 독립성을 해하지 않는 범위 내에서) 직제령 개정 절차를 진행할 의무가 있는 것이고, 거꾸로 말하자면 독립성을 해할 정도의 구조나 조직 변경에 대해서는 행안부로서는 이를 주도할 권한이 없다고 할 것입니다.

만일 행안부가 이러한 의무와 한계를 무시하고 단지 법령상의 형식적인 권능을 가지고 있다는 이유만으로 독단적으로 인권위의 직제를 임의 변경한다면, 인권위는 조직 개편의 권한을 가지고 있는 행정부에 사실상 종속될 것이며 이는 인권위를 독립기구로 만들어낸 국민과 국회의 의사를 정면으로 위반하는 결과를 초래하는 것입니다.

다. 조직 개편과 관련된 기존의 관행

실제로 인권위법이 제정·시행된 이래, 위 세 가지 원칙을 행안부(구 행정자치부)가 거슬러 인권위의 조직상의 독립성을 훼손한 적은 한 차례도 없었습니다.

인권위법이 시행된 2001년 11월 이후 인권위는 모두 3차례에 걸쳐 이루어진 조직 개편을 하였는데, 그때마다 인권위가 주체가 되어 독자적 판단과 결정에 근거하여 직제령 개정을 당시의 행정자치부에 발의하였고, 행정자치부가 이러한 인권위의 의견을 수렴, 존중하여 그 직제에 관한 대통령령을 개정하는 업무를 수행하여줌으로써 직제령 개정이 이루어져왔습니다. 특히, 2005년 말 인권위 조직을 전부 팀제체제로 개편하는 대규모 직제령 개정이 있었는데 당시 행정자치부는 위원회가 제출한 직제령 개정안을 거의 그대로 받아들여서 그 개정작업을 진행시켜준 바 있습니다(갑 제6호증 참조).

나아가, 행안부 스스로 인권위에 대해서는 독자적인 직제 개편 권한이 없고 인권위가 주체적으로 직제 개편을 요구할 수 있는 권한이 있다는 점을 인정한 바 있습니다. 이명박 정부 인수위원회 시절 인수위의 인권위 조직 개편 요구와 관련하여, 2008년 2월경, 인권위가 독립적인 국가인권기구의 특성에 맞게 자율적인 조직 진단과 점검하에 조직 정비를 하겠다는 통보를 한바, 행안부는 '독립기구로의 존치 존중을 감안하여' 이에 동의한 바 있으며, 2008년 6월경 감사원이 행안부에게 인권위의 조직 관리와 관련하여 질의한 내용에 대한 2008년 7월 8일자 답변서에서, "인권위는 현행과 같이 독립기구로 유지시키기로 결정하였고… (중간 생략) …인권위가 조직 개편을 위한 직제 개정을 요구해 오지 않는 이상, 행안부가 단독으로 「조직관리지침」에 근거하여 인권위의 직제 개정을 추진하는 것은… 타당하지 않을 것으로 판단된다."라고 답변하여, 인권위가 조직 개편의 주체로 그 권한을 갖고 있음을 스스로 인정하였습니다(갑 제5호증 참조).

라. 소결론

결론적으로, 인권위에 대한 '독립성'의 요청은, 단지 형식적으로 인권위의 소속을 행정, 입법, 사법 어느 소속하에도 두지 않음에 그치는 것이 아니라 실질적으로 그 독립성을 보장해주었을 때만이 실현되는 것입니다. 이는 업무, 예산, 인적 구성, 조직 모든 방면에서 보장되어야 하는 것이며, 이것이 바로 인권위법 제정 당시의 진정한 입법 취지이자 사회적 합의이고, 인권위의 진정한 존재 의의인 것입니다.

"업무의 독립성과, 그 조직 및 인사의 문제는 별개의 것이다."라는 일각의 주장은, 조직과 인사에 있어서 정부 부처의 자의적 판단에 휘둘려 그 독립된 업무를 충실히 해나가지 못하게 되는 상황까지를 포함하는 것은 아닐 것입니다. 인권위법이 조직에 관하여 필요한 사항을 대통령령으로 정하게 한 것은 인권위 업무의 독립성을 보완하는 것으로서, 독립기구의 지위에서 갖는 조직 구성의 독립성을 해하지 않는 것으로 해석해야 합니다. 이를 별개의 문제로 파악하여 법률에서 인정한 독립성과 자율성을 하위 규정인 대통령령을 제정하는 과정에서 유명무실해져 버리도록 두는 것은 타당하지 않습니다.

인권위의 독립성에 대한 요구는, 단순한 정부조직상의 개편 방침이나 행정 편의적 기준에 의하여 수정되거나 폐기될 수 있는 성질의 것이 아닙니다. 인권위를 독립된 기구로 설립한 입법 취지와, 그에 따라 그동안 이루어져왔던 인권위 조직의 독립적 운영 원칙 및 정부에 속하지 아니한 독립기구라는 본질적 특성을 무시한 채, 인권위의 조직에 관한 사항을, '(행)정부 조직 개편의 기준 내지는 원칙' 또는 '(행)정부조직관리지침'이라는 미명하에, 행정부에 직접 소속된 기관들의 '조직'에 대해 대통령령으로 정할 수 있도록 한 것과 동일시하는 것은, 독립기구의 특성에 대한 무지함에 기인하는 것입니다. 즉, 정부로부터 독립된 기구를, 정부조직 개편의 일반적인 대상과 동등하게 취급한다는, 그 출발의 전제가 잘못된 것이라 할 수 있습니다.

4. 행안부의 인권위 직제령 개정 추진과 그 부당성

이와 같은 원칙에 따라 인권위가 설립된 이후, 지난 만 7년간 인권위의 독립성은 국민과 정부의 확고한 지지 아래 유지되어왔습니다. 인권위는 지난 7년간 국가정책에 대한 감시와 비판 기능을 게을리하지 않았으며 이 모두는 인권위가 독립된 기관이었기에 가능한 것이었습니다. 그런데 이명박 정부에 들어서서 새 정부는 인수위 시절 인권위를 대통령 직속의 위원회로 두겠다고 발표하였고, 이것은 인권옹호기구의 독립성을 근본적으로 침해하는 것이기에 국내외의 심한 반발을 초래하였습니다. 대통령을 비판하고 감시할 기구가 대통령 산하에 있다는 것이 문제임은 누구나 다 알 수 있었기 때문입니다. 그 비판과 반발로 인해 대통령 산하에 인권위를 두려던 계획이 무산되자 행안부는 두 번째로 인권위의 권능을 대폭 삭감시켜 사실상 권한을 유명무실하게 하는 인권위 정원 감축안을 추진하기 시작하였습니다. 그 추진 경과는 그 자체로도 인권위가 법에 의해 그리고 지금까지 관행에 의해 존중받아왔던 독립성과 권한을 침해하는 것이었습니다. 이하에서는 그 경과에 대하여 구체적으로 밝히고자 합니다.

가. 2008년 당시 인권위의 조직 규모와 업무 상황

2001년 인권위는 설립 당시 법에 부여받은 권한을 적절히 행사하기 위해서는 약 400명이 넘는 직원이 필요하다는 진단이 있었음에도 불구하고 그 현실적인 한계로 말미암아 180명의 직원으로 업무를 시작하였습니다. 그 이후 지금까지 약 28명의 인원 증가만이 있었을 뿐인 반면, 인권위에 요구되는 업무량과 국내적, 국제적 요구는 계속 증대해왔습니다.

2002년도와 2008년도를 비교해볼 때, 인력은 180명에서 208명으로 1.15.배 미미하게 증가한 반면에 업무량은 진정 2.3배, 상담 5.5배, 민원 10.4배 증가하였습니다(갑 제7호증 참조). 또한, 지역사무소 18명, 참여정부 시 차별시정업무 일원화에 따른 여성부 인력 6명 이체 등으로 인해 직제상 정원은 28명 증가하였으나, 설립 당시에 지원해 주었던 파견 및 전문계약직 공무원 22명을 감축해왔기에 실질적인 실질 인력 증가는 단 6명(2.8% 증가)에 불과합니다.

2008년 4월 11일 「장애인차별금지 및 권리구제 등에 관한 법률」(이하 '장애인차별금지법'이라 함)이 시행되었습니다. 동 법률은 기존 인권위법이 장애 차별 분야에서 다루고 있던 차별의 영역을 훨씬 뛰어넘는, 국가사회교육 시스템 전반과 심지어 1인 이상의 장애인 시설(신고, 미신고 시설 불문)과 가족 분야에까지 모든 장애인 차별에 대한 권리구제를 인권위에 부여하고 있습니다. 이에 따라 장애인 차별에 관한 진정 사건은 2008년 한 해 동안 전년도 대비 2배 이상 폭증하였고 인권위에 이를 다루는 장애인차별시정위원회가 별도로 설치되었습니다. 이 법률과 관련해서 장애계에서는 최소 80명 이상이 증원되어야 한다고 주장하였습니다. 이와 같은 대규모의 증원은 정신장애나 지체장애등 비장애인들과 같은 형식의 자유로운 진정이 가능하지 않은 동 집단의 특성, 보건복지부도 미처 손을 대지 못하고 있는 전국의 미신고 장애인 보호시설에 대한 현장 조사 인력이 요구되었기 때문입니다. 이에 행자부도 인권위와 장애계의 요구를 받아들여 2008년 위 법 시행을 앞두고 최소한 20명의 인력 증원이 필요하다고 동의하였고 실무상 협의를 거쳐서 20명의 증원이 확정되어 있었습니다(갑 제8호증 참조).

고용상 「연령차별금지 및 고령자고용촉진에 관한 법률」(이하 '연령차별금지법'이라 함)이 2008년 3월 21일 제정되어 2009년 3월 22일자로 시행이 예정되었습니다. 인권위가 연령차별의 문제를 다루어오지 않은 것은 아니나, 동법은 채용 과정에서의 연령차별뿐만 아니라 우리 사회가 관심을 가져오지 않은 승진과 배치, 해고, 정년의 문제까지 2010년부터는 본격적으로 차별행위로 보아 구제하겠다는 의지를 천명하고 그 구제기관으로서 인권위를 지정함에 따라 역시 인권위로서는 이 분야에 관한 연구와 홍보, 그리고 조사 인력이 추가로 필요한 실정이었습니다.

국내적인 요청만 있었던 것이 아닙니다. 인권위는 그간 아시아에서 가장 모범적인 인권옹호기구로서 업무를 수행하였다는 평가를 받아왔고, 긍정적인 효과로 세계무대에서 한국 정부의 외교력을 높여왔습니다. 유엔 인권이사회의 설치에 따라 인권외교가 국제사회에서 주요한 축을 담당하게 됨에 따라 한국 정부 내부에서는 물론이고 아시아 국가들로부터 인권위는 일정한 역할을 맡아줄 것을 요청받아왔고, 그 결과 현재 국가인권기구 국제조정위원회(ICC) 부의장국이고 얼마 전까지 아시아태평양지역 대표를 수행하였으며, 2010년 의장국 진출이 예상되고 있습니다. 의장국으로 수임된다면 120개국에 산재해 있는 국가인권기구들에 대한 보고와 정례 감독 등의 업무를 상시적으로 수행해야 하며, 따라서 의장국의 업무를 상시적으로 수행할 국제적 역량을 갖춘 인력이 추가로 지원되어야 합니다.

그 외에도, 인권위가 다방면에 걸친 활동을 펴왔음에도 불구하고 우리 사회에서는 수시로 늘 현장성을 가진 시급한 문제가 떠올랐습니다. 북한 인권, 노인 인권, 스포츠 분야에서의 폭행, 구타 성희롱과 관련된 인권, 정보사회에서의 신상 정보의 유출과 프라이버시 침해 등의 인권 문제가 쟁점이 될 때마다 인권위는 뭐하고 있느냐는 비판에 시달려야 했습니다. 그러나 현재의 인력으로는 국가기관들이 수시로 제출하는 법률안을 검토하고 기업과 교육현장, 시민들에 대한 기초 인권 교육을 실시하고, 접수되는 진정 사건을 적절한 시기에 해결하기에도 벅찬 실정입니다.

결국, 2008년 현재 인권위 업무와 관련하여 인력 충원이 필요하다는 것은 인권위의 독단적인 주장이 아닙니다. 행안부도 그 필요성을 인정하고 있었으며, 인권위가 2008년 9월~11월에 실시한 외부 조직 진단 결과에서도 나타나는바, 조직 진단 전문기관은 최소한 23명의 신규 인력 증원이 필요하다고 제시한 바 있습니다(갑 제9호증 참조).

나. 2008년 12월 이전 행안부의 입장과 태도

다시 언급하자면, 지금까지의 3차례 직제령 개정은 모두 인권위가 주도하였고 행안부는 이에 대해 검토 의견을 제출하고, 협의 절차를 거쳐 인권위의 자율성을 존중하는 방향으로 진행해왔습니다. 특히 2005년 팀제 개편 후에 장애인차별금지법이 시행되면서 폭발적으로 증가한 장애계의 요구에 어떻게 대응할 것인지를 숙의 끝에 행안부는 2007년 10월 31일 인권위 2008년 소요 정원 책정 결과를 통보하면서 장애인차별금지법 시행과 관련하여 20명의 인력 증원과 1개 팀 신설을 동의한 바 있습니다(갑 제8호증 참조). 또한 2008년 8월 1일 통보한 2009년도 소요 정원 검토 결과에서는 위 법의 시행에 따른 조사업무 담당 인력 등을 증원할 필요성은 인정된다고 밝히고 있습니다(갑 제10호증 참조).

즉, 이 사건 개정령 안이 나오기 전까지 행안부의 입장은 인권위에 증원이 필요하다는 것이며, 직원 감축은 있을 수 없다는 것이었습니다.

다. 행안부의 태도 변화와 일방적인 직제령 개정 추진

행안부는 2008년 12월경 기존의 입장을 바꾸어 인권위에 대한 대규모의 직원 감축을 내용으로 하는 직제 개정 검토안을 인권위와 사전 협의도 없이 일방적으로 통지하여 왔습니다.

1) 행안부의 일방적 조직 축소 요구(1차)

2008년 12월 10일 행안부는 인권위에 '국가인권위원회 조직 개편 검토안'을 통보하였습니다(갑 제11호증 참조). 이 검토안은 비록 제목은 '검토안'이었으나 이전에 인권위가 제출한 직제령 개정안[3] 에 대한 어떤 언급도 검토도 없이 현 조직을 1관 2국 9과 형태로 하고, 현 정원에서 102명, 약 49%를 감축하는 새로운 내용이었습니다. 이에 인권위는 2008년 12월 16일 행안부가 제시한 개정안은 인권위의 기본적 업무 수행이 불가능할 정도의 조직 축소와 자율성 훼손으로 보아서, 행안부에게 이러한 결론에 이르게 된 구체적인 논거와 이를 입증하는 자료 제시를 요구하였습니다(갑 제12호증 참조).

그러자 행안부는 2008년 12월 18일 '인권위 조직 개편 실무 검토안(요약)'이라는 제목의 문서에서 약 49% 정원 감축의 사유로, 정부조직 관리지침상의 대국대과체제 등 하부 조직 설치 기준의 미충족 상황 해소와 감사원 지적 사항, 인권위 설립 당시 사무처 설계 검토안, 국회 · 언론 지적 사항, 해외 선진국 사례 등을 종합적으로 고려하여 소관 기능 및 업무량에 대하여 원점에서(zero-based) 재분석한 것이라는 추상적이고 단편적인 이유를 제시하였을 뿐 구체적으로 왜 49%나 되는 인원이 감축되어야 하는지를 설명하지 못하였습니다(갑 제13호증 참조).

---

3) 2008년 인권위는 업무의 폭증에 따른 증원의 필요성에도 불구하고 이명박 정부의 출범 이래 경제위기 및 작은정부론에 따른 공무원 감축 지침이 확정되자 비록 독립기구이지만 이러한 정부의 취지를 존중하자는 입장에서, 「국가인권위원회 및 그 소속기관 직제 전부 개정령안」을 만들어 전원회의 의결을 거쳐 2008년 11월 11일 행안부에 '위원회 직제 개정 요구'를 하였습니다. 제출한 직제령 개정안은 행안부가 동의한 바 있는 장애인차별금지법 시행 관련 소요 인력 20명을 인권위가 포기하고 대신 업무의 효율성을 높여 이를 보완하기 위하여 1국 3과를 통합하는 것을 주요 내용으로 하였습니다. 그러나 행안부는 어떠한 검토 의견도 보내지 않는 방법으로 인권위의 발의권을 무시하였습니다.

이에 인권위는 2008년 12월 24일 현원 유지 불가피성, 인권위의 성격과 업무 특성, 행안부가 감축 사유로 제시한 사유에 대한 근거와 반박 자료, 조직 및 인력 대폭 감축 시 예상되는 부작용을 설명하는 한편, 이미 행안부 스스로 증원하기로 약속되었던 20명에 대한 감축을 포함하는 인권위의 의견을 존중하고 성실히 협의해줄 것을 요청하였습니다(갑 제14호증 참조).

2) 행안부의 일방적 조직 축소 요구(2차)

2009년 1월 5일 행안부는 다시 인권위의 2008년 12월 24일자 의견에 대한 검토안을 통보하면서 기존 약 49% 감축안을 철회하고, 인권위의 '조사 · 구제 담당 인력 축소 반대'에 대한 의견을 일부 수용, 조사 · 구제 담당 인력은 현행 수준을 유지하되, 장애인 차별 진정 사건 담당 인력의 경우 부분적인 증원(20~30명 정도)을 고려하겠다는 의견을 보내왔습니다(갑 제15호증).

이러한 의견 역시 어떤 타당한 근거도 찾을 수 없는 일방적 통보에 불과하였기에 2009년 1월 13일 인권위는 위 일부 수용·안에 대해 인권위의 기본 입장과 조직 축소에 따른 부작용 등에 대해 지금까지 인권위가 추진한 실적, 성과를 구체적으로 제시하면서 검토 의견을 보냈습니다(갑 제16호증 참조).

그러자 2009년 1월 22일 행안부는 '인권위 조직 개편 실무 협의안(2009. 1. 22.)'이라는 제목으로 구체적인 조직도와 정원 감축안을 보내온바, 그 내용은 1관 2국 10과 형태로 현 정원을 62명(약 30%) 감축하는 것으로서, 역시 구체적인 감축 사유는 제시하지 않았습니다(갑 제17호증 참조).

인권위는 행안부에게 장애차별 사건 및 국제 업무의 증가, 지역사무소 업무량 등 정원과 관련된 자료를 제공하고 이에 대한 의견을 보내줄 것을 요청하였으나, 행안부는 인권위와 협의하지는 않고 해명 보도자료, 언론 · 방송과의 인터뷰 등을 통해 자신의 입장만을 외부로 피력, 선전하였습니다. 인권위도 불가피하게 설명 보도자료로 대응할 수밖에 없었고 양 기관 사이에 실질적인 협의는 전혀 진전되지 못하였습니다(갑 제18호증 참조).

3) 행안부의 일방적 조직 축소 요구(3차)

2009년 3월 20일 행안부는 뜬금없이 다시 이전의 조직 개편안을 철회하고, 1관 2국 11과 3소속기관 형태로 현 정원에서 44명(약 21%)을 감축하는 개편안을 최종안으로 만든 다음, 당일 아침 먼저 행안부 장관이 인권위원장에게 전화상으로 전달하였고 당일 오후 행안부 조직정책관이 위원장을 방문하는 자리에서 행안부 최종안임을 밝히고 인권위의 반대가 있더라도 다음 주 차관회의에 바로 상정하여 처리할 것임을 통보하였습니다(갑 제19호증, 갑 제20호증 참조). 인권위원장이 국제사회 등 외부에 감축 사유를 설명할 수 있도록 분명한 근거 자료 제시를 요구하자, 행안부는 그 자리에서는 바로 제출하겠다는 답변을 해놓고서는, 막상 실무자가 근거 자료 수령을 통보받고 행안부를 방문하자 '어느 부처에도 근거 자료를 제출한 선례가 없다.'고 하며 근거 자료 제출을 거부하였습니다(갑 제20호증 참조).

상황이 심각하게 전개되자, 인권위는 2009년 3월 23일 아침 7시 30분에 전원위원회를 개최하여 긴급 의견으로써 행안부의 독단적인 처리의 문제점을 지적하고 행안부 장관과의 면담을 요구하였으나(갑 제21호증 참조) 행안부는 같은 날 14:00경 직제 개편안 최종안을 공문으로 통보하면서 붙임자료로 차관회의에 상정할 「국가인권위원회와 그 소속기관 직제 전부 개정령안」을 첨부하였습니다(갑 제22호증 참조). 이 개정안은 인권위의 업무 방향과 배치까지 일방적으로 결정한 것으로서 인권위와는 어떠한 사전 협의도 없었던 것이었습니다.

2009년 3월 24일 인권위는 행안부의 변경된 개정안에 대해 전원위원회에서 논의할 기회를 갖고자 하였습니다. 왜냐하면 「국가인권위원회 운영규칙」에 따라 직제령 개정안은 전원위원회 의결사항이고, 형식적으로나마 전원위의 의결을 거쳐서 행안부에 통보되고 국무총리에 의해 건의되는 절차를 거쳐야 하기 때문입니다. 이에 따라 행안부에 차관회의 안건 제출은 전원위원회의 개최와 의결 이후로 연기할 것을 요청하였으나 행안부는 이를 거부하였습니다(갑 제23호증 참조).

결국 불과 이틀 후인 2009년 3월 26일 개최된 차관회의에서 행안부 3차 감축안이 인권위 직제 전부 개정령안으로 상정되었으며, 이 안이 2009년 3월 30일 국무회의에 상정될 예정에 있습니다.

라. 이 사건 직제령 개정 행위의 부당성

1) 행안부는 직제령 개정에 관한 인권위의 발의권을 침해하였습니다

언급한 바와 같이 비록 독립된 기관이 아닌, 통상의 국가행정기관이라도 그 직제령 개정은 국가행정기관이 직제령 개정안을 마련하여 행안부에 제출하면 행안부가 이를 검토하고 제출기관과의 협의를 진행하여 제출 기관이 동의한 경우 직제령 개정 절차를 진행합니다. 이는 행안부가 직제 개편의 근거법령으로 내세우는 「행정기관의 조직과 정원에 관한 통칙」의 조문 내용과 조문 간의 관계 등에서 확인됩니다.

행정부에 소속된 행정기관이 아닌 독립기구인 인권위는 더 말할 나위가 없습니다. 행안부는 그 행정부에 소속되지도 않은 독립기구를 임의로 재단하고 축소할 수 있는 권한이 없습니다. 이전의 인권위 직제령 개정 또한 인권위가 직제 개편안을 제출하면 이 안에 대해 협의와 동의 절차를 거쳐 진행되었고, 인권위의 의견을 존중하고 자율성이 보장되는 방향으로 이루어졌음은 위에서 언급한 바 있습니다.

행안부는 인권위의 직제령 개정 요구(2008년 11월 11일자)에는 일언반구 언급하지도 아니하는 방법으로 인권위의 직제령 개정에 관한 권한을 묵살하였고, 증원 필요성이 있다는 기존의 입장을 달리하여 이례적이며 근거가 없는 대규모 조직 축소와 약 49%에 이르는 인원 감축안을 일방적으로 통보하였습니다. 이러한 행안부의 독자적인 직제령 개정 시도는 애초부터 인권위법이 예정하고 있지도 않은 것이며, 정부조직법이나 기타 관련 법률을 보더라도 행안부에 주어진 권한이라고 할 수 없는 것이었습니다. 인권위의 필요를 고려하지 아니하고 단지 행정부의 서무부서라는 이유로 행안부가 이 건 직제령 개정을 시도한 것 자체가 인권위의 권한에 대한 침해라고 할 것입니다.

2) 행안부는 조직의 구성과 운영에 관한 인권위의 결정권을 침해하였습니다

조직의 구성과 운영은 직제령으로 구체화되는 것이기에, 그 실질적인 내용을 정함에 있어 인권위의 의견을 존중하여 이를 정해진 절차에 따라 진행할 의무를 부담하게 되는 것입니다. 그런데 행안부는 인권위의 이에 관한 의견을 무시하였고 독단적으로 인권위의 조직을 감축하는 안을 강행 처리하였습니다.

특히 차관회의를 불과 며칠 앞두고 마지막으로 통지된 이 사건 직제개정령을 보면 이러한 점이 명백히 드러납니다. 행안부는 그간의 통지 내용과 다른 전혀 새로운 안으로서 단순히 조직과 인원 감축만을 통보한 것이 아니라 국·과에 두는 구체적인 소관 사무를 임의로 배치하거나 조정하는 내용이었습니다(갑 제22호증 참조). 이는 어떤 업무에 어떤 사람을 배치할 것인지, 업무 비중과 그 방향은 어떻게 할 것인지까지 행안부가 단독으로 정해서 결정하겠다는 것으로 인권위의 업무 독립성과 직제의 운영(인권위법 제18조)에 관한 권한을 정면으로 침해하는 것이었습니다.

3) 행안부는 이건 협의 절차를 성실히 이행하지 않았습니다

조직의 특성상 업무량의 변동 등으로 인해 조직 및 정원 축소·조정은 언제든지 가능하며, 이러한 통상적인 조직 및 정원의 조정에 대해서는 인권위 또한 예외가 될 수 없으며 인권위가 경제위기나 국가적 과제 앞에서 무소불위로 항상 예외를 주장하는 것은 아닙니다. 백보를 양보하더라도 행안부는 그러한 국정 과제를 인권위가 어떻게 수행하여야 하는지에 대한 타당한 근거를 제시하면서 위원회와 성실한 협의를 했어야 합니다.

앞서 본 바와 같이 실제로 인권위는 인력의 증원이 필요한 상황이었고 행안부 스스로 이를 인정하였습니다. 그럼에도 7년 전 설립 당시보다 더 적은 인원으로 인원을 감축한다는 것은 사실상 지금 힘겹게 수행하고 있는 인권위의 업무를 대폭적으로 감축하라는 것과 다름이 없습니다. 이에 인권위는 2008년 12월 16일 이러한 대폭적인 조직 및 인원 축소에 대한 구체적인 근거와 자료를 제시해줄 것을 공식적으로 요구하였으며(갑 제12호증 참조) 이후에도 수시로 자료를 제출해줄 것을 요구하였습니다.

2009년 3월 20일 행안부 조직정책관이 인권위원장을 방문하였을 때에도 스스로 구체적인 감축 자료를 제출하겠다고 약속하였으나 지켜지지 않았습니다. 현재까지도 구체적이고 객관적인 근거와 자료를 인권위는 받아 보지 못하였습니다. 행안부의 자체 조직 진단상으로 그런 감축안이 나왔다고 주장하고 있으나, 언제 그런 조직 진단을 했는지 알 수가 없습니다. 오히려 행안부가 2008년 8월경 인권위에게 2009년 소요 정원 검토 결과를 통보하면서 향후 조직 진단 실시 시 그 계획과 일정은 협의를 통해 확정하겠다고 약속했던 것을 위반하였으며, 지금도 인권위는 언제 어떻게 조직 진단을 한 것인지에 대한 사항을 전혀 알지 못하고 어찌하였건 그 결과 또한 공개할 것을 요청하고 있으나 아무런 자료도 받지 못하고 있는 실정입니다.

오히려 행안부는 인권위의 요구에 대해 타당한 근거를 제시하지는 못하고 추상적인 주장들을 편의적으로 계속 바꾸어왔습니다. 처음 통보한 49% 감축안에서는 조직·인력 운영의 효율성 제고를 위해 단순히 큰 폭의 감축이 필요하다며 정부조직 관리지침상의 기준 미충족 상황 해소, 감사원 지적 사항, 인권위 설립 당시 사무처 설계 검토안 등을 고려한 소관 기능 및 업무량에 대하여 원점에서 재분석한다고 하였습니다. 그러나 행안부가 내세운 근거는 업무량이 증가되지 않은 통상적인 조직 조정에서나 가능한 이야기이며, 이미 20명의 증원을 예정하고 있는 상황에서는 근거가 될 수 없었습니다. 그러자 다시 뜬금없이 30% 감축안을 내세운 행안부는 다른 부처와의 업무 중복을 사유로 주장하였고 이에 대해 인권위가 이는 입법부에서 정하는 문제이며 행안부가 인권위법에 부여된 권능에 대해 업무 중복 운운하는 것은 타당하지 않다는 지적을 하자, 21% 감축안을 통보하면서 다시 대국대과주의에 따른 구체적인 국·과의 축소 형태에 대해서만 주장하고 있습니다. 그러나 21% 감축안에 있어서도 지역사무소 폐지만 철회되었을 뿐 나머지 본부와 본부의 정책, 교육과 인력은 30% 감축안과 동일합니다.

그러나 행안부가 그나마 감축의 근거로 제시하는 내용들 또한 왜곡되거나 잘못된 사실에 기인한 것들입니다. 행안부는 감사원 감사 지적 사항에 인권위 조직 및 인원의 감축이 포함되어 있었다고 하였으나, 이에 대해 감사원장은 국회 법제사법위원회 업무 보고 시 인권위 정원 감축을 요구한 사실이 없음을 명백히 한 바 있으며(갑 제24호증 참조), 감축의 근거로 국회의 지적 사항을 참조하였다는 것에 대해서도 국정감사 시 한나라당 의원이 인권위 업무의 92.5%가 국민권익위원회의 업무와 중복된다는 주장을 하였으나 이 또한 근거 없음이 밝혀졌습니다(갑 제25호증 참조).

지역사무소 폐지와 관련해서도 행안부는 2008년 7월 감사원에 보낸 답변서에서 '지역사무소는 본부 업무의 지역적 분할 수행뿐만 아니라 신규 업무량의 증가까지도 고려했으며, 본부의 업무가 지속적으로 증가하는 상황에서 본부 인력의 지역사무소 배치는 본부의 업무 공백과 인력 부족을 가중시킬 수 있다고 판단, 순증이 불가피하였음'을 스스로 밝혔으나(갑 제26호증 참조), 2008년 12월 경에 제시한 49% 감축안에서는 지역사무소의 역할과 기능이 미미하다는 이유로 이를 폐지한다고 하였다가 21% 감축안에서 다시 지역사무소의 존치의 필요성을 인정하는 등 행안부는 약 8개월여 기간 동안 지역사무소의 기능과 역할에 대한 입장을 계속 바꾸었습니다.

또한, 행안부는 장애인차별금지법 시행과 관련한 추가 인원의 필요성에 대해서도,

2007년 10월경 20명 증원을 인정하였다가, 막상 49% 감축안에서는 전혀 이에 대한 필요성을 인정하지 않았고, 30% 감축안에서 '장애인 차별 진정 사건 담당 인력에 대한 부분적 증원을 고려'하였다고 주장하다가 21% 감축안에서는 인력 증원 없이 별도로 1개 과를 신설하는 것으로 의견을 바꾸었는데, 행안부의 최종안에 의하더라도 장애차별 문제를 해결하기 위해서는 다른 조사 분야에 배치된 인력을 빼서 재조정하라는 뜻으로 결국 우리 사회의 다른 인권 침해 행위나 차별 행위에 대한 조사는 현 수준을 유지하기도 어렵게 되는 것입니다.

한편으로, 조직 축소에 대한 근거로 인권위의 업무가 법무부와 국민권익위원회와의 업무 중복을 주장하고 있으나, 행안부의 다른 부처와의 단순 업무 비교는 인권위 업무의 성격, 범위, 기능 등에 대한 잘못된 인식과 전제에서 비롯된 것입니다. 법무부의 인권 관련 업무는 자체 소관 분야에 한정되어 행정부 내부 통제적 성격을 띠고 있으며, 법무부의 인권정책은 형사사법 업무 집행에 한한 것입니다. 또한, 국민권익위원회의 업무 범위는 행정처분에 대한 권리구제를 대상으로 하고 있으나, 인권위는 행정처분 자체의 부당성에 대해서는 다루고 있지 않습니다.

4) 관련 법령에서 정하고 있는 인권위의 절차상 권한도 역시 침해되었습니다

인권위법 제18조(위원회의 조직과 운영)는 "이 법에 규정된 사항 외에는 위원회의 조직에 관하여 필요한 사항은 대통령령으로 정하고, (이하 생략)"라고 규정하여 다른 법률의 조직에 관한 대통령령 위임 규정과 달리 '조직에 관한 사항'이 아니라 '조직에 관하여 필요한 사항'으로 규정하고 있으며, 제6조 제4항은 "위원장은 (중간 생략) 그 소관 사무에 관하여 국무총리에게 의안(이 법 시행에 관한 대통령령안을 포함한다)의 제출을 건의할 수 있다."라고 규정하고 있습니다. 이러한 인권위원장의 직제개정령안에 대한 국무회의 제출건의권과 인권위의 조직과 관련한 '필요한 사항'에 대한 대통령령 위임 규정은 인권위가 직제 개정에 대한 자율권과 주도적인 권한을 부여하고 있습니다.

또한, 행안부가 직제개편에 관한 근거 규정으로 내세우는 「행정기관의 조직과 정원에 관한 통칙」이 인권위에도 적용된다는 행안부의 주장을 받아들인다고 하더라도, 위 통칙 제10조는 "중앙행정기관의 장이 직제 등의 제정 또는 개정을 원할 경우 관련 서류를 행안부 장관에게 제출하여야 한다."고 하여 해당 기관의 직제 제·개정의 주체를 중앙행정기관의 장으로 정하고 있으며, 반면에, 제8조는 중앙행정기관이 정부조직 관리지침에 따라 기구 개편안과 소요 정원안을 제출하면, 제출된 안에 대해 행안부가 검토하는 권한만을 규정하여 행안부의 중앙행정기관에 대한 독자적인 직제 개편 권한이 주어져 있지 아니함을 알 수 있습니다.

그리고, 행안부는 인권위에 대해 독자적인 직제 개편 권한이 없고 인권위가 주체적으로 직제 개편을 요구할 수 있는 권한이 있다는 점은 위에서 밝힌 바와 같이 행안부 스스로 인정한 사실이었습니다. 그럼에도 행안부는 이러한 절차를 모두 무시하고 독단적으로 이사건 직제령을 상정하였는바, 조직 정비와 개편에 관한 인권위의 권한은 독립기구는커녕 타 소속 행정부처보다도 못한 형편이 되었고, 그 결과 인권위의 독립성은 심각한 위협을 받게 되었습니다.

5) 조직 감축에 따른 다른 기관과의 형평성을 따져도 맞지 않습니다

백보를 양보하여, 이명박 정부 들어서 공무원 조직의 살빼기와 감축이 국정 과제로 진행되었던 점, 독립기관이기는 하나 국가기구로서 인권위가 그에 어느 정도 부응할 의무가 있는 점은 인정될 수 있습니다. 인권위가 무소불위의 기구가 아니기 때문에 국정 과제에 대한 지원과 지지가 있어야 함은 국가기구의 속성상 요청된다고 할 것입니다.

그러나 이러한 점에 동의한다 할지라도 행안부의 이 사건 직제령 개정안은 지금까지 진행된 다른 부처와의 형평에도 맞지 아니할뿐더러, 인권위의 기관으로서의 기능을 사실상 봉쇄할 정도에 이른다는 것에 문제가 있는 것입니다.

행안부는 인권위 조직 축소 근거 사유로 '위원회의 소관 기능 및 업무량에 대해 원점(zero-based)에서 재분석한 것'이라고 주장하고 있으나, 지난 7년간 업무를 독립적으로 수행해온 인권위에 대해서만 다른 국가기관과 달리 원점에서 그 기능을 수행해야 하는지, 어디가 원점인지 합당한 설명을 하지 않고 있습니다.

행안부는 인권위 조직 감축 배경으로 2008년 제1차 정부조직 개편 때보다 강화된 조직 운영 기준을 적용한 제2차 조직 개편이 진행 중인 시기임을 주장하고 있으나, 실제로 이루어지고 있는 제2차 정부조직 개편 지침에는 실질적인 인력 감축 없이 부처 내에서 전환 배치하는 것을 목적으로 하고 있습니다(갑 제27호증 참조). 또한, 제1차 정부조직 개편 시에도 기능상 변동이 거의 없는 국가기관의 경우 조직 개편 결과 인력을 최대 2%, 최소 0.02% 정도로 감축하였을 뿐입니다(갑 제28호증 참조). 제2차 정부조직 개편의 경우 인력 감축 없이 대국대과의 과의 숫자를 줄여 잉여 인력을 중점 추진

과제 부서로 전환 배치하는 것임에도 이제 와서 유독 인권위만 약 21% 감축을 요구하는 것은 어느 점을 보나 형평성에 맞지 않습니다.

6) 행안부는 인권위의 실질적인 독립성의 침해를 야기하고 있습니다

인권위 직원은 모두 208명에 불과합니다. 행안부가 제시하는 인원 감축안이 시행되면 인권위 설립 당시의 180명에도 못 미치는 직원으로 인권위는 7년간 늘어난 우리 사회의 요구를 모두 수용해야 합니다. 어느 조직에서든 필수적으로 배치되고 인원 증감상의 변동에 대응하는 탄력성이 약한, 규모상의 하방 경직성을 갖는 지원부서(운영 지원, 청사 관리 등)에 소요되는 인력을 제외한다면, 이번 44명의 인원 감축은 실제로는 인권위 업무의 상당 부분을 폐지하는 것과 같은 결과입니다. 또한 이제 선진국으로 발돋움하려는 과정에서 만들어진 장애인차별금지법이나 연령차별금지법과 같은 법률들의 시행을 사실상 가로막아, 법을 유명무실하게 만들고 국민들의 법에 대한 신뢰와 법적 안정성을 해하게 될 것입니다. 무엇보다도 치열한 논쟁 끝에 국회에 의해 제정된 독립된 인권옹호기구의 권능을 정지시킬 것인바, 행안부의 이번 직제개정령 강행 처리 행위가 단순히 절차상의 협의를 소홀히 하였다는 문제에서 그치는 것이 아니라, 독립성을 생명으로 하는 인권위의 권한을 근본에서 침해하였다는 혐의를 벗을 수 없는 이유가 여기에 있습니다.

5. 결론

행안부의 직제령 상정 강행 처리와 그에 따라 통과된 대통령령은 국가인권위원회의 권한을 침해하는 월권행위입니다

이 사건의 핵심 쟁점은 행정부가 서무부서인 행안부와 그 수반인 대통령이 형식적으로 인권위법 제18조의 위임에 의해 인권위 조직에 대한 직제령 개정권을 가지고 있다고 하더라도 과연 이것이 대통령이 인권위의 의사와 권한을 무시하고 독단적으로 권한 행사를 할 수 있는지에 관한 해석과, 그로 인해 벌어진 이 사태로 인해 인권위의 독립적 업무 수행권이 침해되었는지 여부입니다.

이 판단을 위해서는 단순히 법문상에 나와 있는 '조직은 대통령령으로 정하고'의 문구에 대한 문리적 해석에만 기속될 것이 아니라 법률 규정의 위임 범위가 어디까

지인가를 명확히 하여야 함과 동시에 인권위의 독립적인 업무 수행권의 범위 획정의 문제, 관련 법령, 인권위 설립 배경, 권력 감시를 위한 국가기구가 갖추어야 할 핵심적 요건에 대한 국제적 논의, 현재 우리 사회가 인권위에 기대하는 역할 등이 두루 검토되면서, 합목적적으로 논리적으로 타당한 결론이 도출되어야 하는 것입니다.

인권위법 제18조는 인권위 조직령 제개정권을 정부에 부여하고 있으나 "이 법에 규정한 사항 외"와 "위원회의 조직에 관하여 필요한 사항"이라는 제한을 두고 있습니다. 인권위법 제3조 제1항은 인권위가 3부의 소속기관이 아닌 독립기관임을 규정하고 있고 제2항은 인권위의 독립적 업무 수행권을 규정하고 있으므로 정부의 인권위 직제령은 이를 해하지 아니할 한계를 가지고 있습니다. 또한 "위원회의 조직에 관하여 필요한 사항"에서 필요성을 판단하는 주체는 조직의 운영 주체인 인권위이거나 적어도 정부와 인권위 공동이 되어야 할 것이므로 직제령 내용을 정부가 일방적으로 결정하는 것은 이 규정에 반하며 근본적인 권한 침해에 이른다고 할 것입니다.

인권위는 과거 권위주의 정권하에서 일어났던 공권력에 의한 인권 침해 행위에 대한 국가의 반성적 성찰로부터 탄생하였습니다. 또한 파리 원칙에서 볼 수 있듯이 국제사회는 권력감시기구가 갖추어야 할 핵심적 요건으로 권력과 자본의 영향 배제를 강조하고 있습니다. 공권력에 의한 인권 침해 문제가 충분히 해결되었다고 보기 어렵고 인권적 측면에서 사회적 약자에 대한 국가의 배려가 충분하다고 보기 어려운 상황에서 보다 성숙된 인권 존중 사회를 만들어나가는데 인권위가 할 역할은 적지 않다고 할 것입니다. 이런 점을 종합해볼 때 권력과 자본의 영향을 받지 않고 활동할 수 있는 독립성은 여전히 인권위라는 국가조직이 갖추어야 할 핵심적 요건이라 할 것입니다.

이러한 취지를 고려하여 볼 때, 법 제18조가 정한 인권위 조직에 관한 직제령 제정권이 형식적으로 대통령령에 위임되어 있다 하더라도, 그 조직 개편에 관한 인권위의 독자적인 권한이 인정되어야 하고, 가사 행정부가 직제령을 개정하는 절차를 수행할 별도의 필요성이 생긴 경우라도 인권위의 독립적 업무 수행권을 본질적으로 훼손하지 않는 범위에서 대통령령을 개정해야 하는 한계가 존재합니다. 구체적으로 정부는 인권위의 업무 수행에 영향을 미칠 정도의 조직 개정에 대해서는 인권위의 의견을 존중해야 하고, 인권위와 충분히 협의해야 하며, 협의가 용이하지 않을 때라도 특별한 긴급 사유가 없는 한 일방적으로 인권위 조직과 업무활동을 축소시키는 직제령의 개정은 신중해야 할 것입니다.

그러나 앞에서 살펴본 바와 같이 행안부가 제시한 이 사건 개정안은 인권위의 발의 없이 독단적으로 성안된 것으로서, 그 현실적 필요성에도 부합하지 아니하고 근본적으로 인권위의 조직과 운영에 관한 권한을 침해하고 있는 것입니다. 현재 국무회의에 상정된 직제령 개정안은 인권위의 어떤 이해도 동의도 전제되지 않은 것입니다. 절차상에 있어서 일방적인 절차를 진행하였다는 것만으로도 인권위의 독립성을 심하게 훼손한 것일 뿐 아니라, 그 내용상으로도 실제로 인권위의 기능을 절반 정도로 축소시켜, 그 기능을 말살하려고 하는, 즉 독립성을 본질적으로 훼손하는 의도가 담겨 있는 것입니다.

인권위는 이 사건 직제개정령안을 발의, 개정함에 있어서 인권위가 마땅히 행사하여야 할 권한을 행사하지 못하였고, 그 결과로 인권위에게 부여된 내재적이고 고유한, 법령상의 권한을 본질적으로 침해받게 되었는바, 이러한 직제령 개정 절차 및 행위의 부당함을 다투고, 법령상으로 보장된 인권위의 직제 개정에 있어서의 권한을 인정받고자 귀 재판소에 권한쟁의심판을 청구하게 된 것입니다.

6. 본안 청구 요건

가. 당사자 능력 및 적격

1) 당사자 능력

이 사건의 청구인은 국가인권위원장이며 피청구인은 대통령입니다. 국가인권위원장이 권한쟁의심판의 당사자 능력 및 적격이 있는지 여부를 살펴보겠습니다.

헌법재판소법 제62조 제1항 제1호는 국가기관 상호 간의 권한쟁의심판을 '국회, 정부, 법원 및 중앙선거관리위원회 상호 간의 권한쟁의심판'으로 규정하고 있습니다. 헌법재판소는 권한쟁의심판의 당사자 능력을 해석함에 있어서 헌법재판소법 제62조는 "예시적인 것으로 정부의 부분 기관이나 국회 · 법원 등 여타 국가기관도 당사자가 될 수 있다. 다만 이에 해당하는지 여부를 판별함에 있어서는 그 국가기관이 헌법에 의하여 설치되고 헌법과 법률에 의하여 독자적인 권한을 부여받고 있는지 여부, 헌법에 의하여 설치된 국가기관 상호 간의 권한쟁의를 해결할 수 있는 적당한 기관이나 방법이 있는지 여부 등을 종합적으로 고려하여 판단하여야 한다(헌법재판소 1997. 7. 16. 선고 96헌라2).".고 판시하고 있습니다. 이를 토대로 헌법재판소는 2008. 3. 27. 선고한 2006 헌라1 사건에서 "해양수산부 장관의 당사자 능력 여부를 살펴보면, 해양수산부 장관은 헌법과 정부조직법에 의하여 행정 각 부를 구성하는 국가기관으로서 독자적인 권한을 부여받고 있으므로 권한쟁의심판의 당사자 능력이 인정"된다고 판시하였습니다.

국가인권위원장 또한 위 2006헌라1 사건의 해양수산부 장관과 마찬가지로 헌법에 직접 기관의 명칭이 규정되어 있지는 않으나 헌법과 인권위법에 의하여 설치된 국가기관으로서 독자적인 권한을 부여받고 있습니다. 또한 인권위는 대통령 또는 국무총리 등 다른 기관에 소속되어 있지 않은 독립기관이어서 권한쟁의를 해결할 수 있는 적당한 기관이나 방법이 존재하지 않습니다. 따라서 권한쟁의심판의 당사자 능력이 있다 할 것입니다.

2) 당사자 적격

인권위법 제3조 1항은 "이 법이 정하는 인권의 보호와 향상을 위한 업무를 수행하기 위하여 국가인권위원회를 둔다."라고 규정함으로써 통상적으로 대통령 또는 국무총리 등의 소속하에 특정 국가기관을 두는 것과 달리 인권위는 어느 누구의 소속도 아닌 독립기관으로 존재하여야 함을 천명하고 있습니다. 또한 동조 제2항은 "위원회는 그 권한에 속하는 업무를 독립하여 수행한다."라고 규정하여 다시 한 번 국가인권위원회의 독립적 업무 수행권한을 인정하고 있습니다. 피청구인의 처분으로 인해 이러한 독립적 업무 수행권한을 침해받게 되므로 당사자 적격 역시 갖추었다 할 것입니다.

나. 청구 기간

피청구인의 처분은 2009년 3월 30일에 있을 예정이고 이 사건 권한쟁의심판의 청구일도 2009년 3월 30일이므로 헌법재판소법 제63조에 규정된 "권한쟁의심판은 그 사유가 있음을 안 날로부터 60일 이내에, 그 사유가 있은 날로부터 180일 이내에 청구하여야 한다."라는 요건은 충족하였습니다.

다. 피청구인의 처분

1) 피청구인의 권한을 넘은 처분

인권위는 인권옹호기구로서 독립하여 업무를 수행할 권한이 있으며, 자신의 조직과 관련된 직제령의 개정발의권, 그리고 자신의 조직 개편과 관련한 내용에 대한 실질적인 결정권을 가지고 있습니다. 이는 비록 직제령이 대통령령으로 되어 있다고 하여도 그 업무의 본질적 속성상, 그리고 관련 법률의 취지상 명백한 것입니다. 직제령 개정에 있어서 행정부에서 이를 담당하는 부처인 행안부가 가지는 권한은 독립적 기구인 인권위의 내재적 특성 및 관련법령에서 의해서 위와 같은 범위 내로 제약됩니다. 따라서 피청구인에게 인권위의 조직에 관하여 필요한 사항을 정할 수 있게 되었다 하더라도 그 권한의 범위는 인권위의 독립적 업무 수행 권한을 침해하지 않는 범위 내에서만 인정된다 할 것이며, 그 개정과정에서 인권위의 의견을 존중하고 성실히 협의할 의무가 발생하는바, 피청구인의 이 사건 직제령 개정 행위는 인권위의 위와 같은 권한을 근본적으로 침해한 행위라 할 것입니다.

2) 처분의 현재성

비록 아직 국무회의를 통과하지 않아 처분이 있었다고 볼 수는 없으나 헌법재판소는 2001. 11. 29. 선고 99헌마494 사건에서 "심판 청구 후에 유효하게 공포·시행되었고 그 법률로 인하여 평등권 등 기본권을 침해받게 되었다고 주장하는 이상 청구 당시의 공포 여부를 문제 삼아 헌법소원의 대상성을 부인할 수는 없다."라고 판시하고 있는바 이 사건에서도 향후 국무회의를 통과한 후에는 청구 시점을 이유로 처분이 존재하지 않아 부적법하다고 볼 수는 없을 것으로 사료됩니다.

라. 권한의 침해 또는 침해할 현저한 위험

위에서 살펴본 바와 같이 피청구인의 "국가인권위원회와 그 소속기관 직제" 개정 행위로 인해 위원회는 현재 5본부 22팀 4소속기관, 정원 208명에서 1관 2국 11과 3소속기관, 정원 164명으로 줄어들게 되는바 이는 위원회의 인권정책·교육 업무 및 조사 업무 처리 권한에 대한 심각한 권한의 침해이며 그대로 위 직제가 개정될 경우 위원회의 모든 독립적인 업무 수행 권한이 침해될 위험이 현저하다 할 것입니다.

7. 이와 같은 이유로 청구인은 이 사건 권한쟁의심판청구에 이르게 된 것입니다.

입증자료
별지 제2목록 기재와 같음

첨부 서류
1. 청구서 부본 각 13부
1. 위임장 4부
1. 입증자료 각 13부

2009년 3월 30일

청구인 국가인권위원회
위원장 안경환

대리인 법무법인 봄
담당 변호사 박재승

법무법인 씨엘
담당변호사 최병모
담당변호사 허진영
담당변호사 김필성

법무법인 호민
담당변호사 김덕현

변호사 정연순

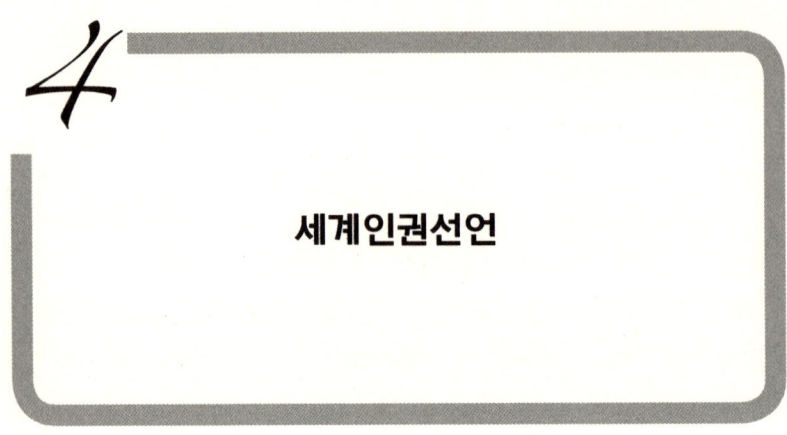

세계인권선언

제1조 모든 인간은 태어날 때부터 자유롭고, 존엄성과 권리에 있어서 평등하다. 인간은 이성과 양심을 부여받았으므로 서로에게 형제자매의 정신으로 행해야 한다.

제2조 모든 인간은 인종, 피부색, 성, 언어, 종교, 정치 또는 그 밖의 견해, 민족 또는 사회적 출신, 재산, 출생 또는 다른 지위 등과 같은 그 어떤 종류의 구별도 없이, 이 선언에 제시된 모든 권리와 자유를 누릴 자격이 있다. 더 나아가 한 사람이 속한 나라 또는 영토가 독립국이건 신탁통치 지역이건, 비자치 지역이건 또는 그 밖의 다른 어떤 주권상의 제한을 받고 있는 곳이건, 그 나라나 영토의 정치적, 사법적, 국제적 지위를 근거로 차별이 자행되어서는 안 된다.

제3주 모든 인간은 생명권과 신체의 자유와 안전을 누릴 권리가 있다.

제4조 아무도 노예의 신분이나 노예의 상태에 얽매여 있지 아니한다. 노예제도와 노예 매매는 어떤 형태이건 금지된다.

제5조 아무도 고문이나 가혹하거나 비인도적이거나 모욕적인 처우 또는 형벌을 받지 아니한다.

제6조 모든 인간은 어디에서나 법 앞에서 한 인격체로 인정받을 권리를 갖는다.

제7조 모든 인간은 법 앞에 평등하며, 어떠한 차별도 받지 않고 법의 동등한 보호를 받을 권리를 갖는다. 모든 사람은 이 선언을 위반하는 그 어떤 차별에 대해서도, 또한 그러한 차별의 선동에 대해서도 동등한 보호를 받을 권리를 갖는다.

제8조 모든 인간은 헌법 또는 법률이 부여하는 기본권을 침해하는 행위에 대해 해당 국가 법정에서 유효한 구제를 받을 권리를 갖는다.

제9조 아무도 자의적인 체포, 구금 또는 추방을 당하지 않는다.

제10조 모든 인간은 자신의 권리와 의무, 그리고 자신에 대한 형사상의 혐의에 관하여 재판을 받게 될 때, 독립되고 편견 없는 법정에서 공정하고도 공적인 심문을 완전히 평등하게 받을 권리를 갖는다.

제11조 ① 형사상의 범죄로 소추당한 모든 사람은 자신의 변호를 위해 필요한 모든 보장들이 행사된 공적 재판에서 법률에 따라 유죄로 판정받을 때까지 무죄로 추정받을 권리를 갖는다.
② 아무도 그것이 범해질 당시에 국내법 또는 국제법상으로 형사범죄를 구성하지 않았던 행위나 태만으로 인해 형사범으로서의 유죄의 선고를 받지 아니한다. 또한 형사범죄가 행해졌을 당시의 적용 가능한 형벌보다 무거운 형벌이 부과되지 아니한다.

제12조 아무도 자신의 사생활, 가족, 집 또는 통신에 대하여 자의적인 간섭을 받지 않으며, 또한 자신의 명예와 신용에 대하여 공격당하지 않는다. 모든 인간은 그러한 간섭과 공격에 대하여 법률의 보호를 받을 권리를 갖는다.

제13조 ① 모든 인간은 각국의 경계 안에서 이동과 거주의 자유를 누릴 권리를 갖는다.
② 모든 인간은 자국을 포함한 어떤 나라에서도 떠나고 또 자국으로 돌아올 권리

를 갖는다.

제14조 ① 모든 인간은 박해를 피해 타국에서 피난처를 구하고 또 누릴 권리를 갖는다.
 ② 이 권리는, 비정치적 범죄 또는 유엔의 목적과 원칙에 반하는 행위가 진정한 원인이 되어 발생하는 소추의 경우에는 호소될 수 없다.

제15조 ① 모든 인간은 어느 한 국적을 가질 권리를 갖는다.
② 아무도 자의적으로 자신의 국적을 박탈당하지 않으며 그의 국적을 바꿀 권리를 부인당하지 아니한다.

제16조 ① 성년에 이른 남녀는 인종, 국적 또는 종교를 이유로 한 그 어떤 제한도 받지 않고 결혼하여 가정을 이룰 권리를 갖는다. 이들은 결혼의 기간 동안과 그 해소의 시점에 있어 결혼에 관한 동등한 권리를 갖는다.
② 결혼은 장래의 배우자의 자유롭고도 완전한 동의에 의해서만 성립된다.
③ 가정은 사회의 자연적이고 근본적인 집단의 단위이며 사회와 국가에 의해서 보호받을 권리를 갖는다.

제17조 ① 모든 인간은 타인과의 연합을 통해서뿐만 아니라 단독으로 자신의 재산을 소유할 권리를 갖는다.
② 아무도 자신의 재산을 자의적으로 박탈당하지 않는다.

제18조 모든 인간은 사상, 양심, 종교의 자유를 누릴 권리를 갖는다. 이 권리는 자신의 종교 또는 신념을 바꿀 자유와, 교리, 전례, 예배, 의식에 있어서 혼자 또는 타인과 공동으로, 공적 또는 사적으로 자신의 종교 또는 신념을 표현할 자유를 포함한다.

제19조 모든 인간은 의견의 자유와 표현의 자유를 누릴 권리를 갖는다. 이 권리는 간섭받지 않고 의견을 가질 자유와 모든 미디어를 통해서 국경에 무관하게 정보와

세계인권선언 58주년 기념식 인권선언문 낭독 퍼포먼스(2006년 12월)

사상을 추구하고 받고 전달할 자유를 포함한다.

제20조 ① 모든 인간은 평화적 집회와 결사의 자유를 누릴 권리를 갖는다.
② 아무도 어떤 결사에 소속될 것을 강요받지 않는다.

제21조 ① 모든 인간은 직접 또는 자유롭게 선출된 대표를 통해 자국의 통치에 참여할 권리를 갖는다.
② 모든 인간은 자국 내의 공공기관에 대한 동등한 접근권을 갖는다.
③ 국민의 의사는 정부의 권위의 기초가 된다. 이 의사는 보통 및 평등 투표권에 의거하며, 또한 비밀투표 또는 이와 동등한 자유로운 투표 절차에 따라 실시되는 정기적이고 진정한 선거에서 표현된다.

제22조 모든 인간은 사회의 일원으로서 사회보장제도에 대한 권리를 가지며, 국가적 노력과 국제적 협력을 통해서 그리고 각국의 구조와 자원에 따라서, 자신의 존엄성과 인격의 자유로운 발전을 위해 불가결한 경제, 사회, 문화적 권리들을 실

현할 권리를 갖는다.

제23조 ① 모든 인간은 일, 자유로운 직업의 선택, 공정하고 유리한 노동조건, 실업에 대한 보호 등의 권리를 갖는다.
② 모든 인간은 어떤 차별도 받지 않고 동일 노동에 대해서 동일한 보수를 받을 권리를 갖는다.
③ 모든 일하는 인간은 자신과 가족에게 인간적 존엄에 합당한 생존을 보장해주며, 필요할 경우 다른 사회적 보호의 수단에 의해서 보충되는, 정당하고 유리한 보수를 받을 권리를 갖는다.

제24조 모든 인간은 근로시간의 합리적 제한과 정기적인 유급휴가를 포함한 휴식과 여가의 권리를 갖는다.

제25조 ① 모든 인간은, 의식주와 의료, 필수적인 사회보장제도를 포함하는, 자신과 가족의 건강과 안녕을 위해 적합한 생활수준을 누릴 권리와, 실업, 질병, 불구, 배우자와의 사별, 노령 또는 그 밖의 자신의 통제할 수 없는 상황에서의 생계의 결핍의 경우에 보장제도를 누릴 권리를 갖는다.
② 모자는 특별한 보살핌과 도움을 받을 권리를 갖는다. 모든 어린이는 적서에 관계없이 동등한 사회적 보호를 누린다.

제26조 ① 모든 인간은 교육받을 권리를 갖는다. 교육은 최소한 초등기초단계에서는 무상이어야 한다. 초등교육은 의무적이어야 한다. 기술교육과 직업교육은 원하는 누구나 받을 수 있어야 하며, 고등교육은 실력 있는 모든 사람에게 평등하게 개방되어야 한다.
② 교육은 인격의 온전한 발전과 인권과 기본적 자유에 대한 존중을 강화하는 데로 나아가야 한다. 교육은 모든 나라들과 인종 또는 종교집단 사이에서 이해, 관용, 우호관계를 증진시키며 평화를 유지하기 위한 유엔의 활동을 촉진해야 한다.
③ 부모는 자녀에게 제공되는 교육의 종류를 선택함에 있어 우선권을 갖는다.

제27조 ① 모든 인간은 자유롭게 공동체의 문화생활에 참여하고 예술을 감상하며 과학의 진전과 그 혜택을 나눠 가질 권리를 갖는다.
② 모든 인간은 자신이 창조한 모든 과학적, 문학적, 예술적 산물에서 생기는 정신적, 물질적 이익을 보호받을 권리를 갖는다.

제28조 모든 인간은 이 선언에 제시된 권리와 자유가 완전히 실현될 수 있는 사회적, 국제적 질서에 대한 권리를 갖는다.

제29조 ① 모든 인간은 그 안에서만 자신의 인격이 자유롭고 완전하게 발전할 수 있는 공동체에 대한 의무를 갖는다.
② 모든 인간은 자신의 권리와 자유의 행사에 있어, 타인의 권리와 자유에 대한 합당한 인정과 존중을 보장하고, 민주사회의 도덕, 공공질서, 일반인의 안녕을 위한 공정한 필요를 충족시키기 위해서만 법률이 정한 바에 따라 제한받는다.
③ 이러한 권리와 자유는 어떤 경우에도 유엔의 목적과 원칙에 반해서 행사될 수 없다.

제30조 이 선언의 그 어떤 조항도 어떤 국가, 집단 또는 개인에게, 이 선언에 제시된 권리와 자유 중 어느 것이라도 파괴할 목적을 갖는 어떤 활동에 종사하거나, 어떤 행위를 할 수 있는 어떤 권리가 있음을 뜻하는 것으로 해석될 수 없다.

5

국가인권기구의 지위에 관한 원칙(파리 원칙)[*]

권한과 책임

1. 국가인권기구는 인권을 보호하고 향상시킬 수 있는 권한을 가져야 한다.

2. 국가인권기구는 그 구성과 권한의 범위를 명확하게 규정하고 있는 헌법 또는 법률의 규정에 따라, 가능한 한 광범위한 역할을 부여받아야 한다.

3. 국가인권기구는 특히 다음과 같은 책임을 다하여야 한다.

(a) 정부, 의회, 그리고 그 밖의 권한 있는 당국에 대하여, 자문의 역할로서, 요청에 따라 또는 직권으로 인권의 보호 및 향상에 관련된 모든 문제에 관하여 의견, 권고, 제안 및 보고서를 제출해야 하며 이를 공개할 수 있다. 국가인권기구의 특권뿐 아니라 의견, 권고, 제안 및 보고서는 다음과 같은 영역에 관련되어야 한다.

(i) 인권의 보호를 유지하고 확대하기 위하여 제정된, 사법과 관련된 조항은 물론 법률 및 행정입법의 조항들 이와 관련하여 국가인권기구는 법안과 입법 예고

---

[*] 이 원칙은 1992년 3월 3일 유엔 인권위원회 결의 1992/54; 1993년 12월 20일 유엔 총회 결의 48/134 부록으로 채택되었다. 이 원칙을 제정하는 회의가 프랑스 파리에서 열렸기 때문에 이 원칙을 '파리원칙 Paris Principles'이라고도 한다.

는 물론 현재 시행 중인 법률과 행정법령들을 검토해야 하며, 이러한 법령들이 인권에 관한 근본적 원칙과 양립할 수 있게 하는 데 적당하다고 인정하는 권고를 해야 한다. 필요하다면 국가인권기구는 새로운 입법, 현행 법률의 개정, 행정조치의 시행이나 시정을 권고해야 한다.

(ii) 국가인권기구가 다루기로 결정한 모든 인권 침해 상황

(iii) 전반적인 인권 상황과 구체적인 국내 인권 문제에 관한 보고서의 준비

(iv) 국내의 어떤 지역에서든 인권이 침해되는 상황에 대한 정부의 관심을 촉구하고 그러한 상황에 끝내는 데 필요한 조치를 권고하고 필요한 경우 정부의 입장과 행동에 대한 의견 표명.

(b) 국내의 법률, 행정 입법, 관행과 그 나라가 당사국이 된 국제인권 규범들 사이의 조화와 효과적인 이행을 촉진하고 보장하여야 한다.

(c) 국제인권규범의 비준 또는 승인을 촉구하고, 그 이행을 보장하여야 한다.

(d) 조약에 정한 의무에 따라 유엔의 기구 및 위원회와 지역 인권기구에 국가가 제출해야 할 보고서 준비를 지원하고, 필요할 경우 정부 보고서의 독자성을 존중하는 가운데 관련 주제에 관하여 의견을 표명해야 한다.

(e) 유엔 및 유엔 관련 기구, 지역 기구 그리고 인권의 보호 및 향상에 관한 권한을 부여받은 다른 나라의 국가기구와 협력해야 한다.

(f) 인권 교육 및 연구 프로그램의 작성을 지원하고, 각급 학교와 대학 및 전문 영역에서 그 프로그램을 시행하는 데 참여해야 한다.

(g) 특히 정보 제공과 교육을 통해서 그리고 모든 언론기관을 이용해서 대중의 의식을 향상시킴으로써 인권 문제 및 모든 형태의 차별 특히 인종 차별(racial discrimination)에 반대하는 노력들을 널리 알려야 한다.

구성과 독립성 및 다원성의 보장

1. 국가인권기구의 구성과 그 구성원의 임명 선거의 방법에 의하든 혹은 다른 방법에 의하든 인권의 보호와 향상에 관련된 (시민사회의) 다양한 사회 계층들의 다원적 대표성이 반영될 수 있도록 보장하는 데 필요할 뿐 아니라, 특히 다음과 같은 대표자들

과의 협력 및 참여를 가능하게 하는 확립된 절차에 따라 이루어져야 한다.

    (a) 인권 및 인종 차별과 싸울 책임을 맡은 민간단체(NGO), 노동조합, 예컨대, 변호사, 의사, 언론인 및 저명한 과학자들의 단체와 같은 관련 사회 단체 및 전문가 단체

    (b) 철학과 종교 사상의 다양한 경향들

    (c) 대학교 및 자격 있는 전문가들

    (d) 의회

    (e) 정부 부처(정부 대표들이 포함되는 경우에는 자문 자격으로만 심의에 참여해야 한다)

    2. 국가인권기구는 그 원활한 운영에 필요한 하부구조, 특히 적절한 재정을 확보해야 한다. 적절한 재정을 확보하는 것은 국가인권기구가 자체적인 인력과 공간을 확보함으로써 정부로부터 독립하고, 그 독립성에 영향을 줄 수 있는 재정적 통제를 받지 않도록 하기 위한 것이다.

    3. 국가인권기구의 독립성을 확보하는 데 필수적인 구성원의 안정적인 역할을 담보하기 위해서, 구성원의 임명은 특정한 임기를 보장하는 공적인 행위에 의하여 이루어져야 한다. 그들의 임기는 구성원의 다양성이 보장된다는 조건 아래 갱신될 수 있다.

활동 방식

국가인권기구는 그 운영 원칙에서,

    (a) 정부에 의해 제기되었거나 혹은 그 구성원이나 진정인의 제안에 따라 직권으로 채택한 사안이거나 불문하고 그 권한에 속하는 모든 사안을 자유로이 심리해야 한다.

    (b) 권한에 속하는 상황을 평가하는 데 필요한 모든 사람의 진술을 듣고, 어떠한 정보나 문서도 확보할 수 있어야 한다.

    (c) 특히 자신의 의견과 권고를 널리 알리기 위하여 직접 또는 언론매체를 통하여 여론에 호소하여야 한다.

    (d) 정기적으로 그리고 필요할 때마다 모든 구성원이 참석하는 회의를 열어야 한다.

    (e) 구성원들 가운데 필요한 실무위원회를 만들고 그 기능을 원활하게 수행하도록 지원하는 지역 및 지방조직을 구성해야 한다.

세계인권선언 60주년 기념 행사

(f) 사법기관 및 (특히 옴부즈만과 중재인 및 유사 기관과 같이) 그 밖에 인권의 보호 및 향상에 책임 있는 기관들과 지속적으로 협의해야 한다.

(g) 국가인권기구의 역할을 확대하는 데 기여하는 민간단체의 본질적인 역할에 비추어 인권의 보호와 향상, 경제 사회적 발전, 인종주의에 대한 투쟁, 특히 인권 침해를 받기 쉬운 집단(어린이, 이주노동자, 난민, 신체 및 정신장애자) 또는 특정 지역을 위하여 헌신하는 민간단체와 사이의 관계를 발전시켜야 한다.

준사법적 권한을 갖는 위원회의 지위에 관한 추가 원칙들

국가인권기구는 개별 상황에 관한 고발과 진정을 조사, 심의할 수 있는 권한을 가질 수 있다. 사안은 개인, 그 대리인, 제3자, 민간단체, 노동조합 또는 그 밖의 대표성 있는 단체들이 제기할 수 있다. 이러한 상황에서는, 앞에서 본 국가인권위원회의 권한을 침해하지 않는 범위에서, 위원회는 다음의 원칙들에 따른 역할을 부여받을 수 있다.

(a) 조정 또는 법률에 정한 범위 안에서 구속력 있는 결정을 통해서, 또는 필요한

경우에는 비공개의 방법으로 우호적인 해결을 모색한다.

(b) 자신의 권리에 관해 진정하는 당사자에게 특히 이용할 수 있는 구제 수단을 알려주고 구제수단에 대한 접근을 향상시켜야 한다.

(c) 법률의 범위 안에서 모든 고발과 진정을 직접 조사하거나 관련 기관에 이송해야 한다.

(d) 진정인의 권리 행사를 지원하기 위하여 진정인에게 곤란을 준 법률, 행정입법이나 관행의 개정 또는 개혁을 권한 있는 기관에 권고하여야 한다.